Landschaftsverband Rheinland/
Deutsche St. Jakobus-Gesellschaft (Hrsg.)

Jakobswege

Wege der Jakobspilger im
Rheinland
Band 4

in Verbindung mit dem Rheinischen Verein
für Denkmalpflege und Landschaftsschutz

Landschaftsverband Rheinland/
Deutsche St. Jakobus-Gesellschaft (Hrsg.)

Jakobswege

Wege der Jakobspilger im
Rheinland

Band 4

In 10 Etappen von Nimwegen über
Kleve und Xanten nach Köln, mit
Anschlüssen von Emmerich und Wesel

Annette Heusch-Altenstein
Christoph Kühn

mit einem Beitrag
von Simone Schüllner

Gefördert durch die
Sparkassen-Kulturstiftung
Rheinland

J.P. Bachem Verlag

Wichtiger Hinweis zur Benutzung der Strecke:
Die Autoren und der Bachem Verlag übernehmen für die Nutzung der ausgeschilderten und beschriebenen Wege in den Karten und im Text keine Haftung hinsichtlich der Gefahren oder persönlichen Schäden auf dem Weg und entlang des Weges. Die Pilger benutzen diesen ausschließlich auf eigene Gefahr.

Alle Daten und Informationen im vorliegenden Buch sind sorgfältig recherchiert worden. Autoren und Verlag können jedoch keine Gewähr für die Richtigkeit der Angaben übernehmen. Eventuelle Änderungen nach Drucklegung sind leider möglich. Sollte es versehentlich zu Fehlern gekommen sein, wären wir für einen Hinweis dankbar.

Umschlagabbildungen:
Oben: Jakobusaltar, Nikolaikirche Kalkar
Unten: Kalflack bei Till
Klappe hinten: Hl. Jakobus, Miniatur im Stundenbuch der Katharina von Kleve

Kartengrundlage:
- © Topografischer Dienst Emmen, Dossiernr. 001065708: S. 27, 30
- © Geobasisdaten: Land NRW Bonn, 2212/2006
- © Kommunale Geodaten (S. 219): Stadt Köln, Amt für Liegenschaften, Vermessung und Kataster (Nr. KT 206/2008)

Abdruck der Gedichte auf S. 6 aus „Mein Traum vom Niederrhein" von Hanns Dieter Hüsch und auf S. 207 aus „Tach zusammen – Geschichten und Bilder vom Niederrhein" von Hanns Dieter Hüsch/Norbert Schinner mit freundlicher Genehmigung von Hein Driessen, Emmerich am Rhein, und des Mercator-Verlags, Duisburg.

Bibliografische Information der Deutschen Bibliothek Die Deutsche Bibliothek verzeichnet diese Publikation in der Deutschen Nationalbiografie; detaillierte bibliografische Daten sind im Internet über **http://dnb.ddb.de** abrufbar.

1. Auflage 2009
© J. P. Bachem Verlag Köln, 2009

Redaktion: Christiane Wirtz, Bonn
Umschlaggestaltung und Innenlayout: Barbara Meisner, Düsseldorf
Reproduktionen: Reprowerkstatt Wargalla, Köln
Druck: Grafisches Centrum Cuno, Calbe
Printed in Germany
ISBN 978-3-7616-2191-2

Mit unserem **Newsletter**
informieren wir Sie gerne
über unser Buchprogramm.
Bestellen Sie ihn kostenfrei unter

➤ www.bachem.de/verlag

INHALT

Vorwort 7

Die Handelsstraße am linken Niederrhein 8
Pilger am Niederrhein 12
Kulturlandschaftliche Beschreibung des Weges *(Simone Schüllner)* ... 16

Etappe 1 Nimwegen → Kranenburg **22**
Stichwort: *Lindenwände* 41

Etappe 2 Kranenburg → Kleve **42**
Stichwort: *Kultureller Austausch im Spätmittelalter I: Architektur* 52

Zubringeretappe Z1 Elten → Kleve **56**
Stichwort: *Ziegel vom Niederrhein* 63
       Die Emmericher Schatzkammer 65

Etappe 3 Kleve → Kalkar **72**
Stichwort: *Jakobspilger aus Bedburg-Hau* 80
       Kultureller Austausch im Spätmittelalter II: Malerei und Skulptur ... 90
       Die Gerichtslinde 93

Etappe 4 Kalkar → Xanten **94**
Stichwort: *Die Xantener Heiligen* 106

Etappe 5 Xanten → Rheinberg **110**
Stichwort: *Hagelkreuze* 116
       Der hl. Evermarus und Borth 125

Zubringeretappe Z2 Wesel → Rheinberg **126**

Etappe 6 Rheinberg → Moers **138**
Stichwort: *Pumpennachbarschaft* 145
       Evangelische Pilgermystik am Niederrhein: Gerhard Tersteegen ... 149

Etappe 7 Moers → Linn **152**
Stichwort: *Jakobusaltar in Kempen* 163

Etappe 8 Linn → Neuss **170**
Stichwort: *Heilige als Schlachtenhelfer* 187

Etappe 9 Neuss → Zons **188**
Stichwort: *Die Mauerblümchen von Zons* 197

Etappe 10 Zons → Köln **202**
10 A Teilstrecke Zons → Merkenich 206
Stichwort: *Das nächste Hochwasser kommt bestimmt* 207
Die Schlacht von Worringen 210
10 B Teilstrecke Merkenich → Köln.. 214
Stichwort: *Der hl. Nepomuk am Rhein* 217
Ein Stück Taizé in Köln 225

Anhang:
Informationen und Unterkünfte 226
Bildnachweis 239

Glück ist ein Geschenk.
Oft beneide ich diese Wanderer,
sie haben Zeit
und gehen durchs Glück.
Denn alles was Du rundum siehst,
ist ein Geschenk.
Der schmale Weg,
der Baum im Wasser,
ist ein Geheimnis Stück für Stück.
Und hier geht selbst der liebe Gott
von Zeit zu Zeit spazieren.
Er hat am Niederrhein ein Haus
und ruht sich dort vom Himmel aus.

Hanns Dieter Hüsch

VORWORT

„Der Garten Eden liegt am Niederrhein."
So erzählt eine Sage aus dem Klever Land.

Wer dem fast zweitausendjährigen Weg durch das fruchtbare Gartenland mit den sattgrünen Weiden, den Alleen und Wasserläufen durch das Rheintal von Nimwegen nach Köln folgt, bekommt eine Ahnung von dem verloren gegangenen Paradies. Die von den Römern angelegte Straße und ihre Stationen dienten auch den Reisenden späterer Epochen. An ihr lagen heilige Stätten, an denen die Pilger des Mittelalters auf ihrem Weg zu den Fernzielen Rom und Santiago Station machten.

Neben der Deutschen St. Jakobus-Gesellschaft haben die Vrienden van de Sint Jacobskapel Nijmegen, die Jakobusbruderschaft Kalkar und die Sankt-Jakobusbruderschaft Düsseldorf mit ihrem Wissen zu diesem Wegführer beigetragen. Ihnen gilt unser Dank ebenso wie den Wandervereinen und den kirchlichen wie den zivilen Gemeinden, die den Pilgerinnen und Pilgern ihre Wege und Tore öffnen.

Dieser vierte Pilgerweg durch das Rheinland soll ein Weg für alle werden, seien sie zu Fuß, per Rad oder im Rollstuhl unterwegs.
Mögen viele auf ihm ein Stück des Paradieses finden, in der Landschaft, ihrer reichen Kultur, ihren Menschen, in sich selbst oder – mit dem Philosophen Ernst Bloch gesprochen – „worin noch niemand war", in der Heimat.

Dr. Jürgen Wilhelm
Vorsitzender der Landschaftsversammlung Rheinland

Harry K. Voigtsberger
LVR-Direktor

Dr. Robert Plötz
Präsident der Deutschen
St. Jakobus-Gesellschaft

DIE HANDELSSTRASSE AM LINKEN NIEDERRHEIN

Römische Straßenkarte (Tabulana Peutingeriana), Nachzeichnung Augsburg 1598

Die Fernstraße am linken Niederrhein gehört zu den ältesten Verkehrsverbindungen nördlich der Alpen. Sie geht auf die römische Limesstraße zurück, die längs des linksrheinischen Ufers von Vindonissa (Windisch in der Schweiz) über Argentorate (Straßburg), Mogontiacum (Mainz), die Colonia Claudia Ara Agrippinensium (Köln), die Colonia Ulpia Traiana (Xanten) und Noviomagus (Nimwegen) bis nach Lugdunum (Katwijk in den Niederlanden) führte. Auskunft über den Verlauf und die einbezogenen Orte der Limesstraße geben zwei Schriftquellen, das „Itinerarium Antonini", ein um 300 n. Chr. überarbeitetes Straßenverzeichnis aus der Zeit des Kaisers Caracalla (211–217 n. Chr.), sowie die „Tabula Peutingeriana", die frühneuzeitliche Kopie einer Straßenkarte des 4. Jh. Da diese Quellen nur Reichsstraßen verzeichnen, lässt sich für die Limesstraße ein hoher Status annehmen.

Die Archäologen gehen davon aus, dass die Limesstraße bereits um 15 v. Chr. mit der Besetzung des linken Rheinufers unter Einbeziehung älterer Wegesysteme entstanden ist, um die römischen Militärlager und Zivilsiedlungen miteinander zu verbinden. Militärische Straßenposten, sog. „beneficiarii consulares", schützten den Weg. Es wird angenommen, dass die römischen Fundamente unter der Stiftskirche St. Georg in Köln, an welcher der Pilgerweg vorbeiführt, auf eine Beneficiarierstation zurückgehen.

Seit dem 1. Jh. n. Chr. hat es Straßenbauprogramme gegeben. Die Römer legten Wert auf einen stabilen Unterbau, der auf einen zuvor planierten Untergrund aufgebracht wurde und aus verdichteten Kies- und Lehmschüttungen bestand. So stabil der Unterbau der römischen Fernstraßen auch gewesen ist, so hat

Die Handelsstraße am linken Niederrhein

er doch nicht für alle Zeiten die Straßenführung bestimmen können. Während der römische Trassenverlauf die militärischen und zivilen Orte längs des niedergermanischen Limes verband, führte die spätmittelalterlich-frühneuzeitliche Handelsstraße stets durch hochwasserfreies Gelände und bezog später gegründete Orte mit ein, sodass in einzelnen Abschnitten von der Römerstraße abgewichen wurde.

Aus handgezeichneten Plänen wie der Johann-Mercator-Karte der Grafschaft Moers (Ende 16. Jh.), Itineraren von Reisenden und einer schier unfassbaren Fülle von Nachrichten über Überfälle auf Handelswagen lässt sich der Straßenverlauf, dem auch der vorliegende Führer folgt, rekonstruieren. Zwischen Nimwegen und der Burg Winnenthal führte die Straße über Ubbergen, Wyler, Kranenburg, Nutterden, Kleve, Qualburg, Haus Rosendahl, Schloss Moyland, Kalkar, Marienbaum und Xanten. Südlich der klevischen Grenze bei Winnenthal teilte sie sich in zwei Stränge, die in Rheinberg wieder zusammenkamen. Während der westliche Strang dem Verlauf der Römerstraße über die Alpen folgte, führte der jüngere östliche Strang, an dem sich der Weg des vorliegenden Führers orientiert, über Menzelen, Borth und Ossenberg nach Rheinberg. In Bornheim teilte sich die Straße ein zweites Mal. Nun ist es der östliche Strang, welcher der römischen Streckenführung über Hochstraß entspricht. Der jüngere Weg, dem der Pilgerführer folgt, bezieht den Grafensitz Moers ein und dürfte um 1200 Bedeutung erlangt haben. Ab Trompet, wo die beiden Trassen wieder aufeinandertrafen, nahm der spätmittelalterlich-frühneuzeitliche Handelsweg einen einheitlichen Verlauf über Uerdingen, Linn, Neuss, Grimlinghausen, Zons, Dormagen, Worringen, Merkenich, Niehl, Nippes, Köln, Rodenkirchen und Wesseling nach Bonn. Vom rechtsrheinischen Gebiet führten Zubringerwege zu dieser Straße. Fähren verkehrten bei Emmerich, Wesel und Düsseldorf. Der Weg von der Fähre bei Emmerich führte auf direktem Weg über Warbeyen, Schmidthausen und Kellen nach

Römische Hafenstraße in Köln

Fähre bei Nimwegen, Gemälde S. v. Ruysdael (17. Jh.), LVR-Landes-Museum Bonn

Kleve, während der Zubringer von Wesel über Büderich und Wallach in Ossenberg in die linksrheinische Handelsstraße einmündete.

Natürlich war auch der Rhein selber eine Verkehrsader. Mehrere römische Lastschiffe sind in Straßburg, Mainz, Köln, Xanten und Alphen-Zwammerdam (Niederlande) gefunden worden. Die „classis germanica", die römische Rheinflotte, war auf dem Gebiet des heutigen Kölner Stadtteils Marienburg stationiert. Seit dem Hochmittelalter haben sich die Rheinschiffer der einzelnen Städte in Zünften zusammengeschlossen. Das Museum „Het Valkhof" in Nimwegen besitzt das schöne Antependium der Nimweger Schiffergilde von 1494, auf dem ein seetüchtiges Schiff dargestellt ist. Auch auf dem Niederrhein verkehrten leistungsfähige Schiffe, die sog. Niederländer, deren Tragfähigkeit 200 t nicht selten überstieg.

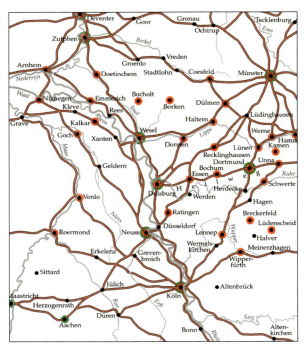

Straßennetz am Niederrhein im späten Mittelalter

Die Handelsstraße am linken Niederrhein

Köln war als größte Stadt das wirtschaftliche Zentrum, das mit allen Regionen des nordwestlichen Europas Handel trieb und eine führende Rolle im Städtebund der Hanse einnahm. 1259 sicherte sich die Stadt das Stapelrecht, auf dessen Grundlage Handelsschiffe ihre Ladung in Köln löschen und einem einheimischen Kaufmann anbieten mussten. Auch Neuss und Wesel waren Mitglieder der Hanse. Neuss lag direkt am Rhein, sodass die Schiffe vor der Stadtmauer anlanden konnten. Der Hafen war Umschlagplatz für Waren, die in Neuss das Schiff verließen, um auf dem Landweg in westlicher oder in östlicher Richtung weitertransportiert zu werden. Eine Liste der Handelsgüter, die in Neuss umgeschlagen wurden, vermittelt ein Bild von der Warenvielfalt, die am Niederrhein im Umlauf war: Wein, Fisch, Salz, Tuch, Mühlsteine, Getreide, Leder und Häute, Krämerwaren und Kupfer. Von Wesel, im 16. Jh. ein bevorzugter Zuzugsort von Niederländern, fuhren regelmäßig Marktschiffe nach Nimwegen und Antwerpen.

Die Fürsten am Rhein bemühten sich, von dem Rheinhandel zu profitieren, indem sie seit dem 12. Jh. Zölle erhoben. Der älteste Zoll lässt sich für 1222 nachweisen, als die Grafen von Geldern ihre Zollstation von Arnheim nach Lobith verlegten. Kleve erhob seinen Rheinzoll zunächst in Huissen bei Arnheim, Nimwegen und Orsoy sowie zeitweise in Schmidthausen, schließlich auch in Ruhrort und in Büderich bei Wesel. Das Erzstift Köln besaß Zölle in Rheinberg und Neuss, später dann in Uerdingen und Zons sowie zeitweise auch in Worringen. Pilger waren von den Zöllen nicht immer ausgenommen, wie eine Beschwerde des Kölner Erzbischofs Friedrich von Saarwerden aus dem Jahre 1382 zeigt. In jenem Jahr hatten die Städte Speyer und Worms nämlich neue Rheinzölle eingeführt, über die sich nicht nur Kaufleute, sondern auch Pilger beim Erzbischof beklagten. Um 1400 gab es am Niederrhein zwischen Bonn und Nimwegen bzw. Arnheim nicht weniger als 29 Zollstellen. Schon diese Zahl macht deutlich, wie kostspielig der Warenverkehr auf dem Rhein, aber auch, wie groß der zu verteilende Kuchen war.

Jakobus auf dem Boden eines Rheinweinfasses, Stadtmuseum Köln

PILGER AM NIEDERRHEIN

Das Museum „Het Valkhof" in Nimwegen zeigt in seiner ständigen Ausstellung einen Gitterguss, auf dem eine Anbetung der Heiligen Drei Könige zu sehen ist. Das Kölner Pilgerzeichen aus der Zeit um 1400 wurde bei Nimwegen in der Waal gefunden. An den Seiten besitzt es drei von ehemals vier Ösen, mit denen es am Pilgerhut oder an der Kleidung befestigt werden konnte. Am Beginn des niederrheinischen Wegs verweist es auf eines der wichtigsten Pilgerziele dieser Route, den Kölner Dom mit dem Schrein der Heiligen Drei Könige.

Pilger waren stets unterwegs zu heiligen Gegenständen und heiligen Leibern, von denen der Niederrheinweg eine große Anzahl bereithält. Jeder Tag auf dem Weg kann mit einem neuen Heiligen verbracht werden. Neue archäologische Forschungen, die 2007 in der Ausstellung „Frühes Christentum im Rheinland" des LVR-LandesMuseums Bonn präsentiert wurden, weisen darauf hin, dass sich eine Verehrungskontinuität seit der Spätantike kaum beweisen lässt – eine einzige Ausnahme bildet die Kirche des hl. Severin in Köln.

Die Pilger, die im Mittelalter oder in der frühen Neuzeit auf der Handelsstraße am linken Niederrhein unterwegs waren, kannten die Diskussionen der Archäologen noch nicht. Doch war für sie die Echtheit der Reliquien nicht weniger bedeutsam. Sie erwies sich an den Wundern, welche die Heiligen bewirkten: Der hl. Severin ließ es nach Jahren der Trockenheit endlich regnen, die Muttergottes vom Marienbaum heilte einen gelähmten Schafhirten, der hl. Viktor trieb einen Dämon aus und der hl. Quirinus rettete gar eine ganze Stadt. Diese Mirakel galten den Pilgern als ausschlaggebende Beweise.

Kölner Pilgerzeichen aus Nimwegen, um 1400, Museum Het Valkhof, Nijmegen

Pilger am Niederrhein

Natürlich haftete der Verehrung auch Weltliches an. Nach der „Viktorstracht" gehöre das Feld den Musikanten und den Possenreißern, berichtet der Xantener Stiftsdechant Heymerick 1464. Und ein Jahr später bemerkt der Jakobspilger Gabriel Tetzel, die Neusser Stiftsdamen seien die allerschönsten Klosterfrauen, die er je gesehen habe.

Die Heiligtumsfahrt nach Aachen, die seit 1349 in siebenjährigem Turnus stattfand, war das größte Massenereignis des Spätmittelalters im Rheinland und die Niederrheinstraße wurde in die Aachenfahrt eingebunden. Köln, Neuss und Aachen bildeten gewissermaßen die Eckpunkte eines rheinischen Pilgerdreiecks, wie die gemeinsame Fahrt von Graf Friedrich III. von Moers und Herzog Philipp dem Guten von Burgund im Jahre 1440 zeigt. Weniger begüterte Pilger waren auf eine karitative Infrastruktur angewiesen. In nahezu jeder Stadt standen ihnen Hospitäler zur Verfügung: Nimwegen, Kleve, Emmerich, Kalkar, Xanten, Wesel, Büderich, Rheinberg, Orsoy, Uerdingen, Neuss, Köln und Bonn besaßen Unterkünfte für Pilger. Zumeist handelte es sich um bürgerliche Stiftungen des 14. und 15. Jh., doch in Nimwegen und Wesel waren auch die Ritter des Johanniterordens in der Pilgerbeherbergung engagiert. Nur selten stehen Quellen zur Verfügung, die über den Verkehr in den Spitälern Auskunft erteilen. Für die Kölner Pilgerherberge Ipperwald haben sich aus den Jahren 1770–90 die Passantenlisten erhalten. Sie nennen zudem die Herkunftsorte der Pilger, darunter die Orte Alpen, Kleve und Neuss, die an der Niederrheinstraße liegen.

Innenraum einer mittelalterlichen Kirche, Gemälde von H. v. Steenwijck d. Ä. um 1585 (Ausschnitt: Jakobspilger)

Dompropst Manthey stempelt in Xanten einen Pilgerpass

Eine große Anzahl der in den Kölner Passantenlisten verzeichneten Pilger war nach Rom unterwegs. Aus der Mitte des 15. Jh. existieren drei Itinerare von Rompilgern, die den Rheinweg genommen haben. Der Lebens- und Reisebericht des in Konstanz geborenen Dominikanermönchs Johannes Rellach setzt im Jahre 1450 mit einer Schilderung seiner Rückkehr aus Rom ein. Rellach hatte die Gräber der Apostel Petrus und Paulus in jenem Heiligen Jahr besucht und befand sich nun auf dem Weg nach Lübeck, von wo er zu einer weiteren Reise nach Skandinavien aufbrach. Er benutzte ab Konstanz die linksrheinische Handelsstraße, nicht ohne einen Abstecher nach Aachen einzulegen. Nur wenig später war Herzog Johann I. von Kleve auf der Heimreise von Rom. Er hatte die Ewige Stadt im Anschluss an eine Schiffsreise nach Jerusalem besucht und war von Papst Nikolaus V. empfangen worden. Mit 60 apulischen Hengsten, die ihm König Alfonso von Aragon in Neapel geschenkt hatte, kam er wieder in seine Residenz Kleve. 1454 kehrte eine lüneburgische Gesandtschaft, die sich vergeblich bei Nikolaus V. um die Aufhebung eines über Lüneburg verhängten Interdikts bemüht hatte, auf der Niederrheinroute in ihre Heimatstadt zurück. Als Destinationen sind in ihrem Bericht Bonn, Köln, Neuss und Emmerich angegeben.

Als Johann I. von Kleve 1438 nach Spanien reiste, um seine Schwester an den Königshof von Navarra zu vermählen und nach Santiago de Compostela zu pilgern, nahm er den Weg über Brüssel, was sicher durch familiäre Bindungen an das burgundische Herzogshaus begründet war, aber auch der direkteren Route entsprach. Der unbekannte Jakobspilger, der 1487 sein Pilgerzeichen der Pfarrkirche zu Kalkar schenkte, könnte indes die Rheinstraße über Köln genutzt haben.

Pilger am Niederrhein

Die weiten Wege konnten die Pilger nur bewältigen, wenn sie durch die Obrigkeit geschützt wurden. 1254 vereinbarten die Erzbischöfe von Köln und Mainz einen Landfrieden, dem ein Jahr später die Stadt Köln beitrat und der ausdrücklich dem Schutz der Kaufleute und der Pilger dienen sollte. In der folgenden Zeit wurde dieser Landfrieden mehrfach erneuert, so 1333, als auch das Erzstift Trier und die Grafschaft Jülich einbezogen wurden, und 1339, als sich die drei rheinischen Erzbischöfe zum Schutz der Kaufleute und Pilger auf Lebenszeit verbanden. 1375 wurde ein weiterer Landfrieden zwischen dem Erzstift Köln, den Herzogtümern Luxemburg, Lothringen, Limburg, Brabant und Jülich, der Grafschaft Valkenburg, der Herrschaft Monschau sowie den Städten Köln und Aachen vereinbart. Damit reagierte man auf einen Vorfall, der sich wenige Jahre zuvor ereignet hatte: 1372 führte der Kölner Erzbischof Friedrich von Saarwerden bei Kaiser Karl IV. Beschwerde über „manche Grafen, Ritter und Knappen", die im Erzstift „Kaufleute, Pilger, Reisende und Fremde gefangennehmen und des Hab und Guts berauben". Besonders die damals noch zum Erzstift gehörende Gegend zwischen Xanten und Rheinberg muss betroffen gewesen sein, denn im darauffolgenden Jahr ging Erzbischof Friedrich gegen einen Gumprecht von Alpen vor, dem eben jene Gewalttaten auf den Straßen zur Last gelegt wurden.

Selbstverständlich kann ein Bericht über die Pilger am Niederrhein nicht schließen, ohne die Pilger zu nennen, die jährlich in mitunter stattlichen Gruppen zum Grab des Apostels Matthias nach Trier unterwegs sind. Einen deutlichen Bezug zu Trier weist die Ausstattung der Pfarrkirche des hl. Matthias in Hohenbudberg auf. Die Matthiasbruderschaft an St. Margaretha in Linn hatte zeitweise 200–300 Mitglieder.

Pilgerpass

KULTURLANDSCHAFTLICHE BESCHREIBUNG DES WEGES

Altrheinarm

Dieser Pilgerweg folgt über 200 km dem Rheintal vom Beginn des Rheindeltas bei Nimwegen durch das Gebiet des Niederrheins bis Köln. Schon in der Antike diente nicht nur der Fluss als Verkehrsschlagader, an ihn lehnte sich auch die Erschließung über Land an. Der Wegeverlauf orientiert sich an der hochwasserfreien Terrassenkante. Da dem heutigen Pilger das Erleben von Natur und Landschaft ähnlich wichtig ist wie dem Reisenden des Mittelalters der Schutz der Heer- und Handelsstraßen, „pendelt" der Wanderweg oft um die Hauptverkehrsachse der historischen Römerstraße.

Die Naturlandschaft, die der Weg durchquert, ist das Niederrheinische Tiefland, das sich nach Süden trichterförmig verengt und pultdeckelartig leicht ansteigt. Es wird unterteilt in die Untere Rheinniederung zwischen Nimwegen und Xanten und die Mittlere Rheinniederung von Xanten bis Neuss. Jenseits der Erftmündung schließt sich die Niederrheinische Bucht mit Köln und Bonn an. Vor 65 bis 23 Mio. Jahren senkte sich die Scholle des Niederrheins nördlich vom Rheinischen Schiefergebirge ab. Anschließend, vor 23 bis 2,4 Mio. Jahren, überspülte das Meer dieses Tiefland mehrmals und lagerte nach und nach bis zu 300 m mächtige Ton- und Sandsedimente ab. Unter ihnen liegen in der Tiefe im Norden bedeutende Salzlagerstätten, die vor 296 bis

Kulturlandschaftliche Beschreibung des Weges

251 Mio. Jahren unter Eindampfung von Meereswasser entstanden sind. Südlich davon reicht die Steinkohle in das Linksrheinische, die sich vor 358 bis 296 Mio. Jahren unter Luftabschluss aus Sumpfwäldern entwickelte.

Seine heutige Oberflächengestalt erhielt der Niederrhein während der späteren Eiszeiten. Nur 200.000 Jahre vor unserer Zeit gelangte von Skandinavien vorrückendes Inlandeis bis hierher.

Landschaftsräume am Niederrhein

Rhein und Maas wurden durch die Gletscher nach Westen abgelenkt. Es entstand ein verzweigtes, sich ständig verlagerndes Strömungssystem, dessen Fracht sich als breiter Geröllfächer in der Tiefebene ablagerte. In den Warmzeiten zwischen den Eiszeiten gruben sich die Flüsse erneut ein Bett durch die bis zu 90 m hohen Schottermassen. Diese Vorgänge wiederholten sich während der drei Eiszeiten und es entstanden die Haupt-, Mittel- und Niederterrassen.

Bis der Strom um 1500 ungefähr seine heutige Lage erreichte, mäanderte er in großen Bögen und Schleifen. Er hinterließ Altstromrinnen, durch Deichbrüche entstandene Kolke und sumpfige Brüche; altes Siedlungsland wurde weggerissen und neues angeschwemmt. Im 19. Jh. wurde er durch die Anlage von Buhnen und flussbegleitenden Banndeichen in seinem Bett fixiert. Die ehemalige Lebendigkeit ist dem ruhig fließenden Strom heute nicht mehr anzusehen. Sie zeigt sich allenfalls noch in Frühjahrshochwassern, nach denen er aber stets in sein Bett zurückkehrt.

Die Niederung ist geprägt durch ein System aus Altstromrinnen (Alluvialrinnen), die die inselartigen Niederterrassenflächen umschließen. Neben den Deichen bestimmt das durch Hecken und Baumreihen gegliederte Grünland in den Mulden und Auen im Wechsel mit Ackerflächen auf den höheren Standorten das Bild der Kulturlandschaft. Das verbindende Element in der regionalen Architektur ist der Backstein, aus dem Bürger- und Rathäuser, Schlösser und Burgen, ja selbst Kirchen und Kapellen gebaut sind.

Wie schon die Landschaft, so kennt auch das Klima keine Extreme. Es ist bestimmt durch milde Winter und mäßig warme Sommer. Die Anzahl der Nebeltage liegt aufgrund der ständigen Nähe des Wassers weit über dem Durchschnitt. Wasser, Weite und Nebel kennzeichnen das Stimmungsbild des Niederrheins.

Die Menschen der Region orientierten sich immer mehr zu den Niederlanden als zum Mittelrhein hin. So ähneln sich viele Wort- und Lautformen dies- und jenseits der heutigen Grenze.

Backsteinhaus am Unteren Niederrhein

Kulturlandschaftliche Beschreibung des Weges

Die Christianisierung des Rheinlandes erfolgte wesentlich durch den angelsächsischen Missionar Willibrord (um 658–739). Zwischen dem 8. und 16. Jh. wurden Kirchen in Städten und Dörfern errichtet, deren Türme bis heute die Ortssilhouetten bestimmen und weithin als Landmarken dienen. Daneben gibt es zahlreiche christliche Kleindenkmäler wie Wegekreuze, Kapellen und Bildstöcke.

In seinem ersten Abschnitt auf deutscher Seite von Kranenburg bis nach Xanten führt der Weg durch die weiträumige **Untere Rheinniederung** – mit einer durchschnittlichen Höhe von 10 bis 20 m über NN –, die vor rund 10.000 Jahren entstanden ist. Die holozänen Ablagerungen aus Kiesen und Sanden haben zwei Talstufen ausgebildet. Auf der gesamten Länge von Nimwegen bis Marienbaum begrenzt der Steilrand des Niederrheinischen Höhenzuges die Niederung. Dieser Stauchwall der Endmoränen wurde vor 250.000 Jahren von eiszeitlichen Gletschern aufgeschoben. Nach der Eiszeit durchschnitt der Fluss die Moränen mehrfach und schuf dabei das Tor zum niederländischen Gelderland zwischen Klever Berg und Eltenberg, die Gelderse Poort. Während die steilen und kuppigen Lagen der niederrheinischen Höhen bis heute mit Eichen- und Kiefernwäldern bewachsen sind, wurde die fruchtbare Aue schon früh durch Rodungen kultiviert. In der Kleve-Emmericher Rheinniederung überwiegt wegen des hoch anstehenden Grundwassers das Grünland. Einzelhöfe, die oft auf künstlichen Erdhügeln errichtet wurden, sind für diese Gegend charakteristisch. Zwischen Nimwegen und Emmerich entstanden aufgrund der tonig-lehmigen Auenböden eine Reihe von Ziegeleien, die das regionale Baumaterial liefern.

Von Kranenburg führt der Weg nach Mehr durch eine Altstromrinne mit dem Naturschutzgebiet „Kranenburger Bruch", das im Mittelalter von den niederländischen Broekers kolonialisiert wurde. Zwischen November und Ende Februar überwintern hier Scharen von arktischen Wildgänsen.

Mit Kleve erreichen wir die nördlichste Höhenburg am Rhein, die Schwanenburg. Sie ist der Mittelpunkt einer landschaftlichen und künstlerischen Gesamtkomposition, die unter Johann Moritz von Nassau im 17. Jh. durch die Anlage von Parks, Alleen und Kanälen und die Inszenierung von Sichtachsen entstand. Der Weg nach Kalkar führt durch den Moyländer Wald an einer Altstromrinne des Rheins entlang, wo Landwehren und Wasserburgen Territorialgeschichte erzählen. Jenseits des wiedererstandenen Kulturzentrums Schloss Moyland verläuft die Kalflack. Über sie kamen die Schiffe im Mittelalter zum Handelszentrum Kalkar. Seine Altstadt birgt mit dem Rathaus, der Nikolaikirche und den Bürgerhäusern mit Stufengiebeln wichtige Zeugnisse der niederrheinischen Backsteingotik.

Über den Wallfahrtsort Marienbaum gelangen wir nach Xanten, der einzigen unbebauten ehemaligen römischen Kolonie nördlich der Alpen (Colonia Ulpia Traiana), die heute im Archäologischen Park Xanten (APX) ausgegraben und in Teilen rekonstruiert wird. Südlich der Stadt erhebt sich aus der Unteren Rheinniederung als Stauchwallrest die Hees mit dem 75 m hohen Fürstenberg. Dort wurde ca. 13/12 v. Chr. das römische Legionslager Vetera I nahe dem heutigen Birten gegründet.

An die Untere schließt sich ab Birten die **Mittlere Niederrheinebene** an, die bis Neuss auf 40 m über NN ansteigt. Aus ihrer mächtigen Hochflutlehmdecke haben sich teilweise sehr gute Braunerden entwickelt, auf denen neben Feldfrüchten auch Sonderkulturen gedeihen. Auf diesem Abschnitt treffen wir auf zahlreiche Alluvialrinnen, die noch von kleinen Gewässern durchzogen werden.

Über Borth, wo im größten Steinsalzbergwerk der Welt das Salz des Niederrheins abgebaut wird, geht es nach Rheinberg. Die mittelalterlichen Festungswälle dieses im 16./17. Jh. ständig umkämpften Ortes sowie des Nachbarortes Orsoy blieben in ihrer Linienführung nahezu vollständig erhalten und sind heute als Grünanlage gestaltet. Rheinberg war in den 1620er-Jahren der Ausgangspunkt eines 40 km langen, von den Spaniern erbauten Schifffahrtskanals vom Rhein zur Maas („Fossa Eugeniana"), der jedoch nie vollendet wurde. Das Rheinvorland zwischen Wesel und Orsoy steht weiträumig unter Naturschutz und gehört zu den großen Rast-, Äsungs- und Schlafplätzen von Tundrengänsen zwischen Nimwegen und Duisburg.

Durch die Wald- und Seenlandschaft Lohheide geht es am Moersbach entlang ins Zentrum von Moers. Die Innenstadt ist eingefasst von einem weitläufigen Park im Stil eines englischen Landschaftsgartens. Seine Hauptpromenade greift den im Zickzack verlaufenden ehemalige Verteidigungswall auf.

Kulturlandschaftliche Beschreibung des Weges

Im Duisburger Westen führen uns die Hinterlassenschaften der Montanindustrie und des Kiesabbaus eine Bergbaufolgelandschaft vor Augen, die sich zum stadtnahen Erholungsgebiet entwickelt hat. Die Etappe endet in Krefeld-Linn an einer der größten Burgen des Niederrheins, die auf eine Motte des 12. Jh. zurückgeht.

Der Rhein bei Friemersheim

Anschließend durchqueren wir das von zwei Altstromrinnen geprägte Latumer Bruch. Hier wächst noch eine typische Auenvegetation mit Erlenbruchwäldern, Röhrichten, Seggenried und feuchtem Grünland. Dies gilt auch für die Ilvericher Altrheinschlinge kurz vor Meerbusch. Sie ist die einzige vollständig geschlossene alte Rheinstromschlinge am Niederrhein.

Auf der Höhe von Neuss/Dormagen beginnt die **Köln-Bonner Rheinebene**. Durch den Nährstoffreichtum und die gute Wasserhaltefähigkeit bieten ihre Böden optimale Voraussetzungen für eine intensive landwirtschaftliche Nutzung. Vorwiegend werden Zuckerrüben, andere Hackfrüchte und Feldgemüse angebaut. Die großen Ackerflächen der fast eben erscheinenden Niederterrasse werden gegliedert von Altarmrinnen des Rheins, die häufig netzartig miteinander verbunden sind. In seinem letzten Abschnitt verläuft der Weg ab Neuss nahe dem Treidelweg am Rhein, über den bis ins 19. Jh. die Schiffe flussaufwärts gezogen wurden.

Besonders in den Ballungszonen hat der Rhein in den letzten Jahrzehnten neben seiner Funktion als Transportweg zwei neue Funktionen übernommen: zum einen als internationaler Korridor im Biotopverbund, zum andern als Naherholungsachse. Letzteres macht sich besonders bei schönem Wetter und am Wochenende bemerkbar. Auf dem Alternativweg zur rheinnahen Trasse durch den alten Knechtstedener Wald können die Pilger noch die Abgeschiedenheit eines mittelalterlichen Reformklosters erfahren.

Vom Kölner Norden aus geht es – den Kölner Dom als Ziel vor Augen – der römischen Trasse folgend schnurgerade durch eines der drei noch erhaltenen mittelalterlichen Stadttore ins Herz der Großstadt.

NIMWEGEN → KRANENBURG

ETAPPE 1

16 km

Unser Pilgerweg beginnt an der St. Jacobskapel von Nimwegen. Durch das Herz der von den Römern gegründeten Stadt führt er an den Hauptsehenswürdigkeiten vorbei auf die Anhöhe über der Waal, dem Hauptarm des Rheindeltas, auf der einst die Pfalz Karls des Großen stand. Vom Museum „Het Valkhof", das der Geschichte und Kultur Nimwegens ab römischer Zeit und des Gelderlandes gewidmet ist, geht es durch den Hunner Park – an einem ehemaligen Wachtturm des Festungsgürtels vorbei – hinunter in die Ebene. Hier endet abrupt die Bebauung. Unter Eschen folgt der Weg dem Deichverlauf durch Wiesen, entlang von Altarmen und Wassergräben. Der schmucke Erholungsort Beek am Fuß des eiszeitlichen Höhenzugs bietet Möglichkeiten zur Rast, bevor wir die Landesgrenze überschreiten. Ab Zyfflich führt die Route ca. 6 km zusammen mit dem von Millingen aan de Rijn kommenden Pilgerweg über Wyler bis zum Wallfahrtsort Kranenburg.

Pilgerstempel aus Nimwegen

Pilgerspuren ...

Nimwegen war eine wichtige Durchgangsstation für Pilger, die zu den unterschiedlichen Zielen überall in Europa unterwegs waren. Bei Ausgrabungen wurden sieben gegossene Pilgerzeichen aus dem 14. und 15. Jh. gefunden, die aus Köln (Heilige Drei Könige), Kranenburg (Heilig Kreuz), Rhenen (hl. Cunera), Gerhardsbergen (hl. Adrianus), Canterbury (hl. Thomas von Canterbury), Ninove (hl. Cornelius) und Rom (Petrus und Paulus) stammen. Die Funde befinden sich heute im Museum „Het Valkhof" (→ Abb. S. 12).

Die Pilger nach Köln und Rom verließen Nimwegen durch die Sint-Joost-Poort und folgten der Rheinstraße. Die meisten Jakobspilger hingegen dürften den Weg durch die Molenpoort auf dem Graefschen Weg in südwestlicher Richtung genommen haben, um über 's-Hertogenbosch, Brabant, Antwerpen und Flandern in Richtung Frankreich und Spanien zu gelangen.

Als Übernachtungsmöglichkeiten standen den Pilgern die Johanniskommende (Commanderie van Sint Jan) nahe der Stevens-

Links: Jakobuskapelle, Nimwegen

Commanderie van Sint Jan, Nimwegen

kerk und das Heilig-Geist-Hospital im Osten der Altstadt zur Verfügung. Die Komturei des Johanniterordens geht auf Burggraf Alard von Nimwegen zurück, der 1196 ein Hospital stiftete, das 1214 dem Ritterorden der Johanniter übergeben wurde. Das 1324 gegründete Heilig-Geist-Gasthaus diente zum einen als städtisches Krankenhaus und Pilgerherberge, zum anderen als Armenhof. In Nimwegen sind darüber hinaus noch vier weitere Armenhöfe belegt, wobei das Sint Jacobs Gasthuis südlich der Heezelstraat aufgrund seines Patroziniums besondere Beachtung verdient. Es handelte sich um einen Armenhof zur Aufnahme von zunächst zwölf und später von bis zu 24 Männern und Frauen, die in zwölf separaten Häuschen lebten. Die Einrichtung wurde zwischen 1434 und 1438 von dem Priester Henrik van Hovelwijk gegründet. Das 1450 erstmals genannte Patrozinium des hl. Jakobus d. Ä. zeigt, wie sehr der Apostel zu einem allgemeinen Patron für christliche Nächstenliebe geworden war. 1592, nachdem Nimwegen der Republik der Sieben Vereinigten Niederlanden einverleibt war, wurden alle fünf Armenhöfe in einem neuen Bürgergasthaus vereinigt. Für die Beliebtheit des Heiligen sprechen auch die Gründung einer mittelalterlichen Jakobusbruderschaft sowie die Benennung der Sint Jacobstoren in der Stadtbefestigung und der Sint Jacobslaan.

Stele in Kranenburg

Kranenburg ist Ziel einer der ältesten Wallfahrten am Niederrhein, die sich bis in das 14. Jh. zurückverfolgen lässt. Nach einem Höhepunkt im Spätmittelalter ging die Wallfahrt zum „Wundertätigen Kreuz" zunächst zurück, um dann im 18. und im frühen 19. Jh. neue Blütezeiten zu erleben. Heute kreuzen sich in Kranenburg zwei ausgeschilderte Wege der Jakobspilger.

Nimwegen → Kranenburg Etappe 1

Wegbeschreibung und Hinweise

16 km

Wegstrecken zu Fuß und per Rad sind identisch.
Schwierigkeitsgrad: leicht bis mittel, kurze starke Steigung/Gefälle am Rand der Innenstadt von Nimwegen
Ausgangspunkt Bahnhof, Nimwegen: Stationsplein, links Stiltjesstraat, Kronenburgerpark mit Sint Jacobstoren queren, links Parkweg, rechts Kroonstraat, links Pijkestraat, Glashuis bis **Sint Jacobskapel (A)**, rechts Papengas, links Hezelstraat, bis zur Lateinschule und **St. Stevenskerk (B)** (Abstecher über den Korenmarkt zur **Commanderie van Sint Jan (C)**), Groote Markt, Burchstraat zum **Museum Het Valkhof (F)** (Abstecher: **Valkhof (D)**), links durch Hunnerpark bergab, rechts Ubbergseweg, an Brücke links Doysedijk **(2)**, rechts Dijkgraaf van Dijkweg **(3)**, rechts Persingsestraat, 1 km nach **Persingen (4)**, rechts Sint Hubertusweg in das Zentrum von **Beek (5)**, vorbei am **Wylerberg (6)**, nach Querung des Nieuwe Riksweg (N 325) rechts versetzt dem rot-weiß markierten Wanderweg am **Wyler Meer (8, 9)** entlang bis zum Querdamm in **Zyfflich (10)** folgen, weiter auf dem Hauptwanderweg X7 Häfnerdeich/K31, an B 9 rechts, nach ca. 300 m B 9 queren, links K44, links **Wyler (11)**, rechts Alte Heerstraße und weiter dem X7 am Kranenburger Bach entlang nach **Kranenburg (12)** folgen.

An der deutsch-niederländischen Grenze

SEHENSWERTES ENTLANG DER STRECKE

1 *Nimwegen*

Die Ursprünge Nimwegens – das mit Maastricht darum konkurriert, die älteste Stadt der Niederlande zu sein – liegen in dem römischen Militärstützpunkt „Ulpia Noviomagus Batavorum". Die Befestigung ging später in einem fränkischen Königshof auf und erlangte unter den Ottonen, Saliern und Staufern als Kaiserpfalz Bedeutung. Nach einer sehr kurzen Episode als freie Reichsstadt fiel Nimwegen 1247 an die Grafschaft Geldern und entwickelte sich zu einem der wichtigsten Orte des 1339 zum Herzogtum erhobenen Landes. In der zweiten Hälfte des 16. Jh. kam Geldern unter spanische Herrschaft, bis Prinz Maurits von Oranien-Nassau 1591 Nimwegen für die Vereinigten Provinzen eroberte. Verschiedene Renaissancebauten, insbesondere das Gewandhaus zwischen Stevenskerk und Groote Markt, die Lateinschule von 1545 am Stevenskerkhof, das Stadthaus von 1555 in der Burchtstraat und die Stadtwaage von 1612 am Markt zeugen heute noch von dieser glanzvollen Periode der Stadt. Doch der Großteil der historischen Bebauung fiel dem Krieg zum Opfer. Nachdem die Stadt im Februar 1944 bereits ein Bombardement der Amerikaner getroffen hatte, das eigentlich Kleve galt, wurde sie im Herbst desselben Jahres während der Schlacht um Arnheim erneut schwer

Marktplatz, Nimwegen

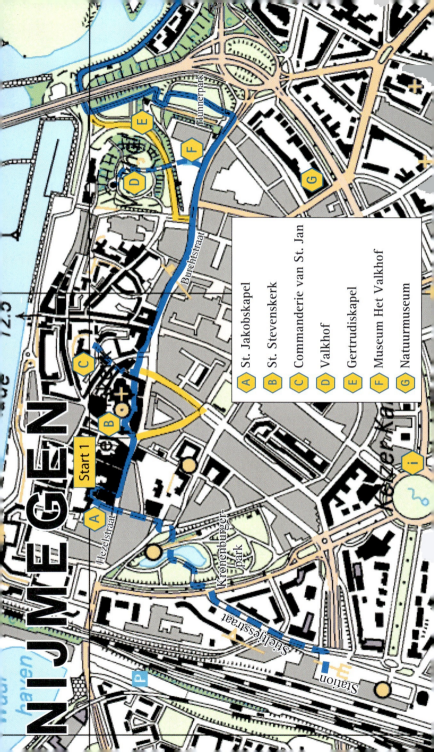

Stevenskerk, Nimwegen

beschädigt. Heute stellt sich Nimwegen als eine sehr junge Stadt dar, wozu nicht zuletzt die Universität beiträgt.

Der Pilgerweg beginnt in Nimwegen an der **Kapelle des ehemaligen Sankt-Jakobs-Gasthauses (A)** nördlich der Heezelstraat. Es handelt sich um einen einschiffigen Backsteinsaal mit polygonalem Chor. 1998 gründete sich die Stiftung „Vrienden van de Sint Jacobskapel", um die Kapelle zu erhalten und zu nutzen. Der Chorraum wurde als Gottesdienstraum restauriert und neu ausgestattet. Die modernen Glasfenster nehmen Bezug auf das Pilgerthema. Regelmäßig lädt die Stiftung in der Kapelle zu einer ökumenischen Andacht ein. Seit 2005 besteht eine Gruppe, die von der Kapelle ausgehend Pilgerwanderungen unternimmt. Pilger, die auf dem Weg nach Santiago de Compostela sind, erhalten hier ihren Stempel für den Ausweis.

Über die Heezelstraat führt der Weg zur **Stevenskerk (B)**, der zentralen Kirche Nimwegens. Ab 1254 hatte der damalige Pfarrherr, das Kölner Stift St. Aposteln, hier zunächst eine spätromanische Basilika errichten lassen. 1420 begannen die Arbeiten an einem spätgotischen Neubau, der sich von den Dimensionen her sowie mit seinem Umgangschor an der Kathedrale von ´s-Hertogenbosch orientierte und die herrschaftlichen Ambitionen der Herzöge von Geldern zum Ausdruck bringen sollte. Als Baumeister für den Chor wurde Gisbert Schairt (1380–1452) verpflichtet, der zuvor an der Stiftskirche in Kranenburg und am Xantener Dom tätig war. Mit den Baumaßnahmen genehmigte Papst Sixtus IV. 1475/76 zudem die Gründung eines Stiftskapitels. Um ca. 1560 war der Bau bis in die Höhe des Kranzgesimses oberhalb der Arkaden gediehen. Infolge der Eroberung Nimwegens durch die Niederlande 1591 und eines bereits zuvor erfolgten Bildersturmes kamen die Arbeiten zum Erliegen. Anstelle eines Obergadens und der Einwölbung wurden Holzgewölbe aufgesetzt. 1604/05 erhielt der Kirchturm seinen markanten Spätrenaissanceaufsatz.

Nimwegen → Kranenburg   Etappe 1

Von der spätmittelalterlichen Ausstattung ist vor allem das Prunkgrab im Hochchor, das Herzog Karl um 1512 für seine Mutter Anna Katharina von Burgund errichten ließ, von Interesse. An den Seiten umstehen Apostelfiguren das Grab, im Süden ist der Apostel Jakobus d. Ä. in Pilgerkleidung dargestellt.

Beim Verlassen der Kirche fällt der Blick auf die Statuen der zwölf Apostel. Sie erinnern an die Kölner Apostelkirche, die in direkter Nachbarschaft zur Stevenskerk 1545 eine Lateinschule, einen Vorgänger des Gymnasiums, hatte errichten lassen.

Ein Abstecher führt von der Kirche nach Süden zur einstigen **Johanniterkommende (C)**. Der zweiflügelige Baukomplex besteht aus dem alten Komturgebäude und einem jüngeren, im rechten Winkel angebauten Wohnhaus. Heute laden hier eine Brauereigaststätte, ein Café und ein Schokoladengeschäft zum Besuch ein.

Durch die Burchtstraat verlässt der Weg die Stadt in westlicher Richtung. Vor dem historischen Stadtkern liegt das Gelände des **Valkhofes (D)**. Hier hatte Karl der Große schon 777 auf dem Gelände eines fränkischen Königshofes eine Pfalz errichten lassen. Von den karolingischen Bauten ist nichts mehr vorhanden, jedoch zeigt die spätere Baugeschichte des Geländes Bezugnahmen auf Kaiser Karl. Um 1030 entstand die Nikolauskapelle, deren achteckiger Grundriss der Pfalzkapelle Karls des Großen in Aachen folgt. Auffällig ist die für das Abendland frühzeitige Verwendung des Nikolauspatroziniums. Auch der offene Chor der Martinskapelle, einziger Rest einer Burg, die Kaiser Friedrich II. Barbarossa um 1155 auf dem Valkhofhügel erbauen ließ, steht in Verbindung mit Karl dem Großen. Denn Barbarossa benutzte das Material der alten Pfalz: Die halbrunde Ruine weist im Obergeschoss zwei römische Säulen mit karolingischen Kapitellen auf. 1796 verkaufte die Provinz Gelderland die Burg zur Baumaterialgewinnung.

In einem Hohlweg unterhalb des Valkhofhügels sind rechter Hand die Reste der **Gertrudiskapelle (E)**

Der Valkhof bei Nimwegen, J. v. Goyen (17. Jh.), LVR-LandesMuseum Bonn

zu sehen. Bis zur Errichtung der Stevenskerk befand sich hier die erste Pfarrkirche der Stadt. Die heute sichtbare Ruine stammt von einem Nachfolgebau aus dem 15. Jh., der 1579 niedergelegt wurde. Bis zu diesem Zeitpunkt war die Gertrudiskapelle das Ziel einer jährlichen Marienprozession.

Ganz in der Nähe laden das **Museum Het Valkhof (F)** und das **Natuurmuseum Nijmegen (G)** in der ehemaligen Synagoge von 1912 zu einem Besuch ein. Letzteres beherbergt ein Informationszentrum zum Entwicklungsgebiet Gelderse Poort, durch den der Weg nach Kranenburg führt.

2 Die Düffel und De Gelderse Poort

Die Flussniederung rund um das Rheindelta wird in Anspielung an den eiszeitlichen Rhein, der zwischen dem Klever und dem Eltenberg die Moränen durchstößt und somit den Weg ins Gelderland geöffnet hat, „De Gelderse Poort" (Pforte zum Gelderland) genannt. Die „Düffel" (Duffelt), als deren grenzüberschreitender Teil, erstreckt sich zwischen Kleve und Nimwegen; sie ist im Norden begrenzt durch den Rhein bzw. die Waal und im Süden durch den Höhenzug der Stauchendmoränen.

Die Urbarmachung der von Auen- und Bruchwäldern bedeckten und vom Rhein regelmäßig überschwemmten Naturlandschaft hat durch Eindeichung des Stroms, spätmittelalterliche Rodungen und planmäßige Entwässerungen sukzessive eine landwirtschaft-

Landschaft bei Persingen

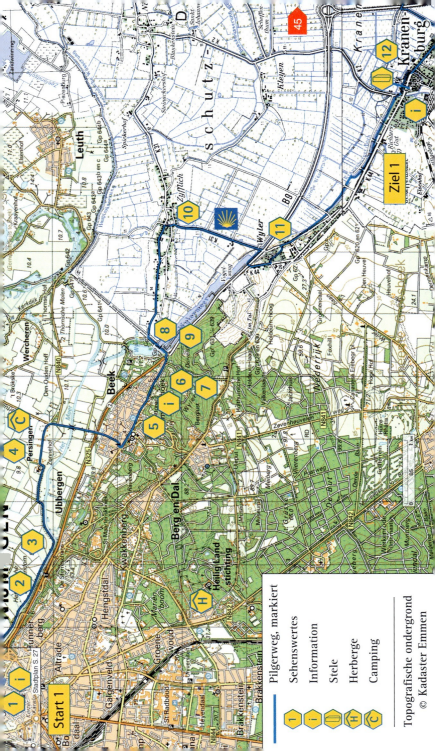

lich geprägte Kulturlandschaft entstehen lassen: außerdeichs die periodisch überflutete Waalaue mit Altarmrelikten und vielfach durch Tonabbau entstandenen Wasserflächen; innerdeichs zum einen die als Grünland und Ackerland genutzten, weitgehend offenen Flussmarschen mit einzelnen, auf künstlichen Hügeln (Warften) liegenden Höfen, zum anderen das sich südlich anschließende, etwas tiefer liegende Kranenburger Bruch. Letzteres wird von einem engmaschigen Netz von Gräben und Wässerungen mit begleitenden Hecken durchzogen und von Kopfbäumen, Obstwiesen und Pappelreihen gegliedert. Aufgrund seines hohen Grundwasserstandes weist das Kranenburger Bruch in Teilen Niedermoorcharakter auf.

Aufgrund ihrer Strukturvielfalt beherbergt die Düffel zahlreiche seltene und zum Teil vom Aussterben bedrohte Wat- und Wiesenvögel. Diese sind zusammen mit den alljährlich ab Mitte November zu Zehntausenden hier zur Überwinterung einfliegenden arktischen Wildgänsen der Grund, weshalb die Düffel als Baustein des „Feuchtgebietes internationaler Bedeutung – Unterer Niederrhein" in weiten Teilen unter Naturschutz steht.

Weiterführende Informationen zu diesem vielfältigen Landschaftsraum beiderseits der Grenze geben die Besucherzentren De Gelderse Poort im Natuurmuseum Nijmegen und in Kranenburg.

3 *Der Oijpolder*

Da die Alde Baan, die historische Wegführung, über die Höhe nach Kleve wegen des Autoverkehrs unattraktiv für heutige Pilger ist, haben wir einen Weg durch die Rheinniederung gewählt, der vor 600 Jahren ebenfalls schon existierte und auch für Fahrradfahrer ideal ist. Der von Eschen gesäumte Damm, auf den wir nach Überquerung des Flüsschens Meertje einbiegen, ist nämlich Teil eines um 1400 fertiggestellten Ringdeiches. Er umfasst 10.000 ha fruchtbares Land zwischen dem Geestrücken und dem Fluss. Die Entwässerung des Gebiets wird durch zwei Schleusen geregelt, von denen eine am Beginn des Weges, die andere jenseits des Dorfes Persingen liegt. Damit die viel gerühmte Fruchtbarkeit der Oijwiesen auch auf die Dauer erhalten blieb, regelte ein Erlass von 1580, dass die Waalschleusen jedes Jahr am Martinstage, dem 11. November, zu öffnen seien. So blieb es bei den

Oijpolder

winterlichen Überschwemmungen, die den Schwemmboden bewirkten. Einzig die Gehöfte auf den erhöhten Wohnplätzen ragten wie Inseln aus den Fluten. Gleichzeitig wurde damit durch Schaffung eines Gegendrucks möglichen Deichbrüchen vorgebeugt. Als „endgültig hochwassersicher" gilt das Gebiet seit den 1920er-Jahren, als der flussnahe Banndeich nach neuzeitlichen Maßstäben erhöht und verstärkt wurde. Ein Teil des Polders ist heute ein Reservat für Przewalski-Pferde (Equus ferus przewalskii), die auch Mongolische Wildpferde genannt werden.

4 Persingen

Beim Anblick des idyllisch gelegenen Weilers Persingen mit seinen wenigen Häusern stellt sich unweigerlich die Frage, wo die Menschen wohnen, die das Gotteshaus dieses Ortes füllen sollen. Früher war das heute mit 98 Einwohnern kleinste Dorf der Niederlande einmal größer: Der Sandrücken einer Düne, die in der Endphase der letzten Eiszeit ungefähr 9.500 v. Chr. aufgeweht wurde, bot einst Platz für weit mehr Anwesen. Doch das jährliche Hochwasser umspülte und verschluckte die Insel Stück für Stück; 1808 fiel ihm das Dorf bis auf die drei höchstgelegenen Bauwerke schließlich ganz zum Opfer.

Die Kirche, deren Kern aus dem 13. Jh. stammt, wurde im 17. Jh. zum Heuschober degradiert und bei Hochwasser diente sie sogar als Viehstall. Doch es gab immer wieder Initiativen zur Rettung des Gotteshauses: 1905 setzten sich die Bürger von Beek dafür

Persingen

ein, dass die Gemeinde das Gebäude erwarb, als der Eigentümer es schon abreißen wollte. Das nächste Mal waren es in den 1950er-Jahren die Pfadfinder, die durch eine Restaurierungsaktion die Kirche vor dem Verfall retteten. Anschließend wurde sie dem Patron der Pfadfinder St. Joris, dem hl. Georg, geweiht. Nachdem 2002 eine Orgel des Orgelbauers Lindsen aus Utrecht von 1861 eingebaut wurde, wird ihr gotischer Innenraum heute gern für Hochzeiten, Konzerte und Kunstpräsentationen genutzt.

5 *Beek*

Den alten Rijksstraatweg von Beek, der ins Zentrum des „grünsten Dorfs der Niederlande" führt, säumen allein 35 denkmalgeschützte Häuser, von denen die meisten zu Beginn des 20. Jh. gebaut wurden. Am Kerkberg stehen nebeneinander zwei Kirchen, die dem Apostel Bartholomäus geweiht sind. Bei der alten Bartholomäuskirche, für die ein Baudatum von 1286 überliefert ist, handelt es sich um einen schlichten kleinen Bruchsteinsaal mit einem mächtigen Westturm. 1620 wurde sie von den reformierten Christen in Gebrauch genommen, während die Katholiken zum Gottesdienst in das benachbarte Herzogtum Kleve ausweichen mussten. Zwar wurde 1796 verfügt, das Gotteshaus von beiden Konfessionen gemeinsam als Simultankirche zu nutzen, doch erwies es sich dafür als zu klein. So entstand 1825/26 auf einem gegenüberliegenden Grundstück die neue Bartholomäuskirche, ein klassizistischer Kirchenbau, für die katholische Gemeinde. Aufgrund des Bevölkerungszuwachses erfolgte am Ende des 19. Jh. eine Erweiterung des Kirchenschiffs. Eine Besonderheit ist die vollständige historische Ausstattung aus der zweiten Hälfte des 19. Jh., die Altäre, Beichtstühle, Kirchengestühl, Kreuzwegstationen und Kronleuchter umfasst. Unter ihnen ragt der geschnitzte Predigtstuhl mit einer Darstellung der Samariterin am Brunnen heraus.

Bartholomäuskirchen, Beek

6 *Wylerberg*

Das Gelände des Wylerbergs gehörte früher zur benachbarten deutschen Gemeinde Wyler und war größtenteils im Besitz der Klever Familie Hiby. In den Jahren 1920–24 entstand in dieser exponierten landschaftlichen Lage eine Villa, erbaut von Otto Bartning, dem bekanntesten Architekten des evangelischen Kirchenbaus. Sie wurde in Form eines Kristalls auf den Hang der Moräne gesetzt, weshalb diese Form des Expressionismus auch Kristallarchitektur heißt. Das Bauwerk wurde mithilfe der Entschädigungszahlungen für die Fabriken in Lothringen errichtet, die die Familie Hiby durch den deutsch-französischen Friedensvertrag von 1919 verloren hatte.

Nach dem Zweiten Weltkrieg kam ein Großteil des angrenzenden deutschen Gebiets unter niederländische Auftragsverwaltung. Die annektierten Flächen wurden damals von dem Begründer der niederländischen Pflanzensoziologie Victor Westhoff begutachtet, der den Wylerberg mit dem benachbarten Teufelsberg und dem Philosophental als besonders wertvolle Naturgebiete einstufte. So zählt der Wylerberg mitsamt der gleichnamigen Villa dann auch zu den Flächen, die 1963 schließlich niederländisches Staatsgebiet wurden. Er bildet heute ein 250 ha großes Naturreservat. In der Villa arbeiten die nationalen Naturschutzverbände „Das & Boom" (Dachs und Baum), das Informationszentrum Niederländische Kulturlandschaft und das renommierte Vogelinstitut SOVON, das die Felderhebungen von 7.500 freiwilligen Mitarbeitern im ganzen Land auswertet.

Villa Wylerberg

7 Mooi Nederland – Die schönen Niederlande

„Gott schuf die Welt, aber Holland schufen die Holländer", sagt ein altes niederländisches Sprichwort. Kein europäisches Land ist so nachhaltig vom Menschen geformt worden wie die Niederlande. Das Ergebnis dieser Landgewinnung, -sicherung und -gestaltung zeigt das „Madurodam" des Informationszentrums der Vereniging Nederlands Cultuurlandschap. Beim Rundgang durch das Gelände mit elf Miniaturlandschaften werden den Besuchern die Augen für die typischen niederländischen Landschaftsbilder von Texel bis Südlimburg und von Brabant bis Friesland geöffnet. Die Organisation setzt sich für die Erhaltung und Wiederherstellung der heimischen Kulturlandschaften ein. Dazu entwickelte sie einen Plan, der die Agrarlandschaften nach dem Motto „Nederland weer mooi" (Niederlande wieder schön) schöner, artenreicher und für die Erholung noch anziehender machen soll. Wie

Nimwegen → Kranenburg Etappe 1

Madurodam, Beek

dies umgesetzt werden kann, zeigt die Ausstellung in der Villa Wylerberg.

8 *Wyler Meer*

Das Wyler Meer an der deutsch-niederländischen Grenze ist typisch für die Altwässer, die das Landschaftsbild des Niederrheins prägen. Es liegt in einer ehemaligen Hochwasserabflussrinne, die auch noch weitab vom heutigen Strom von dessen einstiger Dynamik zeugt. Als wichtiger Bestandteil der großflächig unter Naturschutz stehenden Düffel, des ehemaligen Ausdehnungs- und Überschwemmungsgebiets des Rheins, ist es Teil des „Feuchtgebietes internationaler Bedeutung – Unterer Niederrhein". Hier überwintern zahlreiche Wasservogelarten wie Krick-, Löffel- und Tafelente sowie Gänse- und Zwergsäger. Auf niederländischer Seite ist aus einem Teil des Wyler Meeres das Wylerbad entstanden, ein naturbelassener Badesee.

Wyler Meer

Übrigens wird uns die niederländische Bezeichnung „Meer" für einen Binnensee – das Meer heißt auf Niederländisch „Zee" – noch häufiger begegnen. Sprachgeschichtlich betrachtet ist der Niederrhein der „niederländischste" Teil Deutschlands. Bis ins 16. Jh.

wurde die niederrheinische Regionalsprache, die dem Niederländischen sehr viel näher steht als dem Hochdeutschen, nicht nur gesprochen, sondern auch geschrieben. Erst im späten 19. Jh. setzte ein Rückgang des Dialekts zugunsten der jeweiligen Hochsprache ein.

9 Europäische Fernwanderwege

Grenzpfahl: „Lasst Freundschaft heilen, was Grenzen teilen."

Über die deutsch-niederländische Grenze gehen wir zusammen mit den Wanderern, die auf dem rot-weiß markierten Europäischen Fernwanderweg 8 unterwegs sind, der in einem Bogen über Aachen zum Mittelrheintal führt. Wer ihn in seiner ganzen Länge von Irland bis Bulgarien unter die Sohlen nimmt, hat rund 5.000 km geschafft. Die insgesamt 52.000 km der elf derzeitigen Fernwege wurden von ehrenamtlichen Wanderfreunden geplant, recherchiert und gezeichnet, die sich 1969 unter dem Dach der Europäischen Wandervereinigung zusammengeschlossen haben (www.era-ewv-ferp.com).

10 Zyfflich

Der kleine Ort Zyfflich, vor Hochwasser geschützt auf einem flachen Sandrücken gelegen, ist eine der ältesten Kulturstätten am Niederrhein. Um 1010 gründete Graf Balderich ein Kollegiatstift, das 1436 aus dem feuchten Poldergebiet an den aufstrebenden Wallfahrtsort Kranenburg verlegt wurde. Im Kern der Kirche stecken noch Reste einer spätottonischen Basilika, doch das heutige gotische Erscheinungsbild ist von einem Umbau während des 14. und 15. Jh. geprägt. Da man im Zuge der Verlegung des Kollegiatstiftes eine aufwändige Kirchenanlage nicht mehr benötigte, wurden die Seitenschiffe abgebrochen, ein neuer Chor angefügt und Teile des Innenraumes eingewölbt. Dennoch lässt sich im Inneren anhand der vermauerten Arkaden noch die Struktur des Gründungsbaus erkennen. Es handelt sich um einen dreischiffigen Bau mit einem für das Rheinland in jener Zeit typischen Stützenwechsel, d. h. ein großer Rundbogen auf zwei quadratischen Pfeilern überfängt jeweils eine auf einer Mittelsäule auf-

Wyler Meer mit Zyfflich

liegende Doppelarkade. Zur Ausstattung gehört eine geschnitzte Figurengruppe mit Christus und der Samariterin, die einem Utrechter Meister zugeschrieben wird.

11 Wyler

Das Dorf, im wahrsten Sinne des Wortes ein „Weiler", begrüßt den Wanderer vom Rand der Stauchmoräne aus gleich mit den Türmen zweier Kirchen, die beide dem hl. Johannes dem Täufer geweiht sind. Von dem alten romanischen Bau hat sich der Westturm aus Tuffstein, der vom Siebengebirge bei Bonn über den Rhein hergebracht wurde, erhalten. Das anschließende Langhaus wurde nach den Zerstörungen des letzten Krieges auf den alten Fundamenten errichtet. Der moderne Glockenträger ist Teil des westlich gelegenen Gotteshauses, das in den Jahren 1964−66 von dem Architekten Toni Hermanns anstelle der neugotischen Kirche von 1911 errichtet wurde.

St. Johannes, Wyler

12 Kranenburg

Einer Insel gleich liegt der Wallfahrtsort in der Bruchlandschaft der Niederung. Seinen Anfang nahm er als Waldhufensiedlung am Fuß einer Motte der Grafen von Kleve, für die erstmals 1270 der Name Kranenburg belegt ist. Die Burgsiedlung besaß 1294

St. Peter und Paul, Kranenburg

bereits Stadtrechte. 1370 umgaben die Bürger ihren Ort mit einer halbkreisförmigen Mauer, die im Süden nahezu vollständig erhalten ist.

Die Wallfahrt nach Kranenburg geht auf ein spätmittelalterliches Kreuz- und Hostienwunder zurück. Der Legende zufolge ließ ein Hirte nach der Messe eine geweihte Hostie in die Höhlung eines Baumes im Reichswald fallen. Als der Baum knapp 30 Jahre später, 1308, gefällt und gespalten wurde, fiel ein kreuzförmiger Holzkorpus heraus, der aus der Hostie gewachsen zu sein schien. Das Kreuz wurde daraufhin in die Kirche von Kranenburg gebracht, wo es rasch zu einem Zulauf der Gläubigen kam. Seit dem 14. Jh. ist die Kranenburger Wallfahrt durch Quellen belegt. In der ersten Hälfte des 15. Jh. erlebte sie einen solchen Zustrom, dass mit den eingenommenen Spenden eine große Wallfahrtskirche errichtet werden konnte. Der Bau entstand nach Plänen von Gisbert Schairt, der ab 1409 eine dreischiffige sog. Pseudobasilika errichtete, die in ihrem zweiteiligen Wandaufriss mit einem Obergaden ohne Fenster dem Vorbild der Stiftskirche in Kleve (→ Abb. S. 55) folgt. Unter der reichen, vor allem aus der Spätgotik stammenden Ausstattung muss vor allem das Reliquiengehäuse für das wundertätige Kreuz zwischen dem südlichen Nebenchor und dem Hauptchor erwähnt werden.

Unter den spätgotischen Schnitzfiguren an den Pfeilern verdient die ausdrucksvolle Figur des Reise- und Sterbepatrons Christophorus aus der Mitte des 16. Jh., die dem Bildschnitzer Arndt van Tricht zugeschrieben wird, im nördlichen Seitenschiff besondere Beachtung. Eine weitere Figur zeigt den hl. Rochus. Dieser pflegte als Rompilger Pestkranke und steckte sich dabei an, wurde jedoch durch die Hilfe eines Hundes, der ihm Brot brachte, gerettet. Neben dem hl. Sebastian wurde er daher besonders in Zeiten des „Schwarzen Todes" angerufen. Da er aus Montpellier stammte, ist seine Verehrung besonders an südfranzösischen Jakobswegen verbreitet.

In Nachbarschaft zur katholischen Gemeinde lebt seit 350 Jahren die reformierte evangelische Gemeinde. Sie geht auf holländische „Broukers" zurück, die zur Trockenlegung der Niederungen hergekommen waren. Trotz der wenigen Mitglieder, über die der brandenburgische „Große Kurfürst" seine schützende Hand hielt, gelang den Protestanten 1723 der Bau einer Kirche nebst Pfarrhaus und Schule.

Der Weg von der evangelischen Kirche zum Mühlenturm führt an dem 1446 erbauten Beginenhof und späteren Katharinenkloster der Augustinerinnen vorbei. Heute befindet sich hier das Museum Katharinenhof, in dem rheinische Kunst vom Mittelalter bis zur Moderne präsentiert wird. Zum Bestand gehört auch die bedeutende Sammlung religiöser Werke von Kasimir Hagen aus Köln. Ein Raum des Museums ist dem 1921 am Niederrhein geborenen Künstler Joseph Beuys gewidmet. Im Dachgeschoss des alten Klostergebäudes St. Katharina wird seit 2008, dem Jahr der 700. Wiederkehr der Auffindung des „Wundertätigen Kreuzes", eine Sammlung von Devotionalien (Dinge des religiösen Alltags) gezeigt.

Lindenwände

Von nun an werden sie uns begleiten, die „Leilinden", die in Form geschnittenen Sommerlinden, die nirgendwo in Europa so verbreitet sind wie in den Niederlanden und dem angrenzenden deutschen Niederrheingebiet. Wenige Meter vor der Hausfassade bilden sie auf schmalstem Raum eine lebende Wand, die in ihrer Kastenform die Architektur des Gebäudes unterstreicht. Wirken die gestutzten Bäume im Januar noch wie bizarre Gestalten, so verwandeln sie sich im Frühjahr zu einem zart grünen Vorhang, um anschließend bis zum Laubfall eine dichte Wand zu

Linden mit Kronenspalier

bilden. Im Juni stehen die Bäume duftend und bienenumschwärmt in voller Blüte. Wie Gemälde belegen, waren die geschnittenen Linden bereits im 17. Jh. Elemente höfischer Gartenkunst. Die ländliche Bevölkerung übernahm diese Bepflanzung wegen ihrer Vorteile: Anders als bei frei wachsenden Bäumen ist ihre Beschattung planbar, Windbruch ist bei den gestutzten Kronen fast ausgeschlossen und die dekorative Wirkung tut das Übrige. Befürchtungen, dass die Fassade angegriffen wird oder nach Regen nicht abtrocknet, kommen gar nicht erst auf.

Die Beliebtheit dieser Hausbäume hat in den letzten Jahren zugenommen – trotz der Arbeit des regelmäßigen Kronenrückschnitts. Wer sich nicht selbst an den Bau des Kronenspaliers heranwagt, kann die gebändigten Jungbäume in den Gartencentern der Region vorgezogen erwerben. Es bleibt dann noch die Kunst des jährlichen Formschnitts.

ETAPPE 2

KRANENBURG → KLEVE

13 km

Die Route führt zunächst an der Gemeindeverwaltung vorbei, wo dem namengebenden Kranich ein Denkmal gesetzt wurde, und passiert den Friedhof, auf dem Joseph Beuys den Grabstein der Eheleute van der Grinten gestaltet hat – der Kunstsammler Jan van der Grinten war Museumsdirektor in Nimwegen und Moyland. Schließlich verlässt der Weg Kranenburg und durchquert das Niedermoorgebiet des Kranenburger Bruchs. Durch den Weiler Mehr mit seiner von Linden umstandenen Kirche folgt er einer alten Verbindung nach Kleve und führt über die ehemalige „Nymegen-Cölner Poststraße" vorbei an den berühmten Gärten und Museen von Kleve hinauf zur Schwanenburg, dem Wahrzeichen der Stadt an der Düffel.

Pilgerspuren ...

Im barocken Hochaltar der Pfarrkirche St. Martin in **Mehr** befindet sich seitlich rechts eine Holzfigur des hl. Jakobus d. Ä. Möglicherweise stammt sie von einem 1447 gestifteten Dreifaltigkeitsaltar, zu dessen Nebenpatronen Jakobus d. Ä. gehörte.

In **Kleve** war Jakobus der Schutzheilige der Gilde der Bäcker, Brauer und Müller, die erstmalig im ältesten Stadtrecht aus der ersten Hälfte des 15. Jh. genannt wird. 1522 wird ein Altar dieser Gilde in der Klever Stiftskirche erwähnt.

Jakobus in St. Martin, Mehr

Die Schwanenburg in Kleve, das Residenzschloss der Klever Grafen und Herzöge, war Ausgangspunkt adliger Pilgerfahrten. Graf Adolf I. besuchte 1375 Jerusalem. Sein Nachfolger Adolf II. reiste zum Heiligen Blut nach Wilsnack. Dessen Sohn Herzog Johann I. hat mit Santiago de Compostela, Jerusalem und Rom die drei großen Pilgerziele der Christenheit aufgesucht: Als 19-Jähriger begleitete er 1438 seine drei Jahre jüngere Schwester Agnes an den navarresischen Königshof von Olite (in der Nähe von Pamplona), um sie dort mit dem Prinzen Karl von Viana zu vermählen. Bei dieser Gelegenheit besuchte

Links: Landschaftsachse Kleve-Hochelten

Johann das Apostelgrab in Santiago de Compostela. Im Heiligen Jahr 1450 pilgerte er nach Jerusalem, wo er die Würde eines Ritters vom Heiligen Grab erlangte. Die Rückreise führte ihn nach Rom. Dort erhielt er eine Audienz bei Papst Nikolaus V. und besuchte die sieben Hauptkirchen der Ewigen Stadt.

St. Mariä Himmelfahrt in Kleve wurde nach 1341 zum Ziel von Wallfahrten, als mit der Verlegung des Stiftes Monterberg an die Klever Pfarrkirche eine Marienverehrung einsetzte. Zusammen mit Ginderich (→ S. 134ff.) ist Kleve somit die früheste Stätte zur Verehrung der Muttergottes am Niederrhein.

Johann I. von Kleve, Rheinmuseum Emmerich (16. Jh.)

Ende des 16. Jh. bestanden in Kleve acht Gast- und Armenhäuser, von denen jedoch nur eines, das 1335 erstmals erwähnte „Gemeine Gasthaus am Brücktor", auch Fremden und Pilgern offenstand.

13 km Wegbeschreibung und Hinweise

Wegstrecken zu Fuß und per Rad sind identisch.
Schwierigkeitsgrad: leicht, überwiegend auf befestigten landwirtschaftlichen Wegen, von Mehr bis Donsbrüggen entlang einer wenig befahrenen Kreisstraße und danach auf einem kombinierten Fuß- und Radweg

Ausgangspunkt Evangelische Kirche, Kranenburg: Klever Straße Richtung Kleve, links Schwarze Stege, rechts über die Brücke, mit der Bruchschen Straße durchs **Kranenburger Bruch (1)**, links Lange Hufen und Landscheidt nach **Mehr (2, 3)**, rechts über Pastor-Wibbelt-Straße und Mehrer Straße vorbei am **Mühlenhof (4)** nach **Donsbrüggen (5)**, links über die **Tiergartenstraße (7)** (Abstecher nach links zu **Schloss Gnadenthal (6)**) bis zum Koekkoek-Platz, dort rechts ins Zentrum von **Kleve (8)**.

Auf dem Weg nach Mehr

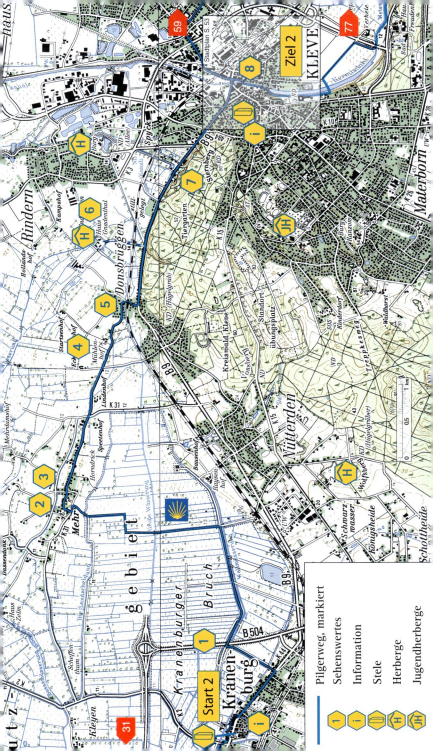

SEHENSWERTES ENTLANG DER STRECKE

1 *Kranenburger Bruch*

Als Rest eines Niedermoors dokumentiert das Naturschutzgebiet Kranenburger Bruch das Erscheinungsbild vieler verschwundener Bruchgebiete, die einst die landschaftliche Eigenart der Region ausmachten. Mit seinen Hecken, Weideflächen und Gräben ist das Bruch historisch gewachsene Kulturlandschaft und wertvolle Naturlandschaft zugleich. Es gehört zu den Gebieten, die von der NABU-Naturschutzstation im ehemaligen Kranenburger Bahnhof betreut werden.

Die rechtwinklig unterteilte Wiesenlandschaft ist nicht etwa das Ergebnis neuzeitlicher Kulturtechniken, sondern der Kolonialisierung des einstigen Erlenbruchwaldes durch holländische Entwässerungsexperten im 14. Jh. Mit der Urbarmachung der versumpften Niedermoorflächen reagierten damals die Landesherren auf das Bevölkerungswachstum und dehnten zugleich ihr Herrschaftsgebiet aus. Die Broekers (niederl. broek = Bruch), wie die Kolonisten der Brüche hießen, teilten die Flächen durch parallel verlaufende Entwässerungsgräben in schmale Streifenfluren. Die so entstandenen Hufen erbrachten aufgrund der fruchtbaren Aueböden hohe Erträge. In den 1930er-Jahren wurde das Niedermoorgebiet schließlich vom Reichsarbeitsdienst so weit entwässert,

Entwässerungsgraben im Kranenburger Bruch

dass hier Ackerbau möglich war. Als das Gebiet dann im Zuge der Intensivierung der Landwirtschaft unrentabel wurde, erhielt die Natur eine neue Chance. Mit über 300 Pflanzenarten ist das Naturschutzgebiet heute eines der wertvollsten in Nordrhein-Westfalen. Die Fachkräfte der Naturschutzstation Kranenburg entwarfen einen Naturpfad durch das Schutzgebiet, dessen Station „Mutterkühe" an unserem Weg liegt.

2 Mehr

Der Ort Mehr ist seit dem 8. Jh. belegt; sein Name stammt von einem Binnensee, der sich nördlich des Dorfes erstreckte und im 13. Jh. trockengelegt wurde. Am Tutweg, der nördlich parallel zur Hauptstraße verläuft, lässt sich noch die ehemalige Uferböschung erkennen. Kurz vor dem Dorf steht eine Turmwindmühle von 1840.

Der heutige Backsteinbau der Pfarrkirche St. Martin stammt weitgehend aus dem 15. Jh. Auffällig ist der höhere Chor, der jünger als das Schiff ist. Der Turm wurde kurz nach 1900 um ein Geschoss erhöht. Der barock erneuerte Innenraum enthält ein großes Retabel aus der zweiten Hälfte des 17. Jh. mit einer Jakobusfigur.

St. Martin, Mehr

3 Im Lindenschatten

Wie schon zu Zeiten des Pastors Augustin Wibbelt (1862–1947), eines in katholischen Kreisen seinerzeit viel gelesenen Erzählers, ist die Martinskirche von Mehr auch heute noch von einem Kranz von Lindenbäumen umgeben. Über sie schreibt der gebürtige Westfale in seinen Lebenserinnerungen „Der versunkene Garten": „Der Kirchenvorstand wollte die Kirchenlinden von Zeit zu Zeit stutzen, und es war ein dankenswertes Entgegenkommen gegen den Pfarrer, wenn die Herren darauf verzichteten. Man

Linden bei St. Martin, Mehr

kann dort die großen Bäume nicht leiden, an denen ich immer Wohlgefallen gefunden habe." Noch steht ein Großteil der Linden – wieder regelmäßig gestutzt, wie am Niederrhein üblich –, doch das damalige Pfarrhaus nebst dem Pastorengarten musste einem Neubau weichen.

Auf dem Kirchhof von Mehr erinnert eine Grabstätte an einen anderen leidenschaftlichen Gärtner, den Schriftsteller Jürgen Dahl (1929–2001). Auch er lebte im Schatten der Linden von Mehr, und zwar ab 1987 auf dem Lindenhof am Ortsrand, wo er die zuvor gestutzten Bäume durchwachsen ließ. In der „Zeit" berichtete Dahl in der Kolumne „Nachrichten aus dem Garten" regelmäßig vom Pflanzenleben des Lindenhofs.

Der dritte lokale Naturfreund ist Franz Matenaar, der 1906 in Mehr geborene und 1984 verstorbene Heimathistoriker. Sein Garten war das Klever Land, dem er sich mit Leib und Seele verschrieben hatte. Ihm wurde für seine Verdienste um Landes- und Heimatkunde 1978 der „Rheinlandtaler" verliehen, mit dem sich der Landschaftsverband Rheinland seit 1976 bei Persönlichkeiten bedankt, die einen herausragenden Beitrag zur Bewahrung und Pflege der rheinischen Kulturlandschaft geleistet haben.

4 *Windmühle Donsbrüggen*

Kurz vor Donsbrüggen sehen wir nach Kranenburg und Mehr bereits die dritte Windmühle auf deutscher Seite. Der flüchtige Eindruck trügt nicht: Am Unteren Niederrhein sind noch zahlreiche Mühlengebäude erhalten, von denen viele funktionstüchtig sind. Zu ihnen zählt auch die 1824 errichtete Mühle Donsbrüggen vom Typus der Holländermühle. Gegenüber den früheren Bockmühlen, deren gesamtes Mühlenhaus den wechselnden Windrichtungen angepasst werden musste, stellte die Holländermühle eine große technische Verbesserung dar: Bei ihr brauchte nur der hölzerne Mühlenkopf mit den Flügeln auf dem Backsteinbau bewegt zu werden. In der Niederung errichtete man die Mühlen zur besseren Ausnutzung der Windkraft zusätzlich auf einem künstlichen Hügel; innerhalb einer Siedlung – wie beispielsweise in Kalkar – wurde das Mühlengebäude höher gebaut und auf halber Höhe mit einer hölzernen Galerie versehen, von der aus die Flügel erreichbar sind. Auch die Türme alter Stadtbefestigungen boten sich aufgrund der Höhe als ideale Mühlenstandorte an. Beispiele an unserem Weg sind der Jakobsturm in Nimwegen, der Kranenburger Mühlenturm sowie die Stadtwindmühlen von Xanten und Zons.

Windmühle Donsbrüggen

Die achteckige Turmwindmühle von Donsbrüggen wurde zwischen 1955 und 1963 mithilfe des Landeskonservators restauriert. Seit 1982 existiert ein Förderverein, der nicht nur den Mahlbetrieb wieder aufgenommen hat, sondern auch ein Backhaus nebst Mühlenmuseum unterhält.

Engel am Lesepult, St. Lambertus, Donsbrüggen

5 *Donsbrüggen*

Die Pfarrkirche St. Lambertus ist erstmals 1341 als Filialkirche der Pfarrei Rindern erwähnt. 1448 erhielt sie eigene Pfarrrechte. Ihr Neubau wurde Mitte des 19. Jh. durch den Besitzer des benachbarten Schlosses Gnadenthal, Baron von Hoevell, ermöglicht, der den Kölner Dombaumeister Ernst Friedrich Zwirner für den Auftrag verpflichten konnte. Zusammen mit der Apollinariskapelle in Remagen stellt der Bau ein frühes Beispiel für die Neugotik dar, die nach der Wiederaufnahme der Bauarbeiten am Kölner Dom im Rheinland Verbreitung gefunden hat. Hoevell stiftete damals auch die in der Kölner Dombauhütte entworfene Ausstattung, von der u. a. noch die Orgelempore, Heiligendarstellungen und der Kreuzweg erhalten sind.

6 Schloss Gnadenthal

Von 1456 bis 1590 befand sich hier ein Augustinerkloster, das nach seiner Zerstörung im Zuge der Kämpfe zwischen Holländern und Spaniern aufgegeben wurde. Während Prinz Johann Moritz von Nassau-Siegen im Jahre 1663 die Ruinen kaufte, um ihre Steine beim Umbau der Klever Burg zu verwenden, ließ sein Patenkind, der preußische Minister Johann Moritz von Blaspiel, das heutige Schloss nebst einem französischen Park mit Spiegelweiher errichten.

Als einer der schönsten Herrensitze am Niederrhein war das Anwesen Mitte des 18. Jh. ein beliebtes Ausflugsziel der Klever Badegäste. In der ersten Hälfte des 19. Jh. kam es in den Besitz der Familie von Hoevell, die bis heute Eigentümer des Anwesens ist. Nach dem Geschmack der Zeit ließ der damalige Baron von Hoevell am Herrenhaus einen Balkon auf toskanischen Säulen und eine neue Fensteraufteilung im klassizistischen Stil vornehmen und den Barockgarten zum englischen Landschaftspark umgestalten. Im Zweiten Weltkrieg wurde das Gebäude außen und innen stark beschädigt. Seit die Gesellschaft Bildung und Leben e. V. Bielefeld, die zum Paritätischen Wohlfahrtsverband gehört, ab 1981 hier eine Tagungs- und Bildungsstätte führt, hat das Anwesen viel seiner einstigen Schönheit zurückgewonnen.

Spiegelweiher mit Schloss Gnadenthal

Kranenburg → Kleve   Etappe 2

Kurhaus
Kleve

7 *Tiergartenstraße*

Von der einst dünn besiedelten Düffel führte früher die „Donsbrüggense Strait" zum Kavariner Tor der Stadt Kleve. Im Jahre 1653 ließ Johann Moritz von Nassau-Siegen, der brandenburgische Statthalter in Kleve (1647–79), an ihrer Statt eine Lindenallee zu dem von ihm geplanten Tiergarten anlegen. Voltaire verglich diese Tiergartenstraße 1750 mit den Champs Elysées in Paris.

Die Tiergartenstraße teilt das Gelände in den Tiergartenwald, auch der hohe Tiergarten genannt, und den niedrigen Tiergarten in der Ebene. Die Idee der Landesverschönerung, die Johann Moritz von Nassau-Siegen und seinen niederländischen Architekten Jacob Campen antrieb, vermittelt sich noch heute nach dem Anstieg zum Amphitheater am Hang des Springenbergs: Vom Pavillon (Monopteros) wird der Blick über den Minervabrunnen der Achse des Spoykanals folgend über die Rheinebene bis zur ehemaligen Stiftskirche Hochelten geführt. Im Schnittpunkt dieser Parkachse und der Straße bildete der Kriegsgott Mars bis zum Ende des 18. Jh. hoch auf einer Säule das Gegenüber der Minerva. 2004 wurde er durch eine moderne Figur des Künstlers Stefan Balkenhol ersetzt (→ Abb. S. 42).

Mit der Entdeckung der mineralhaltigen Quellen 1742 im Tiergarten begann Kleves Blütezeit als Badestadt. Nach 1820 wandelte Maximilian Friedrich Weyhe die geometrische Anlage in einen Landschaftspark nach englischem Vorbild um. Mitte des 19. Jh. erreichte der Kurbetrieb in Kleve mit der Errichtung des Friedrich-Wilhelm-Bades seinen Höhepunkt und die Ausfallstraße ent-

Kultureller Austausch im Spätmittelalter I: Architektur

Für die ungewöhnliche Struktur der Kathedrale von Astorga, insbesondere die Vermischung der Bauformen Basilika und Hallenkirche, fand der Kunsthistoriker Pablo de la Riestra die Vorbilder u. a. am Niederrhein. So sind das Fehlen des Triforiums (der mittleren Zone der Langhauswände) und die großen Arkaden am Xantener Dom auffällig. Bei seinen Nachfolgebauten in Kleve (St. Mariä Himmelfahrt und St. Mariä Empfängnis), in Kranenburg (SS. Peter und Paul), Emmerich (St. Adelgundis) und Elten (St. Martin) wird die Vermischung der beiden Bauformen Basilika und Hallenkirche noch deutlicher: Zwar wurde nach dem Vorbild Xanten ein Obergaden aufgemauert, dessen Fenster sind jedoch nur Blendwerk, das Licht fällt nicht von oben, sondern ausschließlich durch die Seitenschiffe und die weiten Arkaden in den Innenraum. Die Kunstgeschichte fasst diese fünf Kirchen unter dem Begriff „Pseudobasilika" zusammen: Es wird zwar immer noch der Eindruck einer Basilika mit Fenstern in der Hochwand des Mittelschiffs erweckt, letztendlich handelt es sich aber um eine Hallenkirche. In der Grundrissbildung fallen als Gemeinsamkeiten dieser Kirchen eine übergangslose Fortführung der Schiffe in die Chorbereiche sowie der Abschluss der Schiffe in drei polygonalen, parallelgestellten Apsiden auf.

Den Namen des für den Entwurf verantwortlichen Architekten der Kathedrale von Astorga kennen wir zwar nicht, aber mit guten Gründen wird vermutet, dass es sich um den aus Burgos stammenden Baumeister Simon de Colonia handelt. Simons Vater, Juan de Colonia, war Werkmeister an der Kathedrale von Burgos. Sein Name weist darauf hin, dass er ursprünglich aus Köln stammte. Offenbar hat der Vater seinen Sohn zur Ausbildung an die wichtigsten Baustellen in seiner deutschen Heimat entsandt.

Xantener Dom (begonnen 1263)   Kathedrale von Astorga (begonnen 1477)

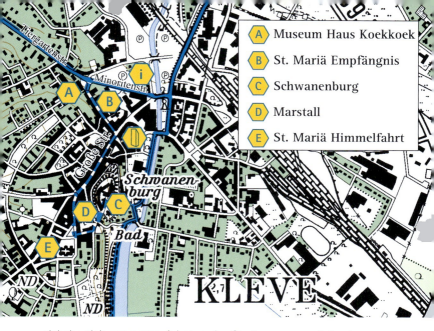

wickelte sich zur ersten Adresse der Stadt, wovon auch heute noch einige klassizistische Villen zeugen. Der Erste Weltkrieg setzte dem Kurbetrieb ein jähes Ende.

1997 wurde das umgebaute Badehaus als Museum Kurhaus Kleve eröffnet, das neben moderner Kunst die Sammlung Ewald Mataré präsentiert. So wie der Parkpflegeplan der Gartenarchitekten Rose und Gustav Wörner (Wuppertal) von 1978 die klaren Linien und Sichtachsen der umgebenden Gärten wieder erlebbar macht, so hat Prof. Walter Nikkels dieses Gestaltungskonzept für die Museumsräume verfolgt.

8 *Kleve*

Kleve war der Stammsitz der Grafen und späteren Herzöge von Kleve, die bis Anfang des 17. Jh. einen Großteil des nördlichen Niederrheins beherrschten. Bis kurz vor Rheinberg führt der Pilgerweg zumeist durch ehemaliges Klever Gebiet. Die Anfänge dieses Herrschaftsgebietes gehen auf Kaiser Heinrich II. zurück, der um 1020 zwei flandrische Brüder, Gerard und Rutger, als Präfekten im Hattuariergau, dem damaligen Verwaltungsbezirk, einsetzte. Rutger wählte Kleve, wo bereits seit etwa 900 eine Burg stand, als Sitz. In den beiden folgenden Jahrhunderten bildete sich südlich der Burg eine Marktsiedlung mit Pfarrkirche, die Oberstadt, die 1242 durch Graf Dietrich VI. zur Stadt erhoben wurde. Zugleich wurde nordwestlich der Großen Straße um einen rechteckigen Markt eine Stadterweiterung, die Unterstadt, geschaffen. 1609 fiel Kleve an die Herrschaft Brandenburg.

Der Gang durch die Innenstadt beginnt in der Unterstadt am **Museum Haus Koekkoek (A)**. Die romantischen Landschaftsbilder des Niederländers Barend Cornelis Koekkoek (1803–62) locken ebenso viele Niederländer wie Deutsche in sein ehemaliges Stadtpalais. Mit seinen Gemälden erlebte die niederländische Landschaftsmalerei, die im 17. Jh. ihr goldenes Zeitalter gehabt hatte, eine neue Blüte.

Sowohl die Ober- wie die Unterstadt besitzen je eine spätgotische Kirche, die beide dem Typus der Pseudobasilika angehören (→ S. 52). Die Kirche in der Unterstadt, die ehemalige Franziskanerkirche **St. Mariä Empfängnis (B)**, ist als Gotteshaus eines Bettelordens schlicht gestaltet, folgt aber dem Bauschema der Stiftskirche, nach deren Vorbild sie in den Jahren 1425–45 errichtet wurde. Zur spätgotischen Ausstattung gehören das geschnitzte Chorgestühl von Arnt Beeldesnider und die Madonna mit dem Mondgesicht, die dem Meister der Emmericher Leuchterkrone zugeschrieben wird. Im Hochchor steht in einem Apostelzyklus aus der Werkstatt des Dries Holthuys die Holzskulptur von Jakobus d. Ä.

Mitten im Stadtgefüge erhebt sich auf einer Anhöhe die **Schwanenburg (C)**. Ausgrabungen im unteren Burghof zeigen bauliche Reste einer Burganlage aus dem 11. Jh., der Anfangsphase der

Kermisdahl mit Schwanenburg, Kleve

Grafschaft Kleve. Der obere Burghof bildet den Kern der hoch aufragenden Anlage mit dem Schwanenturm, der 1439 unter Einbeziehung von Resten des romanischen Bergfrieds von Johann Wyrenberg errichtet wurde. Wer den Turm besteigt, wird nicht nur mit einer weiten Aussicht über das Klever Land belohnt, sondern erfährt in den einzelnen Geschossen auch viel über dessen Erd- und Territorialgeschichte.

St. Mariä Himmelfahrt, Kleve

Vorbei am Denkmal des Großen Kurfürsten und dem **Marstall (D)**, dem früheren Pferdestall der Burg, führt der Weg zur älteren der gotischen Klever Kirchen, zur Pfarr- und ehemaligen Stiftskirche **St. Mariä Himmelfahrt (E)** in der Oberstadt. Sie geht auf eine im 12. Jh. erwähnte Eigenkirche der Grafen von Kleve zurück. Der Neubau begann um die Mitte des 14. Jh., nachdem 1341 das Kollegiatstift Monterberg bei Kalkar nach Kleve verlegt worden war. An das romanische Langhaus wurde zunächst ein neuer Chor für die Stiftsherren angefügt. Bis 1394 wurde in der Verlängerung des Chores das Langhaus neu errichtet. Nördlich des linken Seitenchores befindet sich die Grablege der Klever Grafen und Herzöge, darunter das Doppelgrab für die Bauherren der neuen Kirche, Graf Adolf I. und seine Gemahlin Margarete von Berg, sowie das Doppelgrab für Herzog Johann I., der nach Santiago, Jerusalem und Rom gepilgert ist, und seine Gemahlin Elisabeth von Burgund. Der Kirchenraum enthält zwei Schnitzaltäre aus dem frühen 16. Jh.: den Marienaltar mit der als Gnadenbild verehrten Muttergottes (14 Jh.) sowie den Antwerpener Passionsaltar.

Unter den Holzskulpturen ist für Pilger besonders der Apostelzyklus vom Ende des 14. Jh. interessant, der zu einem Altar gehörte und in einer vergitterten Mauernische des südlichen Seitenschiffes untergebracht ist. Hier und auf einem der Schlusssteine des Kreuzgewölbes ist Jakobus an dem Attribut der Pilgermuschel zu erkennen.

Vor der Stiftskirche liegt der Tote Krieger von Ewald Mataré. Das 1934 errichtete Ehrenmal wurde, nachdem es 1938 als „entartete Kunst" zerschlagen und vergraben worden war, 1981 hier wieder zusammengefügt und ergänzt.

ELTEN → KLEVE

ETAPPE Z1

Der Weg beginnt mit dem Aufstieg zum 82 m hohen Eltenberg, **19 km** wo den Wanderer ein herrlicher Ausblick aufs Rheintal erwartet. Der Abstieg führt durch Hohlwege bis zum „Keulschen Weg", dem alten Handelsweg, der schon zur Zeit der Hanse die Verbindung nach Emmerich darstellte. Nach einem Gang durch die Stadt am Rhein mit ihren bedeutenden Gotteshäusern und der Rheinpromenade überqueren wir die breite Wasserstraße. Während Warbeyen noch seinen ländlichen Charme wahren konnte, kündigt sich in Kellen bereits die nahe Stadt Kleve an. Am Etappenziel treffen wir mit den Pilgern aus Nimwegen zusammen.

Pilgerspuren ...

Die beiden Stiftskirchen St. Vitus in **Hochelten** und St. Martini in Emmerich verfügen über ansehnliche Reliquienschätze, die heute zusammen in St. Martini, in der Kapelle über dem nördlichen Nebenchor, ausgestellt sind.

In St. Vitus hat sich um eine eigentümliche Steinskulptur herum eine verhältnismäßig junge Wallfahrtstradition ausgebildet. Ursprünglich handelte es sich bei der Skulptur um eine thronende Muttergottes aus dem 12. Jh., die im 17. Jh. jedoch beschädigt und durch einen Austausch des Kopfes zum hl. Machutus umgearbeitet wurde. Dieser Heilige aus Wales war im 6. Jh. ein Gefährte des irischen Missionars Brendan und wurde Bischof von Aleth in der Normandie. Die Stadt Saint-Malo, zu der Aleth heute gehört, ist nach ihm benannt (französische Form von St. Machutus). Später zog sich Machutus als Einsiedler in die Nähe von Saintes in Südwestfrankreich zurück. Der Legende zufolge hat er Gelähmte und Kinder geheilt und wird daher bei körperlichen Behinderungen und Kinderkrankheiten angerufen. Die Skulptur in Hochelten zeigt in ihrer überarbeiteten Fassung Machutus bei der Heilung eines gelähmten Jungen. Nach dem Ersten Weltkrieg, als viele verletzte Kriegsteilnehmer nach Elten kamen, gewährte Papst Benedikt XV. der Wallfahrt die Vergabe von Ablässen.

Emmerich besaß von 1364 bis 1628 ein Gasthaus, das Arme, Pilger und speziell Kleriker („pauperes et peregrini et specialiter

Links: St. Martini, Emmerich

clerici") aufnahm. Das Gebäude stand mitten in der Altstadt unweit der beiden Märkte, heute erinnern noch die Straßennamen Gasthausstraße und Gasthausdurchgang an diese Einrichtung. Der Standort war günstig, da er in der Nähe der Rheinfähre lag, mit der Pilger auf die andere Rheinseite gelangen konnten.

Im nördlichen Seitenschiff der Pfarrkirche St. Aldegundis in Emmerich befinden sich zwei Skulpturen des Apostels Jakobus d. Ä. in Pilgerkleidung. Die künstlerisch bedeutsamere steht am linken Chorpfeiler und wird dem Meister der Emmericher Heiligenfiguren zugeschrieben. Eine Armenbruderschaft der Kirche stand unter dem Patronat der Apostelbrüder Johannes und Jakobus.

Jakobusfiguren, St. Aldegundis, Emmerich

19 km Wegbeschreibung und Hinweise

Wegstrecken zu Fuß und per Rad sind weitgehend identisch.
Schwierigkeitsgrad: leicht, überwiegend auf befestigten Straßen und Wegen sowie kombinierten Fuß- und Radwegen
Ausgangspunkt St. Martinus, Elten: In **Elten (1)** über Kloster-, Bergstraße, Linden- und Drususallee zu **St. Vitus (2, 3)**, zurück zur Lindenallee und vom Waldhotel Hochelten entweder den steilen Nachtigallenweg hinunter oder über Hoynckallee, Kuckucksdahl und Wildweg, die **Breite Wild (4)** überquerend zur Eltener Straße. Links bis Abergsweg, diesem und Hüthumer Straße bis **Schlösschen Borghees (5)** folgen, dann halblinks über Eichenallee und Borgheeser Weg (B 220 queren) bis Eltener Straße. Nach einem Abstecher ins Zentrum von **Emmerich (6, 7)**, den Rhein überqueren **(8)**, rechts auf dem Oraniendeich, links Hülskampstraße bis **Warbeyen (9)**. Über Emmericher Straße, vorbei an **Haus Schmidthausen (10)** bis Kellen, dort links Wilhelmstraße zur **Kellener Kirche (11)** und über Kreuzhofstraße, rechts Lindenstraße zurück zur Emmericher Straße und nun auf dieser und Bensdorpstraße über die Brücke ins Zentrum von **Kleve** (→ S. 53ff.).

Am Rhein in Emmerich

SEHENSWERTES ENTLANG DER STRECKE

1 Niederelten

Westfenster St. Martinus, Niederelten

Elten, das an drei Seiten von niederländischem Staatsgebiet umgeben ist, ist der alternative Startpunkt für den Pilgerweg am Niederrhein. Der Ort am Fuß des Eltenberges profitierte vom Rheinhandel und schloss sich 1142 einem Bündnis niederrheinischer Kaufleute an, konnte im Unterschied zu Emmerich jedoch keine Stadtrechte erlangen. Dennoch erreichte St. Martinus, das Gotteshaus in der Ortsmitte, die Dimensionen einer Stadtpfarrkirche und weist auf die hohe Zahl von bis zu 5.000 Einwohnern hin. Das Markt- und Gerichtsrecht lag bei der Äbtissin von St. Vitus. Bedeutend für die Wirtschaft war das Brauwesen: Im Gebiet des Stiftes befanden sich 32 Brauereien, die ihr Bier bis nach Norwegen und Schweden exportierten.

Das Martinuspatrozinium weist auf einen Ursprung der Pfarrkirche von Niederelten noch im Frühmittelalter hin. Der heutige große Kirchenbau entstand Mitte des 15. Jh., auch hier handelt es sich um den Typus der im Klever Land verbreiteten Pseudobasilika (→ S. 52), der in seiner Baugestalt der kurz zuvor errichteten Aldegundiskirche in Emmerich folgt.

2 Hochelten

Eine Urkunde Kaiser Ottos I. erwähnt im Jahre 944 eine Burg der Grafen des Hamalandes. Wohl 967 wandelte Graf Wichmann, ein Großvater des späteren Bischofs Meinwerk von Paderborn, diese Burg in ein adliges Damenstift um. Kaiserliche Zuwendungen an das Stift durch Otto I. und eine rechtliche Gleichstellung mit den Damenstiften Essen, Quedlinburg und Gandersheim belegen die herausgehobene Bedeutung der Gründung. Der Bau aus der ersten Hälfte des 12. Jh. besitzt ein reiches Wandgliederungssystem, dessen Scheidbögen, die das Mittel- vom Seiten-

schiff trennen, jeweils paarweise von Blendbögen überspannt werden. Nach einem Chorneubau im 14. Jh. und Zerstörungen im spanisch-niederländischen Krieg Ende des 16. Jh. sowie im Zweiten Weltkrieg erfolgte in den Jahren 1956–65 ein Wiederaufbau in dem Bemühen, den romanischen Raumeindruck wiederherzustellen. Neben den Westteilen zeigt vor allem die Nordwand des Kirchenschiffs noch romanische Bausubstanz.

St. Vitus, Hochelten

Nördlich des Stiftes stehen zwei Äbtissinnenhäuser aus dem 17. Jh. In einem weiteren Gebäude befindet sich der 57 m tiefe Drususbrunnen, welcher der Sage nach auf den römischen Feldherrn Drusus zurückgeht, jedoch erst im Mittelalter erbaut wurde. Die mechanische Brunnentechnik, die Besuchern heute vorgeführt wird, stammt aus dem 19. Jh.

3 *STEIN TOR*

Jenseits von St. Vitus wurde im Jahr 2000 das STEIN TOR des Künstlers Christoph Wilmsen-Wiegmann errichtet. Sein Material – Granit aus Südnorwegen – erinnert an die Eiszeit, in der große Gesteinsbrocken aus Skandinavien hier aufgeschoben wurden und so die Höhenzüge beiderseits des heutigen Rheinlaufs entstanden. Wer auf dem „Stuhl der Fürstäbtissinnen" (Entwurf Franz Joseph van der Grinten) Platz nimmt, dem eröffnet sich ein Blick zwischen den steinernen Torflügeln hindurch, der am Obelisken

des Klever Springenbergs endet. Er folgt damit der Blickachse, die der brandenburgische Statthalter Johann Moritz von Nassau-Siegen bei der Anlage des barocken Gartens am Springenberg in umgekehrter Richtung auf die Stiftskirche von Hochelten ausrichten ließ.

4 Die Wild und ihr Eyland

Am Fuß des Eltenbergs verlief der alte Handelsweg von Amsterdam nach Köln, der „Keulsche Weg". Hier im Rietbruch, dessen Röhrichtbestände das Material für die Rietdächer lieferte, überquerte er die Breite Wild, um vorbei am Rasthaus „de Keulsche Stede" nach Zutphen zu führen. Die Dichterin Elisabeth Terhorst beschreibt die Niederrheinlandschaft sehr anschaulich in ihrer Biografie „Das Eyland" aus dem Jahr 1943. Mit dieser „Insel" ist das hiesige Gut Voorthuysen gemeint, das sie mit ihrem Mann, dem Künstler Gerd Terhorst bewohnte. „Der dunkelgleißende Gürtel der Gracht umschließt rings das Eyland, nur einen einzigen Zugang freilassend, zu dem ein schmaler Deich durch die Wiesensenke hinführt. Und das Ganze wird dann noch einmal hütend umgriffen vom Damm mit den mehrhundertjährigen Eichenriesen, die eng auf Tuchfühlung stehen wie eine enge Schutzmauer aus Baumsoldaten. Als habe man ein Kleinod in mehrfache Fassung gelegt, so fügt sich Damm um Gracht, Gracht

STEIN TOR, Hochelten

Die Wild am Eltenberg

Ziegel vom Niederrhein

Die Straße nach Hochelten führt uns auf Schritt und Tritt den Baustoff vor Augen, der uns auf dem gesamten Weg begleiten wird: den Ziegel. Sein Ausgangsmaterial, der Lehm, ist dem Rhein mit seinen feinkörnigen Ablagerungen zu verdanken.

Ziegel entstanden in holz- und steinarmen Landstrichen. Ins Rheinland kam die Ziegelbauweise vor 2000 Jahren durch die Römer. Die südliche Sonne für das Trocknen der geformten Stücke mussten sie hierzulande durch Brennöfen ersetzen. Jenseits des Rheins am Duivelsberg lag ein Ziegeleikomplex der römischen Armee, in dem Millionen von Dach- und Mauerziegeln für militärische und zivile Bauten zwischen Nordsee und Bonn angefertigt wurden.

Ziegelpflasterung auf der Straße nach Hochelten

Nach dem Abzug der Römer wurden erst wieder im 13. Jh. Mauersteine und Dachpfannen erwerbsmäßig gebrannt. Bis dahin war die Dachdeckung mit Stroh verbreitet. Nun schossen die „Panneschoppen" aus dem Boden. Wegen der Brandgefahr des reetgedeckten Fachwerks setzten sich der Massivbau und die harte Dachdeckung langsam durch – allerdings oft durch Zwang oder finanzielle Anreize. Denn das Rieddach hielt die Wärme besser, war windbeständiger als das „harte" Material und kostete nichts. Ende des 19. Jh. entwickelte sich neben den bäuerlichen Kleinbetrieben die Ziegelindustrie. Effizienter arbeitende Ringöfen lösten die Feldbrandöfen ab. Bagger ersetzten die Spaten; die Handarbeit der „Panneschöpper" übernahmen Pressanlagen. Nur wenige, wie die 1885 gegründeten Emmericher Klinkerwerke, schafften den Sprung zum hoch technisierten Betrieb. Dort produzieren heute 41 Arbeitskräfte jährlich 40 Mio. Steine und 60.000 m^2 Lehmbauplatten.

Wer in die Geschichte der Panneschöpper eintauchen möchte, dem sei der Besuch der Ziegelmuseen „De Panoven" in Zevenaar und in Wesel-Bislich empfohlen.

Kirchhofmauer, Kranenburg

um Weg, Weg um Gras, Gras um Haus und Haus um Innenhof." Diese Beschreibung trifft nicht nur auf Voorthuysen am Eltenberg zu, sondern auf viele Häuser am Niederrhein.

5 Schlösschen Borghees

Schlösschen Borghees

Der Name des barocken Schlösschens spielt – wenn auch ohne architektonischen Bezug – auf die berühmte römische Villa Borghese an. Schon in einer Urkunde von 800 wird das Anwesen erwähnt, damals als „villa hese juxta embrica site". Bei dem erhaltenen Teil der einstigen Anlage handelte es sich ursprünglich um ein Nebengebäude, das nach Abriss des Haupthauses aufgestockt wurde. Der Bau ist ein Beispiel des niederländischen Barockklassizismus, der um 1700 einen wirksamen Kontrast zum reich dekorierten Spätbarock setzte und sich vom Mauritshuis in Den Haag ausgehend im nördlichen Europa verbreitete. 1976 hat die Stadt Emmerich das Schlösschen übernommen. Während im Parterre der Rahmen für standesamtliche Trauungen geschaffen wurde, stehen die hohen Räume des Obergeschosses für zeitgenössische Ausstellungen und Kammerkonzerte zur Verfügung.

6 Emmerich am Rhein

Die Gründung von Emmerich wird dem hl. Willibrord von Echternach zugeschrieben, der hier Ende des 7. Jh. eine Missionsstation errichtet haben soll. Eine erste Erwähnung des Ortes stammt allerdings erst aus dem Jahre 828. Der Siedlungskern liegt bei der heutigen Pfarrkirche St. Aldegundis, wo sich ursprünglich das Kollegiatstift St. Martini befand. Nachdem das Stift im 10. Jh. in den Norden der heutigen Altstadt verlegt worden war, entstand dort ein zweiter Stadtteil. Zunächst übte der Propst von St. Martini zusammen mit dem Bischof von Utrecht die Funktionen des Stadtherrn aus. Im 14. Jh. gehörte Emmerich zum Herzogtum Geldern.

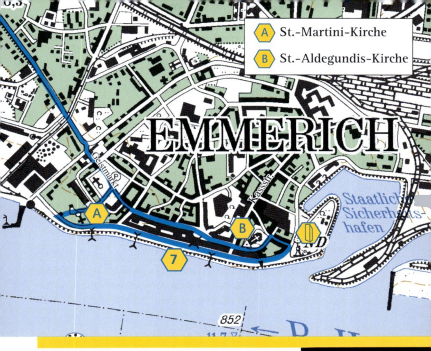

Die Emmericher Schatzkammer

In der Kapelle über dem erhöhten nördlichen Nebenchor von St. Martini in Emmerich sind die Kirchenschätze der Stifte St. Vitus in Hochelten und St. Martini in Emmerich ausgestellt. Der Schatz besteht aus zahlreichen Reliquiaren zur Verwahrung und Präsentation der Reliquien von Heiligen wie Ursula, Martin oder Matthäus, aus liturgischen Gerätschaften wie Kelchen, Leuchtern, Monstranzen und Chormantelschließen sowie aus Andachts- und Ausstattungsstücken, einer romanischen Nachbildung des älteren Christusbildes aus Lucca und einem „Kalvarienberg"

Arche des hl. Willibrord

aus dem 15. Jh. Das zentrale Objekt des Schatzes ist die sog. Arche des hl. Willibrord, ein vergoldeter Holzschrein, der spätestens um 1060 in Utrecht oder am Niederrhein entstanden ist. Eine Inschrift auf dem nachträglich montierten Kreuz erwähnt seine Funktion: „he sunt reliquiae quas scs willibrordus rome a papa sergio acceptit et embriki transportavit" – Hier sind die Reliquien, welche der hl. Willibrord zu Rom von Papst Sergius empfangen und nach Emmerich transportiert hat. Die Ikonografie des spätgotischen Sockels weist darauf hin, dass es sich bei den Reliquien u. a. um Gegenstände der Passion handelt. Der Kirchenschatz von Hochelten besaß ein ähnlich zentrales Reliquiar, das sich jedoch seit 1861 im Victoria & Albert Museum in London befindet: ein Kuppelreliquiar, das um 1170/80 in der Kölner Abtei St. Pantaleon gefertigt wurde und Petrusreliquien enthält.

1355 wurde die Stadt an den Grafen von Kleve verpfändet. Durch Rheinhandel, Bierbrauerei, Tuchproduktion, Schuhherstellung und Schmiedegewerbe entwickelte sich Emmerich zu einem wohlhabenden Ort, was sich heute noch an der Stadtsilhouette mit den zwei mittelalterlichen Kirchen wie auch an dem Stadtgrundriss mit einem Straßenmarkt und zwei Marktplätzen ablesen lässt. 1233 erhielt Emmerich Stadtrechte, 1237/38 folgte die Befestigung der Stadt und Ende des 14. Jh. der Beitritt zur Hanse. Ein verheerender Bombenangriff zerstörte Emmerich 1944 zu 97 %; der Wiederaufbau erfolgte maßstabsgerecht auf altem Grundriss.

Die im Norden der Altstadt gelegene, einst zum Kollegiatstift gehörende **Martinikirche (A)** ist das älteste Gotteshaus der Stadt. Ihre merkwürdig verschachtelte Gestalt ist der Lage am Rhein geschuldet. Unter Bischof Bernold, auf den vergleichbare Kirchen in Utrecht und Deventer zurückgehen, war ab ca. 1040 eine dreischiffige Basilika entstanden, deren Westteile im 13. Jh. bei einem Hochwasser fortgerissen wurden. Als die Kirche im 15. Jh. zu klein erschien, fügte man im Norden zwei spätgotische Schiffe und einen Kirchturm an. Nach weiteren Umbauten und den Zerstörungen im Zweiten Weltkrieg sind von dem romanischen Bau noch der dreischiffige Chor, drei der vier Vierungspfeiler und die Krypta erhalten. Zur Ausstattung gehören neben dem Kirchenschatz das reich geschnitzte Chorgestühl aus dem späten 15. Jh., ein Taufbecken aus Messing einer Antwerpener Werkstatt und zahlreiche Holzskulpturen, darunter ein Vesperbild und eine Mondsichelmadonna des Bildschnitzers Henrik van Holt.

Wo heute die Stadtpfarrkirche **St. Aldegundis (B)** steht, befand sich vermutlich die erste Missionskapelle des hl. Willibrord. Anstelle einer romanischen, bei einem Brand zerstörten Kirche wur-

Chorgestühl in St. Martini, Emmerich

de in den Jahren 1449–1514 die spätgotische Pfarrkirche erbaut. Auch hier handelt es sich um den Typus einer Pseudobasilika (→ S. 52). Zwei anonym gebliebene Bildschnitzer haben nach Werken in St. Aldegundis ihre Notnamen erhalten, was auf die Qualität der Ausstattung hinweist. Von dem Meister der Emmericher Leuchterkrone stammt eine spätgotische Doppelmadonna im Mittelschiff, die in einen Marienleuchter von 1963 eingesetzt ist. Mehrere Skulpturen an den Pfeilern in den Seitenschiffen gehen auf den Meister der Emmericher Heiligen zurück, der im späten 15. Jh. als Schüler des Utrechter Bildschnitzers Adriaen van Wesel tätig war.

St. Aldegundis, Emmerich

Außer den zwei Jakobusdarstellungen beeindruckt besonders die große Figur des Christophorus, die der Klever Schnitzer Dries Holthuys um 1500 schuf. Der Heilige spielt im christlichen Legendenschatz eine wichtige Rolle. Sein Anblick am Morgen „garantierte" in der mittelalterlichen Glaubensvorstellung für den Tagesverlauf die Verschonung vor einem überraschenden Tod.

7 Uferpromenade

Im Lauf der letzten Jahre hat die Uferpromenade von Emmerich eine attraktive Gestalt angenommen, sodass sie von Einheimischen wie Fremden gleich gerne genutzt wird. Ihr charakteristisches Element ist das Platanendach, das zu den Uferpromenaden vieler Rheinorte gehört. Die Laubengänge unter den großblättrigen Platanen (platanus acerifolia) erhöhen die perspektivische Wirkung beim Blick in die Ferne. Vorteil dieser Schattenspender ist, dass die aufgeheizte Luft sich nicht staut wie z. B. unter einem Sonnenschirm. Zudem müssen die Dachplatanen nicht bei Sturm eingeholt werden. Niedrig gehalten wird der mächtige Baum dadurch, dass am Jungbaum der Leittrieb eingekürzt wird und die Seitenäste mittels eines Gerüsts aus Bambusstäben und Bindungen in eine waagerechte Wuchsform gezwungen werden. Später müssen die Bäume jedes Jahr kontrolliert und in Form geschnitten werden.

Rhein-promenade, Emmerich

Ein Baum fällt aus dem Rahmen: die Hanns-Dieter-Hüsch-Weide. Nach einer Idee seines Freundes, des Künstlers Hein Driessen, der hier wohnt und arbeitet, wurde diese knorrige Skulptur zwischen die lebenden Bäume geschmuggelt. Zu ihren Füßen findet der Wanderer das Gedicht „Glück ist ein Geschenk", das wir an den Anfang dieses Buchs gestellt haben.

8 Der Weg über den Rhein

Jahrhunderte hindurch konnte man nur mit der Fähre von Emmerich nach Kleve übersetzen. Dass dies oft mit Gefahren verbunden war, davon zeugt noch die monumentale Figur des Christophorus am Rheintor der Stadt, deren Original in Eichenholz heute im örtlichen Rheinmuseum steht. Der Anblick des kräftigen Schutzpatrons mochte die Reisenden beim Passieren des Christoffeltors Richtung Anlagestelle wohl beruhigt haben. Oft kam es auch vor, dass das Boot wegen Hochwasser, Eisgang oder Nebel nicht verkehrte; wer nicht warten wollte, musste einen Umweg von 80 km über die Weseler Brücke nach Kleve in Kauf nehmen.

Obwohl es hin und wieder, besonders in Kriegszeiten, provisorische Brücken gegeben hat, ließ die erste feste Brücke lange auf sich warten: Am 3. September 1965 wurde schließlich die nördlichste Rheinbrücke Deutschlands und mit 500 m Spannweite die längste Hängebrücke des Landes eingeweiht. Durch eine 340 m lange Vorlandbrücke auf Klever Seite hat man dem Fluss bei Hochwasser genügend Überschwemmungsraum belassen.

Elten → Kleve   Zubringeretappe 1

Emmericher Rheinbrücke

Schnell entwickelte sich das elegante Bauwerk zu einem Wahrzeichen der Stadt.

9 *Warbeyen*

Die zwölf Eichenfiguren (Ende 15. Jh.) im Hochaltar der Hermeskirche von Warbeyen bieten die Möglichkeit, die Apostel mit ihren Attributen, die ihnen in den Evangelien, der Apostelgeschichte oder in frühchristlichen Legenden zugeschrieben werden, einmal genauer zu betrachten.

- Petrus: Schlüssel
- Andreas: Schrägbalkenkreuz (Marterinstrument)
- Jakobus der Ältere: Muschel und Pilgerkleidung, Schwert
- Johannes, Evangelist: Kelch, Schlange, Adler
- Philippus: Lanze, Schwert, t-förmiges Kreuz
- Bartholomäus: Buch, Schindermesser (Marterinstrument)
- Matthäus, Evangelist: Schwert (Marterinstrument), mit Mensch, Engel
- Thomas: zwei ausgestreckte Finger (Zweifler), Lanze
- Jakobus der Jüngere: Walkerstange (Marterinstrument)
- Simon Zelotes: Kreuz, Säge (Marterinstrument)
- Judas Taddäus: Keule, Hellebarde (Marterinstrument)
- Matthias: Beil, Hellebarde, Steine (Marterinstrument)

Apostelretabel, St. Hermes, Warbeyen

Stich der 12 Apostel (um 1700)

Während die eindeutige Identifizierung mancher Apostel durch die Wiederholung von Marterwerkzeugen erschwert wird, können wir in der rechten unteren Mittelnische des Warbeyer Altars den Pilgerpatron Jakobus direkt an seinem Pilgerstab mit der Muschel, dem breitkrempigen Hut und der umgehängten Pilgertasche erkennen. Das Buch kennzeichnet ihn wie auch andere Aposteln als Verkünder des Gotteswortes.

10 *Haus Schmidthausen*

Die Entstehung des schmucken Rokokoschlösschens ist enger mit dem Rhein verbunden, als seine Lage vermuten lässt. Bis ins 13. Jh. floss der Strom durch das Bett des heutigen Kellener Altrheins und Schmidthausen war ein Handelsplatz an seinem Ufer, der vom Zoll lebte. Diese Ansiedlung mit Markt und Fernhandelsverkehr lag jenseits der Emmericher Straße, wo jetzt der Aldenhof liegt. An der Stelle des heutigen Schlösschens stand im Mittelalter eine kleine Wasserburg.

Ab 1237 verlagerte sich der Rhein, wodurch die Dörfer Warbeyen und Kellen vom rechten auf das linke Rheinufer gelangten. Der alte Flusslauf verlandete, sodass im Jahre 1318 der Zoll nach Emmerich verlegt wurde. Die Siedlung ging in der Folge un-

Haus Schmidthausen

ter, die Burg jedoch überdauerte. Ende des 18. Jh. wurde auf ihren Fundamenten das heutige Rokokoschlösschen errichtet. Seit 1993 hat hier die Euregio Rhein-Waal ihren Sitz, die benachbart ein Informationszentrum in moderner Stahl-Glas-Architektur errichtet hat. Der Teich im Garten ist ein sog. Kolk, der infolge eines Deichbruchs entstanden ist.

11 *Kellen*

Die romanische Pfarrkirche in Kellen ist dem hl. Willibrord geweiht. Ihr Patrozinium geht auf die von ihm gegründete Abtei Echternach zurück, in deren Eigentum sich der Ort Kellen im 8. Jh. befand. Von einer Kirche in Kellen wird erstmals 1069 berichtet, ein im Turm vermauerter Memorienstein aus dem 10. Jh. lässt indes einen früheren Ursprung vermuten. Die heutige Kirche, ein flach gedeckter Saalbau, wurde zu Beginn des 12. Jh. errichtet, die halbrunde Apsis stammt möglicherweise noch vom Vorgängerbau. Seit der Außenputz entfernt wurde, lässt sich das regelmäßige Tuffsteinmauerwerk der Kirche, besonders an der Südseite, gut betrachten. Dabei zeigt sich, dass bei der Errichtung auch römische Ziegel verwendet wurden.

Zur Innenausstattung gehört eine Holzskulptur der Anna Selbdritt, die Dries Holthuys zugeschrieben wird. Auf der gegenüberliegenden Nordwand ist in einer Nische eine barocke Figur des Kirchenpatrons Willibrord zu sehen.

KLEVE → KALKAR

ETAPPE 3

17 km

Der Initiative eines engagierten Klever Bürgervereins ist der neu angelegte Wanderweg parallel zur Kalkarer Straße zu verdanken, über den wir zunächst auf den Spuren des Moritz von Nassau-Siegen wandeln. Entlang des Rheinaltarms geht es bis zum Papenberg mit dem Moritzgrab. Von dort bietet sich ein herrlicher Ausblick zurück über die Ebene auf die Schwanenburg. Bis Schloss Moyland geht es weiter am Rand der Stauchmoräne entlang auf einem Abschnitt des alten Postwegs Kleve-Xanten-Moers, der noch bis 1830 genutzt wurde. Von der Schlosskirche führt eine Doppelallee zur alten Bauernschaft Till. Sie liegt schon am Rand der Kalflack, eines ehemaligen Rheinlaufs, der einst die Hansestadt Kalkar mit der weiten Welt verband. Durch das Kesseltor betreten wir den historischen Stadtkern Kalkars mit allein 200 denkmalgeschützten Einzelobjekten.

Pilgerspuren ...

In der Tradition des Stiftes St. Clemens in **Wissel** wird einer der Gründer, der im 9. Jh. regierende Graf Luthard, als Heiliger verehrt. Ein Schrein und eine Ädikula mit Reliquien Luthards weisen in der Kirche auf diese Tradition hin.

Pilgerweg

An einem Pfeiler des Mittelschiffs der Kirche St. Peter und Paul im Nachbarort **Grieth** findet sich außer der Jakobusfigur im Apostelzyklus des spätgotischen Hochaltars von 1460/70 eine qualitätvolle Statue des Heiligen, die Heinrich Douvermann zugeschrieben wird.

Seit dem Jahr 1366 ist in **Kalkar** der Festtag des hl. Jakobus d. Ä., der 25. Juli, als Weihetag der Nicolaikirche und ihres Hochaltars belegt. Auch 1418 erfolgte eine Neuweihe des Hochaltars an einem 25. Juli. Bis heute ist der Jakobustag daher Kirmestermin in Kalkar. Ein Jakobusaltar ist in St. Nicolai seit 1386 nachweisbar (→ Abb. S. 90).

Im 15. Jh. schenkte ein Jakobspilger der Pfarre ein „Jakobsteyken", offenbar eine Jakobusfigur aus Gagat, dessen Verkauf acht Stüber für den Bau der Kirche einbrachten. Die jüngste der vier mittelalterlichen Schützenbruderschaften in Kalkar wurde zwi-

Links: „Madrider Atlas" von Christian Sgrooten, Ausschnitt Kleve-Wesel (vollendet 1593)

Altarschrein St. Peter und Paul, Grieth

schen 1455 und 1477 zu Ehren des Apostels Jakobus d. Ä. gegründet. Sie besteht bis auf den heutigen Tag und ist die älteste ohne Unterbrechung existierende Jakobusbruderschaft in Deutschland. Im Rheinland tritt Jakobus als Patron einer Schützenbruderschaft nur viermal auf, während der hl. Sebastian 425-mal vorkommt. Johannes Kistenich nimmt in seiner Arbeit über das Kalkarer Bruderschaftswesen an, dass man sich mit dem Apostel einen „Modeheiligen" der Zeit zum Patron gewählt habe, während die typischen Schützenheiligen Sebastian, Georg und Antonius bereits an die drei anderen Bruderschaften vergeben waren. Seit Mitte des 15. Jh. ist belegt, dass die Abschnitte des Stadtwalles nach den Patronen der Schützenbruderschaften benannt wurden. Der Jacobuswall befindet sich im nordöstlichen Sektor der Stadt.

Die Lazarusszene auf der Außenseite des Hochaltars der Nicolaikirche (Jan Joest, 1506–08) zeigt das Klever Gasthaus in der Grabenstraße, eine im 14. Jh. gegründete und 1406 erstmals nachweisbare Einrichtung für die Armen. Aufgrund von zwei Altarpatrozinien taucht 1481 die Bezeichnung St. Barbara- und St. Georgs-Hospital („sunte Barbaren ind sunte Georgius hospitael") auf. Zu den Zwecken der Einrichtung gehörte, wie J. A. Wolff in seiner Stadtgeschichte von 1893 mitteilt, die „Beherbergung der weniger bemittelten Reisenden", also auch der Pilger. Abgesehen von einer vorübergehenden Schließung um 1600 bestand das Gasthaus bis 1802. Den Zweiten Weltkrieg überstand die Gasthauskirche mit verhältnismäßig geringen Schäden. Obwohl Kunsthistoriker und Denkmalpfleger das Gotteshaus als „historisch und künstlerisch außerordentlich wertvolles Denkmal" einstuften, erteilte das Kreisbauamt dem privaten Grundstücksbesitzer im Februar 1953 die Genehmigung zum Abriss.

Das Gelände im nordöstlichen Stadtsektor von Kalkar war Standort eines 1454 von Herzog Johann I. und seiner Mutter Maria von Burgund gestifteten Dominikanerklosters. Ähnlich wie das Birgittenkloster in Marienbaum steht die Gründung im Zusammenhang mit einer Pilgerreise, die den Herzog in jenem Jahr nach Jerusalem und Rom geführt hatte.

Kleve → Kalkar Etappe 3

Wegbeschreibung und Hinweise 17 km
Wegstrecken zu Fuß und per Rad verlaufen bis Till getrennt.

Schwierigkeitsgrad zu Fuß: mittel, anfangs auf Wanderwegen, ab Moyland auf befestigten Straßen und Wegen, ab Till auf kombiniertem Fuß- und Radweg

Ausgangspunkt zu Fuß Alte Brücke, Kleve: Entlang des Spoyufers, Bleichen und der **Kermisdahl (1)** bis zum Klever Ring, weiter dem Prinz-Moritz-Weg am Rand des **Freudentals (2)** bis zum **Moritzgrab (3)** und dem Voltaire-Weg (Abstecher **St. Markus Bedburg (4)**) folgend bis **Schloss Moyland (7, 8)**, über **Moyländer Allee (9)** nach **Till (10)**, dort rechts mit Sommerlandstraße (Abstecher über die **Kalflack (11)** nach **Wissel (12, 13)**), Tiller Feldstraße und Kesselstraße bis zum Markt von **Kalkar (14)**.

Schwierigkeitsgrad per Rad: leicht, überwiegend auf gesondertem Radweg und wenig befahrenen Straßen 14 km

Ausgangspunkt per Rad Bahnhofsrückseite, Kleve: Der K5 (Bergstraße, Riswicker Straße, Sommerlandstraße) bis zur Moyländer Allee folgen, ab hier zusammen mit Fußpilgern

Moyländer Wald

SEHENSWERTES ENTLANG DER STRECKE

1 Der Kermisdahl zwischen Wetering und Spoykanal

Im Mittelalter hieß der Kermisdahl (→ Abb. S. 54) noch „den alde Rijn" und die Stadtmauer auf dieser Seite die „Rheinmauer". Der Name Kermisdahl bezeichnete eine höher gelegene Flur und ging mit der Zeit auf das Gewässer über. Zufluss erhielt die Rinne einerseits durch das Hangwasser, andererseits durch den Entwässerungsgraben, die Wetering, die kurz vor Kalkar bei Haus Horst beginnt. Um 1400 versuchte die Stadt, wieder eine Anbindung zum Rhein herzustellen. Aber erst in der Klever Zeit des brandenburgischen Statthalters Johann Moritz zwischen 1647 und 1679 wurde der Spoygraben durch Vertiefung und Bau einer Kammerschleuse funktionstüchtig. Heute ist der Spoykanal der älteste noch schiffbare Kanal Deutschlands. Weil die Rheinwasserstände bis zu 9 m schwanken, wird die Schiffstraße gestaut, wenn der Fluss Niedrigwasser hat, und bei Rheinhochwasser muss das Schöpfwerk das anfallende Wasser in den Altrhein pumpen.

2 Das Freudental und seine Galleien

Die Landschaftsinszenierung des Johann Moritz bezog die halbkreisförmige Ebene, die durch den Kermisdahl und die Hügelkette begrenzt wurde, in die Kultivierung der Niederung mit ein: Die Entwässerungsgräben in Richtung Altrhein wurden mit Obstbäumen bepflanzt, diese wiederum durch doppelte Elsen-, also Erlenreihen geschützt. Um schon bald eine Raumwirkung zu erzielen, ließ er vorgezogene Bäume aus den Niederlanden per Schiff herbringen. Mittels der Baumreihen wurde der Blick zur Schwanenburg gelenkt. Freudental oder Galleien (nach Alleen) nannte er dieses natürliche Amphitheater.

Birnenallee in den Galleien, Kleve

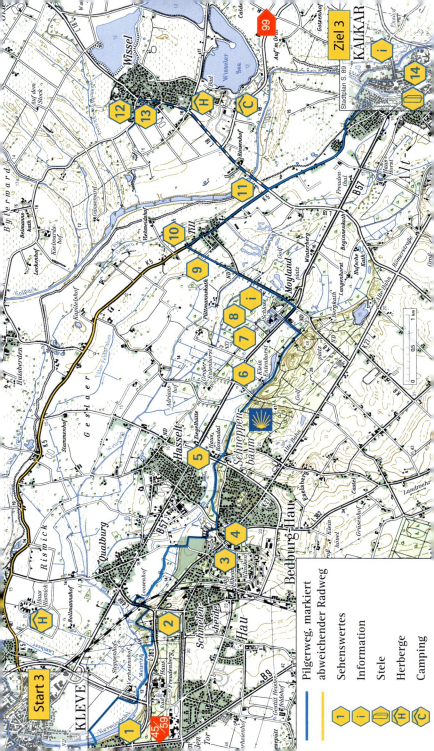

Der Arbeitskreis im Klevischen Verein für Kultur und Geschichte hat es sich seit einigen Jahren zur Aufgabe gemacht, die historische Kulturlandschaft zwischen Schwanenburg und Moritzgrab wiederherzustellen. Unterstützung erfährt das Projekt durch die Nordrhein-Westfalen-Stiftung, die ein Parkleitsystem und die Wiederherstellung der dritten Allee ermöglichte.

3 Das Moritzgrab am Papenberg

Johann Moritz Fürst von Nassau-Siegen (1604–79) ist eine der schillernsten Persönlichkeiten des 17. Jh. Als Feldherr der Vereinigten Republik der Niederlande kämpfte er im 80-jährigen Krieg gegen Spanien und unternahm eine Flottenexpedition nach Brasilien, wo er die spanisch-portugiesische Flotte besiegte und die Stadt Mauritsstad (heute Recife) gründete. Nach seiner Rückkehr wurde er 1645 von Kurfürst Friedrich Wilhelm von Brandenburg zum Statthalter des Herzogtums Kleve und der Grafschaft Mark ernannt. Für den Kurfürsten von Brandenburg entwarf er Sichtachsen auf das Berliner Schloss, darunter die heutige Straße Unter den Linden. Das von ihm entworfene Grabmal ist durch Sichtbeziehungen auf die Klever Stiftskirche und seinen Wohnsitz Prinzenhof in die Park- und Gartenlandschaft eingebunden. Im rückwärtigen Bereich ist eine mächtige gusseiserne Grabtumba aufgestellt, die Johann Moritz in Siegen gießen ließ. Davor ist in zwei Viertelkreisen eine Exedra gesetzt, in die römische Grab- und Votivsteine aus Xanten und Birten eingelassen wurden. Das Grabmal ist in eine „antike Sakrallandschaft" (Hans-Peter Hilger) eingebunden und wird von zwei Grundgedanken bestimmt: ei-

Exedra und Tumba des Moritzgrabes

nerseits eine Mahnung an die Vergänglichkeit, andererseits aber auch eine Erinnerung an die die Zeit überwindende Dauer. Johann Moritz wurde nach seinem Tod 1679 in der Grabanlage beigesetzt. Doch noch im selben Jahr ist sein Leichnam in die Fürstengruft im Unteren Schloss in Siegen überführt worden.

4 Bedburg

St. Markus, Bedburg

In Bedburg gründete Graf Arnold I. von Kleve vor 1138 ein Doppelstift der Prämonstratenser, also des Ordens, den Norbert von Xanten gegründet hatte. Die Kirche diente der Grafenfamilie als Grablege, bis um 1340 mit der Stiftskirche in Kleve ein neuer Begräbnisort entstand. Das Doppelstift wurde um 1270 in ein reguliertes Frauenstift und 1519 in ein adliges Damenstift verwandelt und schließlich 1604 nach Kleve verlegt. Von der romanischen Stiftskirche, einem einschiffigen kreuzförmigen Bau, stehen noch der Vierungsturm und das Chorhaus. Der Chor ist spätgotisch, das Langhaus und die Querarme, die Ende des 18. Jh. abgebrochen wurden, sind 1901 in neoromanischen Formen wiedererrichtet worden. Die einzelnen Bauphasen lassen sich gut an den unterschiedlichen Materialien Tuff, Ziegel und Sandstein erkennen. Zur Ausstattung gehört ein spätgotisches Vesperbild (Pietà), das Arnt Beeldesnider zugeschrieben wird.

5 Haus Rosendal

Aus Gründen der Landesverteidigung ließ Graf Adolf II. um 1400 eine große Landwehr anlegen, deren Durchlässe durch bewachte Schlagbäume gesichert waren. Vom Loosenhof bis Schloss Moyland läuft der Wanderweg parallel zu dem doppelten, dicht mit dornigen Sträuchern bepflanzten Landwehrgraben. Bei Haus Rosendal querte eine alte Straße von Goch nach Emmerich die befestigte Grenze. Der Bewohner des Hauses hatte die Aufgabe,

Jakobspilger aus Bedburg-Hau

Bedburger Pilgergruppe auf dem Rheindamm

Die Idee, von zu Hause aus einen langen Weg gemeinsam zu gehen, und dies auf den Spuren von vielen Jakobspilgern, hat rasch Gemeinschaft mit zunehmender Vertrautheit wachsen lassen. Wir, 18 psychiatrieerfahrene Frauen und Männer, erlebten in ganz persönlichen Erfahrungen, dass wir nicht nur krank sind, wenn wir krank sind. Am 1. Mai 2008 starteten wir unseren Jakobsweg, der uns in 14-tägigen Jahresetappen nach Santiago de Compostela führen soll. In der „Klinikkirche" unserer LVR-Klinik Bedburg-Hau empfangen wir in einer Aussendungsfeier den Pilgersegen.

Erlebnisse am Weg – wunderschöne Landschaftsbilder dort, wo man meint, doch alles zu kennen. Sich freuen auf jeden neuen Tag. Die Schuhe drücken, die Beine und der Rucksack werden schwer – Pause, viel trinken, sich im Gras lang machen, auftanken und weiter. Den eigenen Körper spüren. Und schon ist man wieder im Gespräch und vergisst die Anstrengung, ist stolz, den Weg geschafft zu haben. Gemeinsame Erinnerungen geben Stoff für Gespräche, leichte Gespräche, aber auch tiefe, die Sinn und Ziel des Lebens berühren. Unser Weg führt nicht nur in die Weite, auch in die Tiefe, ungeplant. Vom Kopf auf die Füße kommen, offen werden für neue Begegnungen und Erlebnisse. Muschelsymbole leiten uns. Vieles bleibt unauslöschbar in unseren Köpfen und die Gefühle dabei im Bauch. Uns geht es gut auf dem Weg, und wir wollen noch viel weiter.

Haus Rosendal

diesen wichtigen Durchlass zu bewachen. Im Gegenzug wurde er von Steuern und Diensten gegenüber seinem Landesherrn befreit. Mit der Zeit entwickelte sich Haus Rosendal vom Fachwerkturm über einen steinernen Bergfried zum schmucken Herrensitz. Mit dem letzten Umbau von 1797 erhielt der Putzbau mit seinen geschweiften Giebeln der deutschen Frührenaissance große Schiebefenster nach niederländischem Vorbild und eine elegant geschwungene Haustreppe. Haus Rosendal ist seit Jahrhunderten im Besitz der Familie von Mosel, die heute das landwirtschaftliche Gut bewirtschaftet.

Kleve → Kalkar Etappe 3

6 Moyländer Veen

Landwehr am Moyländer Veen

Zwischen Rosendal und Moyland liegt das Moyländer Torfkuhle, eines der „Veene", in denen Torf als Brennmaterial für die nahe Burg gestochen wurde. Über Jahrtausende baute sich im Altrheinbett am Fuß der Stauchmoräne durch Verlandung des stehenden Altwassers der Torf aus abgestorbenen Pflanzenresten auf und füllte allmählich die Rinne. Während wir die nährstoffreiche organische Substanz nur als Gartendünger kennen, diente sie in früheren Jahrhunderten hauptsächlich als Brennmaterial. Vom hiesigen Veen standen dem Prediger, dem Förster und dem Schulmeister von Moyland Torfdeputate zu. Dem Förster oblag der Abbau: Nach Stechen und Herausheben der Soden wurden diese auf dem Trockenplatz gestapelt und zum Trocknen mehrmals gewendet. Doch die Torfgewinnung war nur von beschränkter Dauer, da der Torf sehr viel schneller abgebaut als neu gebildet wurde. Zurück blieben die Teiche, in denen sich inzwischen ein wertvoller Erlenbruchwald Lebensraum zurückerobert hat.

7 Schloss Moyland

Die Anfänge von Schloss Moyland liegen im Jahr 1307, als Graf Otto von Kleve einen Gutshof am Rand des Tiller Bruchs dem klevischen Hofgeistlichen Jacob van den Eger schenkte. Mehrere

Schloss Moyland

Besitzerwechsel bewirkten während des 14., 15. und 16. Jh. zahlreiche bauliche Veränderungen, doch als gotischer Kernbau lässt sich in den baulichen Resten ein Palas mit Ringmauer und Ecktürmen ausmachen. Auf den niederländischen Generalmajor Alexander Freiherr van Spaen, der 1662 die Burg erwarb, geht der Umbau zu einem frühbarocken Schloss als regelmäßige Anlage mit Ecktürmen zurück. Von 1695 bis 1766 gehörte Moyland den Kurfürsten von Brandenburg und Königen von Preußen, welche die Burg als Jagdschloss nutzten. 1740 fand hier ein Zusammentreffen zwischen Friedrich II. und Voltaire statt. Die heutige Baugestalt geht auf einen späteren Besitzer, Johann Baron van Steengracht, zurück. Steengracht ließ die Außenfassaden zwischen 1854 und 1862 durch den Kölner Dombaumeister Ernst Friedrich Zwirner und dessen Mitarbeiter Friedrich von Schmidt neugotisch umgestalten, um mit zinnenbewehrten Ecktürmen, einem Torbau und Wehrgängen den Eindruck einer mittelalterlichen Burg zu erwecken. Die barocken Innenräume waren von dem Umbau nicht betroffen, doch wurde die Einrichtung 1945 in den letzten Kriegsmonaten nahezu vollständig vernichtet.

Ab 1987 erfolgten Sicherungsarbeiten. Im Anschluss wurde eine Wiederherstellung zur musealen Nutzung vorgenommen. In den Schlossräumen ist nunmehr die Kunstsammlung von Hans und Joseph van der Grinten untergebracht. Die 40.000 Objekte umfassende Sammlung enthält Werke von Künstlern des Niederrheins, die nach 1945 tätig waren, darunter den umfangreichsten Bestand an Arbeiten von Joseph Beuys, der überhaupt existiert.

Kleve → Kalkar Etappe 3

Darüber hinaus sind Werke von Hermann Teuber, Hanns Lamers, Gerhard Marcks, Ewald Mataré, Josef Fassbender, Hann Trier oder Georg Meistermann zu sehen.

8 Parkanlage Moyland

Die Parkanlage von Schloss Moyland bietet eine Mischung aus barocken, neugotischen und romantischen Einflüssen. Parallel zum Wiederaufbau des Schlosses haben die Gartenarchitekten Rose und Gustav Wörner die Gartenlandschaft nach historischem Vorbild wiederhergestellt. Mithilfe alter Pläne, Fotos und Postkarten rekonstruierten sie die Strukturen des Landschaftsgartens des 19. Jh. im gemischten Stil. Ein Hainbuchen-Laubengang, ein Rosengarten und das System von alten Wegen und Wassergräben sind originalgetreu. Hinzu kam im Zuge der Ausstellung zum Anholter Kräuterbuch von 1470, einem der umfangreichsten und ältesten Werke dieser Art in deutscher Sprache, ein Kräutergarten. Die vier Beete im Zentrum widmen sich ausschließlich den Pflanzen des Anholter Kräuterbuchs; das Sortiment der umliegenden Beete reicht von den Gartenpflanzen der Antike über die der Hofverordnung Karls des Großen bis zu den Heilkräutern der Hildegard von Bingen. In den Schlosspark sind die modernen Skulpturen der Sammlung van der Grinten integriert.

9 Moyländer Allee

Als Alexander Freiherr von Spaen im 17. Jh. Schloss Moyland modernisierte, ließ er es – wie viele Adlige im Klever Land – nach

Eichenallee zwischen Moyland und Till

dem Vorbild der Anlagen des Johann Moritz mit Parks und schönen Alleen nach holländischem Geschmack umgeben. Die Eichen- und Rotbuchenalleen, die den Moyländischen Besitz dem Schloss unter- und zuordneten, dienten meist als Spazierwege, die am Ende mit einer Aussicht auf einen bestimmten Punkt, einen sog. Point de vue, endeten. Dieses Alleensystem erschließt dem Besucher auch heute noch die Umgebung des Schlosses. Die längste der van Spaen'schen Alleen war die doppelte Eichenallee. Sie führte früher bis zur Burg Till, von der heute nur noch eine als Bodendenkmal geschützte Wüstung jenseits des Tillschen Hofes zeugt.

10 *Till*

Till lag an der mittelalterlichen Rheinstraße. Die Grafen von Kleve hatten hier um die Mitte des 13. Jh. Besitzungen. 1292 ist eine Pfarrkirche mit dem Patrozinium der Heiligen Vincentius und Genoveva genannt. Vinzenz von Valencia war Diakon unter Bischof Valerius in Saragossa und starb mit diesem um 304 in Valencia unter Diokletian den Märtyrertod, weil er seinem Glauben nicht abschwören wollte. Der Gedenktag des Heiligen, der oft mit der Märtyrerpalme und einem Rost mit Nägeln als Marterinstrument dargestellt ist, wird in Till am 22. Januar gefeiert. In der zweiten Hälfte des 15. Jh. entstand ein zweischiffiger Neubau in Tuffstein, dessen Schiff mit dem Chor eine kompakte Einheit bildet. Nach Plänen des späteren Wiener Dombaumeisters Friedrich von Schmidt erfolgte 1850 eine durchgreifende Sanierung mit Anbauten und einer Erneuerung der Ausstattung. Zum ursprünglichen Bestand gehören ein spätgotisches Sakramentshaus aus Sandstein an der nördlichen Chorwand sowie eine spätromanische Taufe, die aus Namurer Blaustein gearbeitet ist.

Kalflack bei Till

Von der Sommerlandstraße aus ist eines der drei Storchennester zu sehen, die seit 2006 von den Gästen aus dem Süden gern angenommen werden.

11 Kalflack

Zwischen den Dörfern Till und Wissel fließt die Kalflack, eine Folge von ehemaligen Rheinmäandern. Entlang des schiffbaren Gewässers wurde 1566 ein Leinpfad vom Rhein nach Kalkar hin angelegt. Bei Till weitet sich Altwasser zum Tiller Meer aus. Ende 1963 wurde die Kalflack ausgebaggert und begradigt, ein für das naturnahe Gewässer schwerwiegender und nachhaltiger Eingriff. Erst nachdem einige größere Einbuchtungen für die Vogelwelt und als Fischlaichplätze geschaffen wurden, erlangte das Gebiet mit der Ausbildung von Schwimmblatt-, Röhricht- und Weichholzzonen wieder Bedeutung für den Naturschutz. Bedrohte Kleinfischarten wie Rapfen, Steinbeißer und Groppe und selbst der seltene Eisvogel haben hier inzwischen wieder einen Lebensraum gefunden. Einen Beitrag hierzu leistete auch die umfangreiche Bepflanzung mit Eschen und Weiden, die im Rahmen der Pflanzgutförderung des Landschaftsverbandes Rheinland mit dem Deichverband 1990 erfolgte.

12 Wissel

Neben der Stiftskirche in Hochelten ist St. Clemens in Wissel der bedeutendste romanische Kirchenbau am Niederrhein. Das Kollegiatstift wurde im 9. Jh. durch die Grafen von Kleve gegründet. Es existieren zwei Gründungstraditionen,

Luthard-Schrein, Wissel

St. Clemens, Wissel

nach denen entweder Graf Eberhard von Kleve und seine Gemahlin Berta oder einer ihrer Söhne, Graf Luthard, das Stift gegründet haben sollen. Möglicherweise hat Luthard eine Stiftung, die Eberhard und Berta bereits verfügt hatten, in seiner Regierungszeit (837–81) ausgeführt. In der Tradition des Stiftes wird Luthard mindestens seit dem 12.Jh. als Heiliger verehrt. Die Kirche verwahrt einen hölzernen Schrein des 15. Jh. mit den Reliquien Luthards und eine Ädikula mit seinem Haupt.

Die heutige Stiftskirche wurde zwischen 1140 und 1160 als dreischiffige Gewölbebasilika auf kreuzförmigem Grundriss mit zwei Chorflankentürmen errichtet. Die breiten Bandrippen im Mittelschiff und in der Vierung, die bereits an den Pfeilern als Vorlagen angelegt sind, gehen auf die Marienkirche in Utrecht zurück. In der konsequenten Abstimmung der Pfeiler auf das Wölbsystem zeigt sich die hohe Qualität der Architektur.

Von der romanischen Ausstattung haben sich der Taufstein, die Türzieher der Portale mit Löwengesichtern und zwei in Limoges gefertigte Leuchter mit Emaillearbeiten erhalten. Im südlichen Seitenschiff ist ein ausdrucksvolles Vesperbild zu sehen, das um 1520 wahrscheinlich von Heinrich Douvermann geschaffen wurde.

Gut erhalten hat sich die Randbebauung des Stiftsbezirks mit Kanonikerhäusern und Scheunen. In einem der Häuser ist ein kleines Museum untergebracht, das neben paläografischen Funden die Geschichte des Stiftes Wissel und seiner Kirche und den Wisseler Tabakanbau dokumentiert.

13 *"Veritable Tabac de Wissel"*

Werbeplakat für Wisseler Tabak

So priesen Plakate im 19. Jh. den hochwertigen Tabak vom Niederrhein in Frankreich an. Der Anbau des Nachtschattengewächses bescherte dem Dorf 250 Jahre Wohlstand. Columbus hatte das berauschende Kraut nach Europa gebracht. 1560 beschreibt Jean Nicot de Villemain erstmals die medizinischen Eigenschaften des Tabaks und gibt der Pflanze den Namen „Nicotiana". Im Klever Land ist der Tabakanbau erstmalig auf einer Federzeichnung von 1654 dokumentiert, auf der neben der ersten Pflanzung des Johann Moritz – der Nassauer Allee – „ein Feldt umb toback zu

Ausstellung zum Tabakanbau, Stiftsmuseum Wissel

pflantzen" eingetragen ist. Wegen seines lockeren, sandig-lehmigen Bodens entwickelt sich Wissel zum Zentrum des Tabakanbaus im Klever Land. Da die Aufzucht einen mäßigen, aber regelmäßigen Arbeitseinsatz erfordert, ist sie ideal für den Nebenerwerb, und da Geschick oft wichtiger ist als Kraft, können Männer wie Frauen Aufgaben übernehmen: Anfang Juni die vorgezogenen Setzlinge in Reihen aufs Feld pflanzen, regelmäßig Spitzen ausbrechen (um das Blühen zu vermeiden), Unkraut hacken, Erde anhäufeln, Blätter über sieben Wochen von unten nach oben ernten, entlang der Mittelrippe aufschlitzen und auf Spillen in den Scheunen trocknen. Rund um die Stiftskirche stehen noch einige der großen Backsteinscheunen und im Stiftsmuseum ist ein Raum dieser Zeit gewidmet, die 1960 endete, als der letzte Bauer wegen der billigen Importe den Tabakanbau aufgab.

14 *Kalkar*

Die Gründung Kalkars erfolgte 1230 durch Graf Dietrich V. von Kleve an der Kreuzung der Handelsstraße mit einer Querverbindung vom Rhein zur Maas. Zwölf Jahre später war der Ort baulich so weit fortgeschritten, dass ein erstes Stadtprivileg erteilt werden konnte. Neben dem Tuchgewerbe gehörten die Bierbrauerei und der Getreidehandel zu den wirtschaftlichen Grundlagen der Stadt. Zur Mitte des 16. Jh. hatte Kalkar ca. 2.500–3.000 Einwohner, ein Bevölkerungsstand, der nach einem wirtschaftlichen Niedergang und militärischen Besetzungen erst in den 1960er-Jahren wieder erreicht wurde.

Vogelschau von Kalkar, Braun und Hogenberg (1575)

Die städtebauliche Struktur Kalkars vermittelt die 1575 im Städtebuch von Braun und Hogenberg erschienene Vogelschauansicht. Der gebogene Verlauf der Rheintalstraße, dem heute die Kessel- und die Monrestraße folgen, bildete das Rückgrat für die lang gezogene Stadtanlage. Die Stadt war mit einem doppelten Wallgrabensystem umgeben, in welches vier Stadttore entsprechend der beiden sich im Zentrum kreuzenden Altstraßen eingebunden waren. Wo unser Weg die Wall- und Grabenanlage quert, ist noch ein Turm der ehemaligen **Stadtbefestigung (A)** zu sehen, auf den im 18. Jh. ein Belvedere aufgesetzt wurde. Am einstigen Keteltor (nach Kessel) führt der Weg stadteinwärts. Das Haus Kesselstraße 20, der **Beginenhof (B)**, ist eines der für das Stadtbild typischen spätgotischen Treppengiebelhäuser. Vorbei an der 1697 fertiggestellten **evangelischen Kirche (C)** ist mit dem Markt das Zentrum erreicht. Den Platz dominiert das monumentale **Rathaus (D)**, ein spätgotischer Backsteinbau der 1438–45 nach Plänen des herzoglich-klevischen Baumeisters Johann Wyrenbergh errichtet wurde. In der zweischiffigen Halle seines Untergeschosses, in der heute der Ratskeller ist, waren früher die Tuchhalle, die Fleischhalle und die Waage untergebracht.

Bereits mit der Stadtgründung im 13. Jh. ist, durch eine Hauszeile vom Markt getrennt, eine dem hl. Nikolaus, dem Schutzpa-

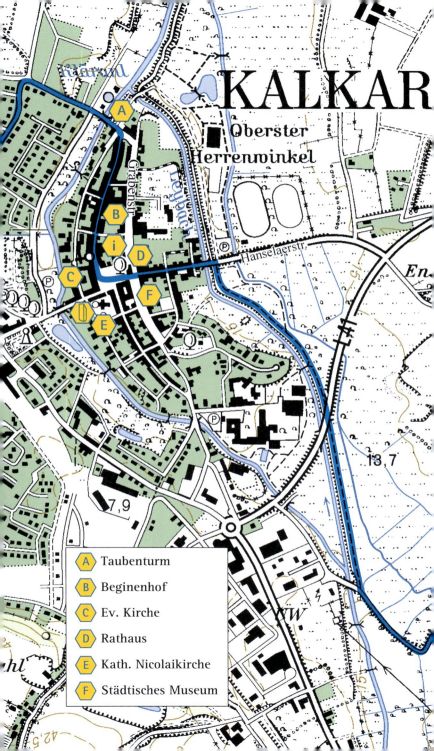

Kultureller Austausch im Spätmittelalter II: Malerei und Skulptur

In St. Nicolai in Kalkar sollte den 1504/05 gemalten Flügeln des Hochaltars Aufmerksamkeit geschenkt werden. Sie stammen von dem Maler Jan Joest aus Haarlem. Auf einem der Außenflügel ist in einer Lazarusszene der Marktplatz von Kalkar dargestellt. Ein weiterer Altar dieses Künstlers befindet sich unweit des Camino Francés in der Kathedrale von Palencia/Nordspanien. Das Sieben-Schmerzen-Retabel wurde von Bischof Juan de Fonseca der an seiner Kathedrale ansässigen Bruderschaft der Sieben Schmerzen Mariens gestiftet. Juan de Fonseca entstammte einer der führenden Familien in Santiago de Compostela und war selbst womöglich Domherr an der dortigen Kathedrale, bevor er als Bischof nach Palencia berufen wurde. Im Jahre 1505 war er für das spanische Thronfolgerpaar, den Habsburger Philipp den Schönen und dessen Gemahlin Johanna, als Diplomat am habsburgischen Hof in Brüssel tätig. Dort konnte er den wahrscheinlich bereits zehn Jahre zuvor vollendeten Jan-Joest-Altar erwerben. Er ließ sein Wappen aufmalen und das Altarwerk in seine Bischofsstadt bringen.

Doch nicht nur Fürsten, Bischöfe und Diplomaten, sondern auch Pilger hatten ihren Anteil an einem Kulturaustausch im Spätmittelalter. Ein weiteres Kunstwerk in der Kalkarer Stiftskirche zeigt ein Pilgerpaar. Es handelt sich um den Jakobusaltar mit einer qualitätvollen Sitzfigur des Apostels Jakobus d. Ä., die dem Bildschnitzer Dries Holthuys aus Kleve oder seinem Umkreis zuzuordnen ist. Der Altar wurde Ende des 15. Jh. von dem Gasthausvorsteher Johann Becker und seiner Frau Elisabeth gestiftet. Das Ehepaar ist zu Füßen des Heiligen in Pilgerkleidung dargestellt.

Jakobusaltar, Nicolaikirche, Kalkar

tron der Schiffer und Kaufleute, geweihte **Kirche (E)** errichtet worden. 1409 wurde der heutige spätgotische Bau in Angriff genommen. Mit der Turmvollendung war die Kirche 1493 fertig. Eine Besonderheit der Kirche sind sieben erhaltene Flügelaltäre der Spätgotik, die Meisterwerke der Bild- und Schnitzkunst des 15. und frühen 16. Jh. sind. Zusammen mit einer liegenden Christusfigur, dem Marienleuchter im Kirchenschiff und dem Chorgestühl bilden die Altäre ein Ausstattungsensemble, das innerhalb Deutschlands einzigartig sein dürfte. Bis zum frühen 19. Jh. haben sich acht weitere Altäre in der Kirche befunden. Ihr Verkauf um 1820 wurde mit dringenden Renovierungsarbeiten begründet. Die wichtigsten der namentlich am Niederrhein bekannten Künstler sind in Kalkar vertreten. Biografische Forschungen zu den einzelnen Künstlern haben indessen ergeben, dass nicht von einer „Kalkarer Schule" gesprochen werden kann, wie es die ältere Forschung getan hat. Vielmehr waren Meister, die an unterschiedlichen Orten ausgebildet wurden, durch die gute Auftragslage nach Kalkar gekommen.

Detail des Georgaltars, Nicolaikirche, Kalkar

Neben dem Jakobusaltar (→ Abb. S. 90) finden sich noch weitere Darstellungen in der Kirche, die für Jakobspilger von Interesse sind: Auf dem vielleicht frühesten Werk, dem Tafelbild des Marientodes am Eingang zum Südchor, ist Jakobus d. Ä. unter den Aposteln am Schriftzug „St Jacobus maior" im Heiligenschein, aber auch am Beutelbuch als Reiselektüre auszumachen. Auf dem Weg in den Hochchor fällt rechts vom Durchgang ein Heiliger mit einer Pilgermuschel an der Pilgermütze, Reiseschuhen und (erneuertem) Pilgerstab auf. Bei der Figur, die Anfang des 16. Jh. in der Klever Werkstatt von Dries Holthuys entstand, handelt es sich um den hl. Jodokus, der sich der Nachfolge seines bretonischen Fürstengeschlechtes entzog, indem er eine Einsiedelei, das spätere St-Josse-sur-Mer gründete.

Johannes und Jakobus, Crispinus- und Crispianusaltar, Nicolaikirche, Kalkar

Zwischen den Eichenholzfiguren von Christus mit zehn Aposteln auf den Baldachinen des Chorgestühls ist Jakobus an dem Pilgerstab mit Jakobsmuschel erkennbar.

Eine Ansicht Kalkars mit dem Hospital ist auf dem Hochaltarflügel mit der Erweckung des Lazarus zu entdecken. Eine frühere Darstellung findet sich im Schrein des Georgaltars an der Nordseite des Mittelschiffes, auf dessen rechtem Seitenflügel ein Stadtprospekt von Köln mit dem gotischen Dom und Groß St. Martin abgebildet ist. Am westlich folgenden Pfeiler steht der Crispinus- und Crispianusaltar. Eines der fünf kleinen Tafelbilder unter dem Altargehäuse zeigt Jakobus zusammen mit seinem jüngeren Bruder Johannes. Der Rundgang endet bei der nördlichen Turmkapelle vor dem 2001 eingebauten Fenster von Karl Martin Hartmann, dessen wiederkehrendes Motiv der Jakobusmuschel es als Stiftung der Jakobusbruderschaft ausweist.

Matthäus und Jakobus, Marientod, Nicolaikirche, Kalkar

Jenseits des Rathauses lädt das **Städtische Museum (F)** an der Grabenstraße zu einem Besuch ein, in dessen Dachgeschoss die beeindruckende Karte „Peregrinatio filiorum dei" ausgestellt ist, die der große Kartograf Christian Sgrooten 1572 in Kalkar schuf.

Die Gerichtslinde

„Auf dem weiten Marktplatz, im kühlen Schatten der uralten gewaltigen Gerichtslinde, auf der runden Steinbank muss man sitzen, mit weiten Augen und andächtigem Herzen. Wenn das gewaltige Viereck des Marktes in der glühenden Sonne liegt, dann ist hier für Kinder und Poeten das beste Plätzchen."

Diese Beschreibung Ludwig Mathars in seinem Buch „Der Niederrhein" trifft glücklicherweise auch heute noch zu. 1970 sollte der Baum wegen Windbruchgefahr gefällt werden. Doch nachdem die wipfeldürre Linde saniert worden war, gesundete sie. So konnte 1995 die Ausstellung „450 Jahre Gerichtslinde" im Stadtarchiv Kalkar die Geschichte eines lebenden Denkmals erzählen.

Die Winterlinde (Tilia cordata) ersetzte 1545 einen eingegangenen Vorgänger. Nach zwei Wochen erhielt sie ein „Stacket", ein Holzgestell, das den Baum zur „schönen Linde" erziehen sollte. Acht Jahre darauf bauten die Kalkarer Zimmerleute aus 600 m Holz das endgültige „Geschränk". Die älteste bekannte Darstellung des Kalkarer Markts mit der heutigen Etagenlinde von Ernand ter Himpel stammt aus dem Jahre 1656. Sie zeigt den damals 120-jährigen Baum mit dem Gestell, das die Äste in Etagenform zwingt.

Die Verhandlung unter der Kalkarer Gerichtslinde begann damit, dass man „die Bank spannte", wodurch das Alltagsgeschehen ausgeschlossen und Frieden im Gerichtskreis hergestellt werden sollte. Bei Regen tagte das Gericht in einer hölzernen Laube vor dem Rathaus. Allmählich verlagerte sich der Gerichtsort über diese Laube in den Schöffensaal des Rathauses.

Jan de Beijer: Marktplatz Kalkar, aquarellierte Federzeichnung (1744)

KALKAR → XANTEN

ETAPPE 4

19 km

Der Weg aus der Stadt heraus führt über den Jakobusgraben, über dem sich auch die Stadtwindmühle erhebt. Begleitet von den so typischen Kopfbäumen führt er nach Appeldorn mit seinen schmucken Bauernhöfen und einem Herrensitz. Wichtige Station auf halbem Weg ist Marienbaum, dessen Wallfahrtskirche Besuchern immer offen steht. Kurz vor Kloster Mörmter hat der Wanderer schon den Xantener Dom vor Augen. Im Bogen führt der Weg am Ufer des Xantener Meers entlang, an dem auch die moderne Jugendherberge liegt, vorbei am Archäologischen Park in die belebte Innenstadt.

Pilgerspuren ...

Aufgrund seiner Förderung durch das klevische Herzogspaar Adolf I. und Maria von Burgund war **Marienbaum** vor dem Aufschwung von Kevelaer der wichtigste Marienwallfahrtsort am Niederrhein. Sowohl die Errichtung einer ersten Wallfahrtskirche als auch die Gründung eines Doppelklosters des Birgittenordens

stehen in einem Zusammenhang mit Pilgerfahrten, die der Sohn von Adolf und Maria, Herzog Johann I., in den Jahren 1438 und 1450 nach Santiago de Compostela, Jerusalem und Rom unternommen hat. Aus den Aufzeichnungen des Theologiestudenten Johannes Butzbach, der im Jahre 1500 von Deventer zur Benediktinerabtei Maria Laach unterwegs war, geht hervor, dass das Birgittenkloster Marienbaum durchreisende Fremde aufgenommen hat.

Birgitta von Schweden, kolorierter Holzschnitt (1497)

Auch in **Xanten** haben Pilger Aufnahme gefunden. Der Name Gasthausstraße erinnert an das ehemalige Xantener Hospital, das um 1300 gegründet wurde und sich in städtischer Verwaltung befand. 1516 stifteten der Bürgermeister und ein reicher Bürger eine Kapelle, die dem Apostel Bartholomäus geweiht war. Nach dem Urkataster von 1821 lagen die Kapelle und wohl auch der Krankensaal an der Straße, während rückwärtig ein lang gestreckter

Links: Marienbaum

Bau mit den Wohnkammern der Armen angefügt war. Anfang des 19. Jh. erfolgte die Auflösung der Einrichtung. Die Kapelle diente zuletzt als Schuppen, bis sie im Zweiten Weltkrieg zerstört wurde.

Durch die Verehrung des hl. Viktor ist der Xantener Dom selber zum Ziel von Pilgerfahrten geworden (→ Abb. S. 108). Der zwischen den beiden nördlichen Seitenschiffen aufgestellte Dreikönigsaltar, eine Arbeit des Antwerpener Bildhauers Johann Badis Buis von 1659, zeigt als Pfeilerfiguren die Apostel Paulus und Jakobus d. Ä., was auf Nebenpatronate schließen lässt. Eine neue Verbindung zwischen Xanten und dem nordspanischen Jakobsweg hat sich vor wenigen Jahren an der Grabstätte Karl Leisners in der Krypta ausgebildet. Das Andenken an den Priesteramtskandidaten Leisner, der im Zweiten Weltkrieg Häftling des Konzentrationslagers Dachau war und dort an den Folgen einer unbehandelten Lungenerkrankung starb, ehrt der Internationale Karl-Leisner-Kreis auf dem nordspanischen Jakobsweg. In Hospital del Orbigo (am Camino Francés zwischen León und Astorga) wurden 2001 eine Kapelle und 2007 die Pfarrherberge nach Leisner benannt.

Xanten wird auch mit dem bekanntesten Wegemirakel aus dem 12. Jh. („Codex Calixtinus") in Verbindung gebracht (→ S. 163). Andere Orte wie z. B. Saintes an der „via turonensis" in Südwestfrankreich oder Santes südöstlich von Lille in Nordfrankreich reklamieren die im Galgen- und Hühnermirakel erwähnten Pilger ebenso für sich, aber die Quellenlage bestätigt keinen der Orte.

Pfarrherberge „Karl Leisner" in Hospital del Orbigo am Jakobsweg, Nordspanien

Kalkar → Xanten   Etappe 4

Wegbeschreibung und Hinweise

19 km

Wegstrecken zu Fuß und per Rad sind identisch.
Schwierigkeitsgrad: leicht, auf befestigten Wegen und Straßen
Ausgangspunkt Markt, Kalkar: Rechts am Rathaus vorbei über Hanselaerer Straße den Ort verlassen, jenseits des Stadtgrabens rechts am Leybach entlang bis zum Oyweg, diesem folgen (Abstecher **Hanselaer (1)**) bis **Appeldorn (2)**. Links Heinrich-Eger-Straße (geradeaus Abstecher Haus Botzelaer), rechts Lambertusstraße, geradeaus Marienbaumer Straße, Lohscher Weg. Am Ortsrand von Marienbaum rechts über Klosterstraße zur Wallfahrtskirche in **Marienbaum (3)**. Links über Kalkarer und Mörterer Straße (B 57) bis zum Abzweig nach Mörmter. Nun rechts auf Düsterfeld bis zum Düsterhof in **Mörmter (4)** und weiter zum **Kloster Mörmter (5)**. Auf Willicher Straße bis zur B 57, diese queren und weiter geradeaus Am Bruckend. Am Ende rechts parallel zum Banckscher Weg, dem Uferweg, an dem auch die Jugendherberge Xanten liegt, bis zum Südzipfel der Xantener Südsee folgen. Über Wardter Straße, vorbei am **Archäologischen Park (6)**, und Rheinstraße ins Zentrum von **Xanten (7, 8)**.

Oyweg zwischen Kalkar und Appeldorn

SEHENSWERTES ENTLANG DER STRECKE

Katharina, Maria mit Kind und Barbara, St. Antonius, Hanselaer (um 1530)

1 Hanselaer

Hanselaer wird um 1170 im Besitz des Kölner Damenstiftes St. Maria im Kapitol erwähnt. Das kleine romanische Gotteshaus ist Antonius dem Einsiedler geweiht, der zweimal im Inneren, auf einem gemalten Flügel des Hauptaltars und auf einem Bild im Westteil der Kirche, dargestellt ist. Im 14. Jh. wurden ein gotischer Chor und ein mächtiger Westturm angefügt. Kirchenschiff und Chor erhielten um 1440 eine Wölbung, die dem Inneren einen einheitlichen Raumeindruck verleiht. Die aus derselben Zeit erhaltene Bemalung der Gewölbe steigert sich in ihrer Farbigkeit zum Chor hin. Die Ausstattung mit drei Altären ist für eine Dorfkirche ungewöhnlich reich. Mit dem Hauptaltar und dem nördlichen Nebenaltar besitzt die Kirche zwei qualitätvolle, um 1530 entstandene Retabel, die in der Darstellung der Skulpturen und der Ausbildung des Rahmwerkes bereits Merkmale der Renaissance aufweisen und Henrik von Horst zugeschrieben werden. Eng verwandt mit den Arbeiten von Dries Holthuys ist die etwas frühere Kreuzigungsgruppe, die auf einem Querbalken im Triumphbogen aufgestellt ist.

2 Appeldorn mit Burg Boetzelaer

Die Burg Boetzelaer liegt nördlich des Ortes Appeldorn erhöht über einem Altrheinarm, dem Boetzelarer Meer. Es handelt sich um eine der größten Burgen am Niederrhein. Ihre Besitzer, die Herren van den Boetzelaer, konnten im 13. und 14. Jh. mit freiem Eigengut eine unabhängige Herrschaft ausbauen, deren Mittelpunkt die 1265 erstmals erwähnte Burg bildete. Damit gerieten sie jedoch in einen Konflikt mit den Grafen von Kleve, die 1396 eine Mordanklage gegen Graf Rutger III. van den Boetzelaer nutz-

Haus Botzelaer, Appeldorn

Anna Selbdritt, St. Lambertus, Appeldorn

ten, um die Burg zu erobern. Während Rutger verbannt wurde, musste sein Sohn Wessel den Familienbesitz als klevisches Lehen weiterführen. Die historische Substanz stammt im Kern aus der ersten Hälfte des 14. Jh., als eine Burganlage mit unregelmäßiger Ringmauer, Rundtürmen und Palas entstand. Teilweise bereits im 17. und vollends im 19. Jh. erfolgte der Umbau zu einem Schloss. Dabei wurden der Flügel zwischen Haupt- und Vorburg, ein Teil des Palas und der Bergfried abgebrochen. Nach Granatentreffern im Zweiten Weltkrieg konnte nur noch die Vorburg bewohnt werden. 2003 begann eine Wiederherstellung der Burganlage. Ein fehlender Gebäudeteil wurde in moderner Glas-Stahl-Konstruktion ergänzt. Der Palas dient jetzt als Hotel.

In Appeldorn steht die große Pfarrkirche St. Lambertus, die 1972 unter Einbeziehung älterer Bauteile als sechseckiger Zentralbau nach Plänen von Bernhard Kösters und Klaus Balke neu errichtet wurde. Aus der alten Kirche sind die Reste eines Antwerpener Schnitzaltares und spätgotische Holzskulpturen vom Niederrhein übernommen worden.

3 *Marienbaum*

Der Gründungslegende der Marienwallfahrt zufolge hat ein gelähmter Schafhirte um das Jahr 1430 im Traum eine Eiche gesehen, dessen Stamm als Treppe ausgeformt war. Oben im Astwerk erblickte er eine Muttergottesstatue. Eine Stimme trug ihm auf, den Baum zu suchen, um die Statue zu verehren. Als er dies tat, wurde er geheilt. Nachdem sich die Madonnenfigur nicht in die Pfarrkirche des Nachbarortes Vynen überführen ließ, regte der Xantener Kanoniker Jacobus van der Craenleyde den Bau eines Gotteshauses am Ort an. Mit Unterstützung von Herzog Adolf I. von Kleve und dessen Gemahlin Maria von Burgund wurde die Kirche 1438 ausgeführt. In jenem Jahr war eine Tochter des Herzogpaares, Agnes, an den Kronprinzen von Navarra verheiratet worden. Begleitet wurde Agnes von ihrem Bruder, dem späteren Herzog Johann I., der die Reise für einen Besuch in Santiago de Compostela nutzte. Offenbar förderten Adolf und Maria den Bau der Wallfahrtskapelle als Bitte für das Wohlergehen der Tochter, deren Ehe jedoch keineswegs glücklich verlief, und für die gesunde Heimkehr des Sohnes. Zwanzig Jahre später brach Johann I. 1450 zu einer Pilgerfahrt nach Jerusalem und Rom auf, woraufhin er und seine Mutter erneut zwei Klöster im Herzogtum stifteten, zum einen das Dominikanerkloster in Kalkar, zum anderen ein Doppelkloster des Birgittenordens in Marienbaum. Dass die Wahl auf den Birgittenorden fiel, ist wohl dadurch zu erklären, dass die Ordensgründerin Birgitta von Schweden ebenso wie Herzog Johann die drei großen Pilgerziele Santiago de Compostela, Rom und Jerusalem besucht hatte.

Das Birgittenkloster „Beatae Mariae ad arborem" (der seligen Maria zum Baum) wurde 1460 bezogen. Das Männerkloster lag auf der Südseite der zur Klosterkirche erweiterten Wallfahrtska-

Wallfahrtskirche Marienbaum

Reliquienschrank, Klosterarbeit, Marienbaum

pelle, das Frauenkloster nördlich. Außerhalb des Klosterbereichs wurde unmittelbar an der linksrheinischen Handels- und Pilgerstraße eine Kapelle errichtet, in der die Marienstatue während der Wallfahrtszeit zur Verehrung aufgestellt werden konnte.

Die heutige Kirche besteht aus drei Bauteilen. Die erste Wallfahrtskirche von 1438 bildet den Chor. An ihn schließt sich ein Saalbau mit Emporen an, der 1712–14 dank einer finanziellen Förderung durch den preußischen König Friedrich I. entstand. Ein hoher neugotischer Kirchturm wurde 1898–1900 im Westen an das Schiff angefügt. Zu den bemerkenswertesten Teilen der Ausstattung gehört der Hauptaltar, ein in drei Geschossen aufragendes Werk der Spätrenaissance. Das Altarblatt zeigt eine Anbetung der Heiligen Drei Könige, die um 1515 von dem Kölner Künstler Barthel Bruyn d. Ä. oder seiner Werkstatt gemalt wurde. Links steht der Marienaltar, der das Gnadenbild, eine spätgotische, noch Merkmale des Weichen Stils aufweisende Sandsteinskulptur, enthält.

Südlich der Kirche kann im Pfarrhaus ein kleines Museum zur Geschichte der Wallfahrt nach Marienbaum besucht werden.

4 Mörmter

Nach Verlassen der Bundesstraße und Überqueren der stillgelegten Bahntrasse Xanten-Kleve kündigt ein Ortsschild Mörmter an. Doch es dauert noch einige Zeit, bis wir im Schatten eines mächtigen Naturdenkmals zu zwei Wohnhäusern kommen, von denen eines ein alter Hof ist. Versteckt zwischen Bäumen und

Bauernhaus in Mörmter

von einem Wassergraben eingefasst erhebt sich etwas abseits ein wehrhaft wirkender gotischer Kirchenbau. Mörmter ist eine Ortschaft, bei der sich noch der für den Niederrhein einst typische Streusiedlungscharakter erhalten hat. Anders als beim Haufen- oder Straßendorf, wo die bewirtschafteten Flächen meist dorfaus-

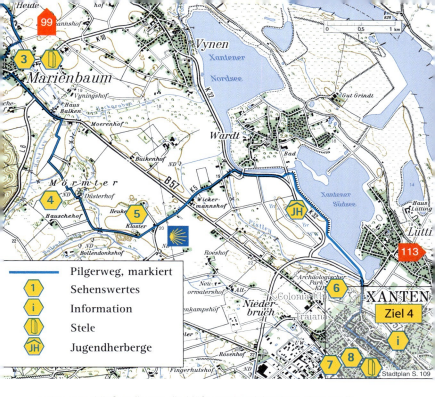

wärts anschließen, liegen die Höfe vereinzelt inmitten der von ihnen bewirtschafteten Felder. Die Kirche wurde folglich einem der Einzelhöfe zugeordnet. In der zweiten Hälfte des 20. Jh. haben die meisten Orte ein Zentrum dort entwickelt, wo Kirche und Schule bereits einen gemeinsamen Mittelpunkt vorgaben. Die reformierte Gemeinde der Bauernschaft Mörmter erbaute ihre Kirche 1655 und damit 100 Jahre, bevor die evangelische Gemeinde in Xanten ein eigenes Gotteshaus errichtete.

5 Kloster Mörmter

Das Franziskanerkloster Mörmter wurde am 23. November 1922 geweiht, nachdem sich bereits vor dem Ersten Weltkrieg ein Kirchenbauverein gegründet hatte, um ein Gotteshaus für die Dörfer Willich, Ursel, Mörmter, Düsterfeld und Regel zu errichten. Drei Bauernfamilien aus Mörmter boten das Bauland an. Bis zum Zweiten Weltkrieg bestand der Franziskanerkonvent zumeist aus drei Patres und vier Brüdern. 1944 erfolgte eine vorübergehende Auflösung des Klosters. Während der Kämpfe im Frühjahr 1945

Kloster Mörmter

richtete die Wehrmacht einen Verbandplatz ein. 80 ihren Verwundungen erlegene Soldaten wurden bei dem Kloster bestattet. Im April 1945 kehrten die Franziskaner zurück. Zudem nutzte das Deutsche Rote Kreuz das Gebäude als Erholungsheim für Kriegsheimkehrer. Seit 1977 wird das Kloster von Franziskanern der südbrasilianischen Ordensprovinz bewohnt und dient als Ruhesitz für ältere Ordensangehörige. Die Franziskaner von Obermörmter sind in die Seelsorge des Pfarrverbandes Sonsbeck-Xanten eingebunden.

6 *Archäologischer Park Xanten*

Die antike Colonia Ulpia Traiana, wenige 100 m nördlich der Altstadt von Xanten gelegen, war nach der Provinzhauptstadt Köln die größte Stadt der römischen Provinz Niedergermanien. Die Stadt hatte einen Vorgänger, eine während des 1. Jh. n. Chr. bestehende Siedlung, die möglicherweise Stammeshauptort der Cugerner war und während des Bataveraufstandes im Jahr 70 zumindest teilweise zerstört wurde. An ihrer Stelle entstand um 98/99 die Colonia Ulpia Traiana als planmäßig auf einer Fläche von 73 ha angelegte Stadt. Für den Standort war die Lage an einem als Hafenbecken genutzten Altrheinarm, dem Pistley-Bogen, entscheidend. Ein rechtwinkliger Straßengrundriss teilte die Stadt in 40 meist quadratische Blöcke, in die das Forum, mehrere Tempel, Bäder, ein Amphitheater, eine Herberge, Stadthäuser und Werkstätten eingeordnet waren. Die Wasserversorgung erfolgte über eine 8 km lange Wasserleitung aus einem südwestlich gelegenen Moränengebiet. Eine 3,4 km lange Mauer umschloss das Gelände der Colonia. Zentrale Bedeutung kam dem Amphitheater zu, das in der Südostecke zunächst in Holz errichtet war und Ende des 2. Jh. mit 10.000 Sitzplätzen in Stein neu gebaut wurde. Nach Plünderungen durch Germanen in der zweiten Hälfte des 3. Jh. wurde die Stadt wieder hergestellt, wobei sich die überbaute Fläche auf 16 ha verringerte. Das Ende der römischen Anwesenheit am Niederrhein bedeutete die Aufgabe der Colonia. Auf einem südlich angrenzenden Gräberfeld entstand um die Verehrungsstätte von Märtyrern eine neue Stadt. Die Fläche der Colonia Ulpia Traiana blieb hingegen weitgehend unbebaut. Als einzige ungestörte römische Großstadt in den nordwestlichen Provinzen des Reiches ist sie ein archäologisches Bodendenkmal von europäischem Rang.

Römerfest Xanten

Der Landschaftsverband Rheinland eröffnete 1977 auf dem Gelände den Archäologischen Park Xanten, in dem Originalbefunde, Rekonstruktionen und mit Hecken angedeutete Grundrisse römisches Stadtleben sichtbar machen.

7 *Xanten*

Ein auf das Jahr 843 datierter Brief nennt den Ort „Sanctos super Rhenum" (Xanten oberhalb des Rheines). Der Name Xanten kommt von „Sanctos" (die Heiligen) und muss in Verbindung gebracht werden mit der Erhebung von Gebeinen römischer Märtyrer, die um 590 von dem fränkischen Bischof und Chronisten Gregor von Tours erstmals erwähnt wurde (→ S. 106). Eine Aufnahme der Siedlungstätigkeit auf dem Areal der heutigen Altstadt ist etwa zwei bis drei Generationen nach dem Ende der

Xanten von Osten

Hl. Viktor am Stiftsgebäude, Xanten

Die Xantener Heiligen

Um 590 berichtet Gregor von Tours von der Auffindung der Gebeine des Märtyrers Mallosus und erwähnt am Rande, dass an gleicher Stelle der Märtyrer Viktor begraben liege. Die bei Gregor angegebene Lokalität „apud Bertunensium oppidum" kann als Xanten identifiziert werden. Doch erst im 9. Jh. ist eine klerikale Verehrung des hl. Viktor greifbar. Um das Jahr 1000 rechnete die „Passio Gereonis" den hl. Viktor zu den Märtyrern der thebäischen Legion. Durch eine Stilisierung der Kaiserin Helena als Gründerin der thebäischen Kultstätten im Rheinland erlangte das Xantener Stift innerhalb des Kölner Erzstiftes einen hervorgehobenen Rang. Seit dem Hochmittelalter stand der 1129–50 angefertigte Viktorschrein im Zentrum der Verehrung. Er wurde bei den großen Viktortrachten durch die Stadt getragen. Über die Prozession des Jahres 1464 berichtet Stiftsdechant Heymerick, man sähe überall Freude, Klatschen, Weinen vor Frömmigkeit, Staunen, Rufen und begeistertes Preisen. Heymerick hatte zuvor die dem Stift unterstellten Pfarreien aufgefordert, sich mit ihren Reliquien und Fahnen an der Prozession zu beteiligen. Aus den benachbarten Städten gingen Schützen in einheitlicher Kleidung mit. Im weltlichen Teil des Festes unterhielten Musikanten, Schauspieler und Possenreißer die Menge.

Ein weiterer Heiliger der Stadt war Norbert von Xanten, der 1084 zur Welt kam und in jungen Jahren Kanoniker in Xanten wurde. Das Erlebnis eines Gewitters bewog ihn dazu, seine Stiftspfründe aufzugeben und sein Vermögen den Armen zu schenken. 1120 gründete er in Prémontré (Nordfrankreich) eine Gemeinschaft reformierter Chorherren (Stiftsgeistlicher), die nach ihrem Gründungsort den Namen Prämonstratenser führte. 1126 wurde Norbert zum Erzbischof von Magdeburg geweiht und setzte dort wichtige Reformen in der Bistumsverwaltung und Pfarrseelsorge durch. Nach seinem Tod 1136 wurde er in dem von ihm erneuerten Liebfrauenstift in Magdeburg beigesetzt. Seit der 1582 vollzogenen Heiligsprechung werden seine Reliquien im Prämonstratenserstift Strahov unweit des Prager Hradcin verehrt.

Hl. Norbert, Andachtsbildchen mit Darstellung des 18. Jh.

römischen Anwesenheit am Niederrhein feststellbar. Denn um die Wende vom 5. zum 6. Jh. entsteht auf dem südlichen Gräberfeld der Colonia Ulpia Traiana ein Memorialbau, der zur Keimzelle der späteren Stiftskirche werden sollte. Das Xantener Stift wird indessen erst 865/66 in einer Güterumschreibung des Kölner Erzbischofs Gunthar erwähnt. Der archäologische wie der kirchenrechtliche Kontext deuten auf eine Entstehung des Stiftes nach der Mitte des 8. Jh. hin. Angrenzend an die Stiftsimmunität ließ Erzbischof Brun von Köln um 960 eine Bischofsburg errichten, um Xanten zum nördlichsten Stützpunkt des Kölner Erzstiftes auszubauen. 1096 wird die Burg Schauplatz einer Bluttat: Bewaffnete Pilger, die am Ersten Kreuzzug teilnahmen, erschlugen in ihren Mauern 60 Juden, die sich unter den Schutz des Erzbischofs begeben hatten. 1122 sind erstmals die Grafen von Kleve als Vögte der Xantener Burg genannt. Ihr Streit mit den Kölner Erzbischöfen um die Stadtherrschaft prägte das gesamte Hoch- und Spätmittelalter. Die Erzbischöfe versuchten ihre Position zu stärken, indem sie der Marktsiedlung 1228 das Stadtrecht und neun Jahre später ein Wochenmarktprivileg verliehen. Gegen Kleve war der Ausbau der Stadtmauer am Ende des 14. Jh. mit vier großen Doppeltoranlagen gerichtet, darunter das Klever Tor, durch das der Pilgerweg in die Stadt hineinführt. Dennoch gelang es Herzog Adolf I. von Kleve 1444, Xanten einzunehmen.

Klever Tor, Xanten

8 Der Dom zu Xanten

Die Stiftskirche St. Viktor ist heute weitgehend ein gotischer Bau. Einzig der Westbau mit seinen mächtigen Türmen stammt noch aus der Romanik. In seinem Inneren enthält er eine dreischiffige Chorhalle, die maasländischen Vorbildern aus Lüttich und Maastricht folgt. Mit seiner Errichtung zwischen 1180/90 und 1213 gelangte ein hochromanischer Kirchenbau zum Abschluss. Doch bereits 1263 wurde unter dem Eindruck des Dombaus in Köln eine neue Kirche begonnen. Die Bezugnahme auf den Dombau lässt sich auch daran erkennen, dass der Xantener Stiftspropst

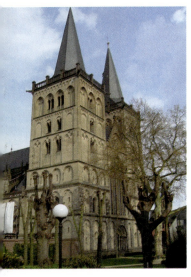

Xantener Dom, Westbau

Friedrich von Hochstaden, der den Neubau initiierte, ein Bruder jenes Kölner Erzbischofs Konrad war, der 15 Jahre zuvor den Grundstein des Kölner Domes gelegt hatte. Dennoch weicht der Xantener Bauplan in entscheidenden Punkten vom klassischen Kathedralschema, wie es der Kölner Dom repräsentiert, ab. Chorumgang, Querhaus und Triforium fehlen, während die weit proportionierten Arkaden eine größere Durchdringung von Mittel- und Seitenschiffen erkennen lassen und somit ein Bauprinzip der moderneren Hallenkirche vorwegnehmen.

Mit zahlreichen Altären, die an Pfeilern zwischen den inneren und den äußeren Seitenschiffen Aufstellung gefunden haben, einem Lettner, Chorschranken, dem Chorgestühl, Tapisserien und Resten der Verglasung besitzt St. Viktor eine außergewöhnlich reiche Ausstattung. Zwei der kunstvollsten Altäre stehen zwischen den südlichen Seitenschiffen: der Märtyreraltar, eine Antwerpener Arbeit von 1525, und der Marienaltar, den Heinrich Douvermann in der Nachfolge seines Sieben-Schmerzen-Altars in Kalkar schnitzte. Den Hochaltar hat Wilhelm von Roermond zwischen 1529 und 1533 in Köln geschaffen. Er legte ihn als Reliquienaltar an, um den Viktorschrein und mehrere Reliquienbüsten aufzunehmen. Die Altarflügel stammen von Barthel Bruyn d. Ä. Sie beziehen die Viktor- und die Helenalegende (Außenseite) auf die Passion und die Auferstehung Christi (Innenseite).

Nach dem Zweiten Weltkrieg erfolgten Bemühungen, die Märtyrerthematik in modernen Gestaltungsformen zu konkretisieren. Dem dienen das grandiose, wenngleich wegen seiner Farbintensität nicht unumstrittene Westfenster, das 1961/62 von Anton Wendling geschaffen wurde, und vor allem die Märtyrergedächtnisstätte von 1966 in der Krypta. Dort wurde nach Entwürfen von Trude Cornelius und Heinrich Bücker eine Verbindung zwischen den römischen Grabfunden und einem Gedenken an die Opfer des Nationalsozialismus geschaffen.

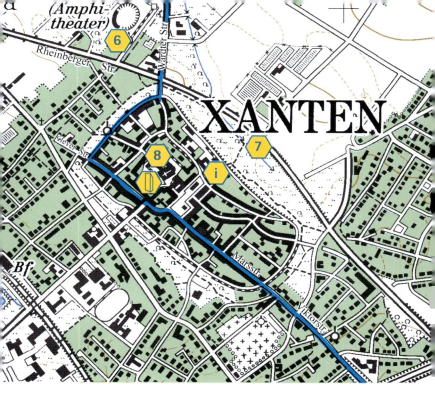

Auf einem Rundgang gibt es eindeutige Jakobusdarstellungen verschiedener Epochen zu entdecken: Der gotische Apostelzyklus von 1270/80 an den Säulen des Hochchors zeigt Jakobus als Träger der Kirche **(A)**. Als Pilger mit Stab und Kalebasse (um 1450) steht er im Apostelkranz der Leuchterkrone von 1905 **(B)**. Um 1524 malte der Weseler Jan Baegert die Sippendarstellung für den Annenaltar, die heute als Seitenflügel den Martinsaltar einfasst **(C)**. Links ist Jakobus – schon mit Pilgerhut und Gürteltasche – mit seinem Bruder Johannes als Kind der Maria Salome wiedergegeben. Auf dem Antwerpener Barockaltar von 1659, der den Heiligen Drei Königen und den Aposteln Paulus und Jakobus geweiht ist, schmücken als Pilgerzeichen die Muschel und die gekreuzten Pilgerstäbe seine Pelerine **(D)**.

Domgrundriss Xanten

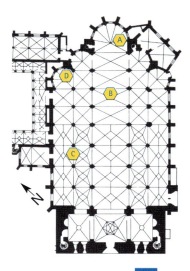

XANTEN → RHEINBERG

ETAPPE 5

21 km

Die Etappe beginnt diesmal mit einem Aufstieg auf die 50 m hohe Endmoräne, auf der die Römer ihr erstes Militärlager gegenüber der Lippemündung anlegten. Durch Alleen und den tief eingeschnittenen Hohlweg der alten Römerstraße führt der Weg wieder in die Niederung und durch mehrere Dörfer bis nahe an den Rhein. Hier trifft er auf den Weg, der von Wesel kommt. Das letzte gemeinsame Stück vor Rheinberg führt am Altrhein entlang. Die Fläche zwischen ihm und dem heutigen Fluss ist Teil des großen Vogelschutzgebiets „Unterer Niederrhein", das von 200.000 arktischen Gänsen und vielen weiteren Vogelarten als Rast- und Überwinterungsgebiet aufgesucht wird.

Pilgerspuren ...

Im römischen Amphitheater von **Birten** soll der Legende nach der hl. Viktor das Martyrium erlitten haben. Aufgrund dessen wurde 1769 in der Nachbarschaft eine dem hl. Viktor geweihte Kirche gegründet.

Neben Rutten, Lüttich und der Abtei Burtscheid bei Aachen gehört **Borth** zu den Zentren einer Verehrung des hl. Evermarus, welcher der Legende nach auf der Rückkehr von einer Pilgerfahrt nach Santiago de Compostela erschlagen wurde. Seit 1784 wird in der Pfarrkirche eine Evermarus-Reliquie verehrt. Und seit einer 1977–80 erfolgten Erweiterung ist die moderne Ausstattung der Kirche auf den hl. Evermarus und die Pilgerfahrt nach Santiago bezogen.

In **Rheinberg** fanden die Pilger in einem Gasthaus an der Orsoyer Straße Unterkunft. Dessen Belege reichen in das 14. Jh. zurück: 1386 werden ein Spitalgeistlicher, 1400 das Hospital selber und 1427 ein Altar der Gasthauskirche genannt. Die Verwaltung des Gasthauses lag in den Händen von zwei Hospitalmeistern, die vom Rat der Stadt gewählt wurden. Vom 16. bis zum 19. Jh. diente das Hospital hauptsächlich zur Aufnahme von Bedürftigen aus der Stadt und nicht mehr den Pilgern. Die Tradition des Gasthauses lebte später in der 1861 an der Orsoyer Straße gegründeten Krankenanstalt St. Nikolaus fort. Auch das im Jahre

Links:
Fossa Sanctae Mariae, kol. Kupferstich von W. J. Blaeu (1643)

Jakobsmuschel auf Tabernakel, St. Evermarus, Borth

1685 gegründete Kapuzinerkloster hat Reisende aufgenommen, denn die Seelsorge für Fremde, Kranke und Militärangehörige war ein Tätigkeitsschwerpunkt der Rheinberger Kapuziner.

21 km Wegbeschreibung und Hinweise

Wegstrecken zu Fuß und per Rad sind weitgehend identisch.
Schwierigkeitsgrad: leicht, auf befestigten Straßen und Wegen
Ausgangspunkt Markt, Xanten: Über Marsstraße, Viktorstraße, Fürstenberg bergan, vor Haus Fürstenberg halblinks, vorbei am Schlösschen und der **Fürstenbergkapelle (1)**. Am Ende links durch die Allee Richtung **Vetera I (2)**, links Römerstraße durch den Hohlweg, am Amphitheater vorbei durch **Birten (3)** und weiter Winnenthaler Straße an **Burg Winnenthal (4)** vorbei. Winnenthaler Kanal **(5)** überqueren, weiter Jägersruh, B 57 queren, Eppinghoven Straße nach **Menzelen (6)**, rechts Ringstraße (links über Gindericher Weg Abstecher nach **Ginderich** (→ S. 134ff.)) zur Kirche, links Borther Weg, am Ende links und dann rechts die Altrheinsenke queren, vorbei am **Salzbergwerk (7)** rechts (Radfahrer bis zur Bundesstraße, dort rechts und links Borther Straße), mit Feldweg am Hagelkreuz vorbei, B 58 queren und über Borther Straße nach **Borth (8, 9)**. Ca. 100 m hinter der Kirche rechts über Op de Molensteg

Historischer Hohlweg am Fürstenberg, Xanten

und Mittelweg, am Ende links mit Dammstraße, Borther Straße queren bis zum Rheindeich, hier rechts und zusammen mit der Route von Wesel auf dem Deich über Binnefeldweg (alternativ mit Borther und Schlossstraße durch **Ossenberg (10)**), die Werksbahnstraße **(11)**, Xantener Straße und Rheinstraße zum Markt von Rheinberg **(12)**.

SEHENSWERTES ENTLANG DER STRECKE

1 Heilig-Kreuz-Kapelle auf dem Fürstenberg

Kapelle auf dem Fürstenberg

Die Heilig-Kreuz-Kapelle auf dem Fürstenberg hatte zahlreiche Vorgänger. Ein erstes dem hl. Martin geweihtes Gotteshaus wurde zwischen 1076 und 1079 durch den Kölner Erzbischof Hidulfus geweiht. Sein Nachfolger übergab die Kapelle im Jahre 1116 der Benediktinerabtei Siegburg, die auf dem Fürstenberg eine ihrer Propsteien gründete. 1144 scheint indes ein Doppelkloster bestanden zu haben. Als die Zisterzienserinnen aus Horst bei Deventer 1253 ihre Klostergebäude durch einen Brand verloren, erwarben sie von der Abtei Siegburg das Kloster auf dem Fürstenberg. Verwüstungen bewogen die Schwestern, nach Xanten überzusiedeln. Am alten Klosterstandort ließ Äbtissin M. F. B. von Draek 1672 eine Heilig-Kreuz-Kapelle errichten, die Ziel eines aus Xanten hinaufführenden Kreuzweges wurde. Der Ziegelbau zeigt über dem Mittelfenster das Wappen der Äbtissin.

2 Vetera I

Aus einer Angabe in den „Historien" des Geschichtsschreibers Tacitus ist der Name des Legionslagers bekannt: „castra, quibus vetera nomen est" (ein Lager, dessen Name Vetera ist). Im Jahre 13/12 v. Chr. wurde durch den Feldherrn Drusus das erste von mehreren Militärlagern errichtet. Die Standortwahl war durch die damals gegenüberliegende Flussmündung der Lippe begründet. Auf dem schiffbaren Fluss konnten Versorgungsgüter für Legionen, die in das rechtsrheinische Germanien vorstießen, befördert werden. Wiederholt sind denn auch von Vetera aus Armeen nach Osten aufgebrochen, die u. a. von Angehörigen des julisch-claudischen Kaiserhauses befehligt wurden: von Tiberius, dem Bruder, und von Germanicus, dem Sohn des Drusus. Vermutlich

Amphitheater Birten

waren ein oder zwei der Legionen, die in der sog. Schlacht im Teuteburger Wald vernichtet wurden, in Vetera stationiert. Das jüngste der Lager, entstanden um 60 n. Chr., ist heute am besten untersucht: Es handelte sich um ein 621 mal 902 m großes Geviert, das von einer Mauer mit Doppelgraben und vier Lagertoren umgeben war. Während des Bataveraufstandes 69/70 n. Chr. wurde das Legionslager zerstört. Mit Ausnahme des Bereichs um die Birtener Kirche ist das Gelände von Vetera I seit 2.000 Jahren nicht überbaut worden. Keine der gesetzlichen landschaftlichen und denkmalpflegerischen Schutzkategorien konnte erfolgreich die Zerstörungen durch Raubgrabungen, Erosion oder intensive landwirtschaftliche Nutzung verhindern. Nun sollen die Kernflächen in Dauergrünland umgewandelt werden. Der nächste Schritt wäre die Visualisierung der Strukturen des neronischen Lagers durch Gehölzpflanzungen. Von einem Aussichtsturm sollen die Besucher dann die topografischen Besonderheiten des Geländes studieren können, die die Römer bei ihrer Standortwahl beeinflusst haben.

3 Birten

Südöstlich grenzte an Vetera I ein ziviler Lagervorort an. Zu dieser Siedlung gehörte ein Amphitheater, dessen bis zu 8 m hohe Wälle sich erhalten haben. Das 98 m lange Oval konnte bis zu

Hagelkreuze

Hagelkreuz bei Xanten-Wardt

Vom Ortsrand Birten führt der Feldweg Maikammer bergauf zu einer Wegkreuzung. Früher hieß er Hagelkreuzweg, weil um Christi Himmelfahrt hier entlang die Bittprozessionen zum Hagelkreuz führten, bei der die Gläubigen ihr Werk singend und betend unter den Schutz Gottes und der Heiligen stellten. Wo die Menschen vom Ertrag der Feldfrüchte lebten, konnte ein einziges Unwetter den Lohn eines ganzen Jahres zunichtemachen. Die Chronik des Nachbarortes Büderich, wo es seit der Reformationszeit ein Hagelkreuz gab, berichtet von einem Unwetter 1787, bei dem Hagelkörner so groß wie Taubeneier die reife Ernte vernichteten und große Schäden an Gebäuden verursachten.

Während der NS-Zeit, als religiöse Umzüge verboten waren, verschwanden viele Kreuze. Doch in den 1950er-Jahren erneuerten oder restaurierten die meisten Gemeinden ihre Hagelkreuze. Die Birtener ersetzten 1960 ihr Holzkreuz bei der Maikammer durch ein Steinkreuz, auf das sie die Bitte übertragen: „Vor Blitz und Ungewitter uns o Herr bewahr / Gedeih und Segen gib den Früchten immerdar."

Für das seit 1618 bestehende Hagelkreuz bei Xanten-Wardt wurde eine Halbinsel in der Xantener Südsee vom Kiesabbau ausgespart. In den Nachbarorten Borth und Büderich heißt der Weg zum Feldkreuz heute noch Hagelkreuzweg. Der Spruch am Büdericher Kreuz „Vor gewaltigen Wettern und Wogen bewahre uns, oh Herr" schließt die Überschwemmungsgefahr durch den nahen Rhein in die Fürbitte ein. Die Bittprozessionen an drei Tagen vor Christi Himmelfahrt finden meist nicht mehr früh morgens, sondern am späten Nachmittag statt, wenn alle wieder zu Hause sind.

Hl. Viktor, Birten

10.000 Menschen aufnehmen. Die Bemerkung bei Gregor von Tours, die Auffindung des hl. Mallosus durch Bischof Everigisil sei „apud Bertunensium oppidum" (bei der Stadt Bertunensium) geschehen, führte zu der Auffassung, mit Bertunensium sei Birten gemeint. Aufgrund einer Viktorlegende, die das Martyrium des Heiligen in dem Amphitheater stattfinden lässt, blieb die Arena im Mittelalter unangetastet. Als Birten im 18. Jh. nach Verlagerungen des Rheinbettes näher an das Amphitheater verlegt wurde, entstand dort eine dem hl. Viktor geweihte Kirche. 1902–05 wurde das Gotteshaus durch einen großen neugotischen Backsteinbau nach Plänen des Düsseldorfer

Architekten Caspar Clemens Pickel ersetzt. Besondere Qualität besitzen die Holzskulpturen der beiden Franziskanerheiligen Bernhardin von Siena und Bonaventura, die um 1475/80 in der Werkstatt von Arnt Beeldesnider in Kalkar entstanden sind.

4 Burg Winnenthal

Die Wasserburg Winnenthal befand sich seit ihrer ersten Erwähnung im 14. Jh. im Besitz der Grafen von Kleve. Durch ihre Lage an der umstrittenen Grenze zwischen Kleve und Kurköln kam ihr strategische Bedeutung zu.

Burg Winnenthal

1440, unmittelbar nach seiner Rückkehr aus Santiago de Compostela, wurde sie von Johann, dem ältesten Sohn und Nachfolger Herzog Adolfs I., bezogen und schlossartig ausgebaut. Von dieser Baumaßnahme stammen die runden Backsteintürme der Vorburg. Unter der Familie von Wilich, klevischen Hofbeamten, erfolgte um 1600 eine barocke Umgestaltung. Der Hauptsaal erhielt eine üppige Stuckdecke, in der allegorische Gemälde eingefasst waren. Nach einem Teilabbruch 1840 und Zerstörungen im Zweiten Weltkrieg hatte sich neben der Vorburg nur der Nordwestflügel des Haupttraktes erhalten. Ende der 1980er-Jahre wurde die Burg wieder aufgebaut und als Altenpflegeheim eingerichtet.

5 Die Klevische Landwehr

Am Winnenthaler Kanal quert der Weg eine Landwehr. Dieses Hindernis aus dicht bepflanztem Wall und Wasser führendem Graben ist Teil eines Systems der Landesverteidigung. Es entstand um die Wende des 14. Jh. unter dem Grafen und späteren Herzog Adolf II. (1394–1448). Über ihn schreibt der Chronist: „Wie sorgfältig war dieser ehrenreiche Mann zu seinen Lebzeiten auf Festigung, Verstärkung, Ausbau seiner Länder, Schlösser, Städte und Festungen bedacht. Was hat er nicht wunders an Land-

Landwehr am Winnenthaler Kanal

wehren graben, Schlagbäume hängen und Hecken pflanzen lassen, hier gegen die geldrischen, da gegen die kölnischen, dort gegen die münstrischen; und dies alles um des Friedens und der Liebe seiner armen getreuen Untertanen willen."

Kirche und Taufbecken, St. Walburga, Menzelen

6 Menzelen

Menzelen wird um 1100 als Lehen der Grafen von Geldern erwähnt. Die Herren von Alpen übertrugen 1388 das Pfarrdorf an das Erzstift Köln. Das Walburgapatrozinium der Pfarrkirche weist noch in das späte 11. Jh., als Erzbischof Anno II. von Köln in Eichstätt Reliquien der Bonifatiusgefährtin für Walberberg erwerben konnte. Die heutige Kirche liegt reizvoll in einem Kirchhof, der von dem Dorf durch eine Häuserzeile mit Torbogen getrennt ist. Die beiden unteren Geschosse des Kirchturmes und das Mittelschiff stammen aus dem 14. und 15. Jh. Nach Plänen von Heinrich Wiethase erfolgte 1890/91 eine Erweiterung nach Osten, indem ein weiteres Langhausjoch sowie ein Chor mit Sakristei angefügt wurden. Der neugotische Fensterzyklus im Chor zeigt die Verklärung

Xanten → Rheinberg   Etappe 5

Christi auf dem Berg Tabor, bei der auch Jakobus d. Ä. anwesend war. Unter der Westempore befindet sich ein spätromanisches Taufbecken aus Namurer Blaustein, dessen Bildprogramm – kämpfende Krieger, Löwe, Drache und Lebensbaum – die Abwehr des Bösen durch das Gute zum Thema haben.

7 Das Salz in der Suppe

Als Ende des 19. Jh. in dieser Gegend nach Kohle gebohrt wurde, entdeckte man unter den grünen Wiesen von Borth ein immenses Steinsalzlager. Heute ist Borth das größte Steinsalzbergwerk Europas, wahrscheinlich sogar der Welt.

Das 200 m mächtige Steinsalzlager reicht bis an die Linie Kalkar-Rheinberg-Hünxe-Bocholt, seine Begrenzung nach Norden ist nicht genau bekannt. Das Salz lagerte sich vor 230 Mio. Jahren ab, als das Meerwasser verdampfte. Über den Stahlbetonförderturm der European Salt Company (ESCO) in Borth fahren die „weißen Bergleute" knapp 900 m unter die Erde. Dort lagert im unteren Teil der Schichten das Salz von besonderer Reinheit. Bei einer jährlichen Abbauleistung von 2 Mio. t reicht die Lagerstätte noch gute 40 Jahre. Abgebaut wird im Pfeiler-Kammer-Bau, bei dem die Salzblöcke so herausgesprengt werden, dass in den gesprengten Hallen immer Säulen als Träger für das Deckgestein stehen bleiben. Über Tage wird das „weiße Gold" gemahlen, gereinigt und auf Loren über ein Industriegleis zum Rhein gebracht.

Steinsalzbergwerk Borth

8 Die Rheinschau von Borth

Mit dem Erbenbuch der Deichschau Borth-Wallach ist eine Landschaftsaufnahme erhalten, die uns heute ein recht genaues Bild der frühneuzeitlichen Kulturlandschaft vermittelt. Der Ausschnitt zeigt die Deichschau von 1580. Jedes Stück Land, das trocken genug war, wurde beackert, d. h. 5/6 der aufgenommenen Fläche. Das Grünland beschränkte sich auf die grundwassernahen

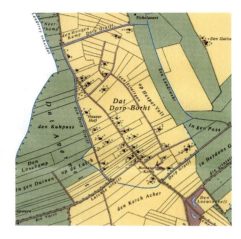

Umzeichnung der Rheinschau von Borth, J. Bücker (1703)

ehemaligen Stromrinnen. 40 % der Gemeindefläche war geistlicher Besitz, 29,2 % gehörten dem Adel und 23,3 % Bürgern und Bauern. Die Bezeichnung Landwehr für die Entwässerungsgräben lässt darauf schließen, dass diese zugleich landesherrliche Verteidigungslinien waren. Borth musste, da es außerhalb der klevischen Landwehr lag, durch eigene Gräben geschützt werden. Sie sind als doppelte Wasserrinnen erkennbar. Das Parzellengefüge lehnt sich an die naturräumlichen Verhältnisse an. Bei den Rinnen, die nicht Landwehren sind, endet jede Parzelle mit einer Schmalseite am Wasser. Dadurch wurde jeder seiner Grundstücksgröße entsprechend am Unterhalt des Gewässers beteiligt und bewirtschaftete sowohl grundwassernahe wie -ferne Böden.

Unser Pilgerweg führt über die „gemeene Heere-Strait". Der Reisende musste beim Betreten und Verlassen des Ortes die Schlagbäume auf der Höhe passieren, wo ein Wehrgraben das Dorf gegen Übertritte schützte.

Kirchenfenster mit hl. Jakobus, Borth

9 Borth

Seit dem 16. Jh. ist in Borth das Patrozinium des heiligen Santiagopilgers Evermarus belegt. Bereits für das 12. Jh. lässt sich hier eine Kirche archäologisch nachweisen. Die heutige Kirche ist in ihrem ältesten Teil eine zweischiffige Stufenhalle mit Westturm. Eine Bauinschrift gibt das Jahr 1452 an. 1977–80 wurde an der Südseite ein großer Erweiterungsbau angefügt. Die seitdem entstandene Ausstattung sowohl der alten wie auch der neuen Bauteile nimmt auf die Evermarusverehrung in Borth und die damit

verbundene Pilgerfahrt nach Santiago de Compostela Bezug. Die 1784 hierher überführte Evermarusreliquie erhielt eine neue, künstlerisch gestaltete Nische in der Altarmensa der alten Kirche. Links daneben ziert eine große Jakobsmuschel den Tabernakel. Das neue Westfenster der alten Kirche stellt Evermarus dar mit der Inschrift: „Wir sind nur Gast auf Erden und wandern ohne Ruh mit mancherlei Beschwerden der ewigen Heimat zu." Zwei weitere Fenster in der neuen Kirche zeigen die Kathedrale von Santiago und den hl. Jakobus, der auf einer Schriftrolle die Fürbitte „Herr, begleite den Weg ihrer Pilgerschaft" vorträgt.

10 *Schloss Ossenberg*

Schloss Ossenberg

Ossenberg – heute ein Stadtteil von Rheinberg – wird von Schloss Ossenberg beherrscht, das nach 1721 anstelle einer mittelalterlichen Burg kurkölnischer Ministerialen errichtet worden ist. Nach Schäden im Zweiten Weltkrieg wurde das Herrenhaus 1956–58 wieder aufgebaut, wobei Wert auf eine Wiederherstellung des barocken Zustandes gelegt wurde. Der prächtig ausgestaltete Festsaal enthält Deckengemälde mit Darstellungen der vier Erdteile und der vier Jahreszeiten.

Zu der ursprünglichen Anlage gehört die Antoniuskapelle in der Schlossstraße, ein im Kern gotischer Bau, der Mitte des 18. Jh. barockisiert wurde. Nach dem Umbau erstritten sich die reformierten Einwohner von Ossenberg das Recht, dreimal im Jahr Gottesdienst zu feiern. Neben dem Altenberger Dom wird die Antoniuskapelle heute als einzige Kirche im Rheinland ständig von beiden Konfessionen genutzt.

Nachdem jedoch die katholische Gemeinde aus Platzgründen 1952 die Kirche Mariä Himmelfahrt in der Nachbarschaft errichtet hatte und die evangelische Gemeinde Ende der 60er-Jahre in ein eigenes Gemeindehaus umzog, drohte das alte Gotteshaus zu verfallen. Doch 1994 gründeten die Ossenberger in Einvernehmen mit Karen Herzogin von Urach, der Schlossherrin und Eigentümerin, den „Verein zur Erhaltung der Ossenberger Schlosskapelle". Nach Einsatz von vielen Spenden und Arbeitsstunden ist die Kirche seit 2001 wieder ein Schmuckstück.

11 *Fossa Eugeniana*

1626 begannen die Spanier mit dem Bau eines Kanals, der den Rhein mit der Maas verbinden sollte. Nach der spanischen Statthalterin in den Niederlanden Klara Eugenia wurde er „Fossa Eugeniana" genannt. Durch den rund 50 km langen Schiffsweg zwischen Rheinberg im Osten und Venlo an der Maas im Westen wollten sie die Niederländer vom Rheinhandel ausschalten. Die Schiffe sollten direkt auf ihren Hafen Antwerpen hin gelenkt werden. Zugleich war der Kanal als eine militärische Befestigungsanlage gegen die Niederländer gedacht. Drei Jahre nach Beginn mussten die Bauarbeiten eingestellt werden, weil die Stadt Venlo von den Niederländern zurückerobert wurde. Doch die Hinterlassenschaften dieser gewaltigen baulichen Anstrengung sind noch

Fossa Eugeniana bei Ossenberg

heute in der Landschaft zu finden. Eine der zahlreichen Kanalschleusen, mit denen der Niveauunterschiede zwischen Rhein und Maas überwunden werden sollte, liegt bei Rheinberg.

12 *Rheinberg*

Ein Sprichwort behauptete: „Rheinberg ist die Hure des Krieges." Die ehemalige Zoll- und Festungsstadt wurde in den 120 Jahren zwischen 1583 und 1703 nicht weniger als 15-mal von niederländischen, spanischen, französischen, kurkölnischen und brandenburgisch-preußischen Truppen belagert und eingenommen.

Seit dem 11. Jh. war Rheinberg im Besitz der Erzbischöfe von Köln, die den Ort 1233 zur Stadt erhoben, auf einem regelmäßigen Straßengrundriss mit zentralem Platzmarkt erweiterten und mit einer Stadtmauer umgaben. Damit waren die Voraussetzungen für die Einrichtung eines der wichtigsten kurkölnischen Rheinzölle vorhanden. Erzbischof Siegfried von Westerburg ließ ab 1293 eine Burg erbauen, deren Zollturm sich noch bis zu einer Höhe von 7 m erhalten hat. Nachdem das Kölner Erzstift 1444 Xanten an das Herzogtum Kleve verloren hatte, war Rheinberg ihre nördlichste Stadt. 1585 erlaubte Erzbischof Ernst von Wittelsbach der spanischen Regierung, Rheinberg als Festung auszubauen. Er reagierte damit auf die kurz zuvor in Angriff genommenen Festungswerke des Herzogtums Kleve in Wesel und Orsoy. Einen Bedeutungsverlust erlitt die Stadt, als 1668 infolge einer Verlagerung des Rheines der Zoll nach Uerdingen verlegt wurde.

St. Peter, Rheinberg

Xanten → Rheinberg Etappe 5

Die Pfarrkirche St. Peter östlich des Marktes enthält in ihrem Turm und im Mittelschiff noch Bausubstanz einer hochmittelalterlichen Kirche, an die im frühen 15. Jh. ein Umgangschor angebaut wurde. Anschließend wurde das romanische Kirchenschiff zu einer spätgotischen Basilika erweitert. Die spätgotische Ausstattung ist durch einen Bildersturm während der niederländischen Besatzung verloren gegangen. Der heutige Hochaltar entstand 1845 nach dem Entwurf von Ernst Friedrich Zwirner aus der Vereinigung der Reste zweier spätgotischer Retabel.

Jakobus im Hochaltar von St. Peter, Rheinberg

Der hl. Evermarus und Borth

Der hl. Evermarus war ein friesischer Adliger, der um 700 in Rutten bei Tongern (heute Belgien) von Räubern erschlagen wurde. Seine Legende berichtet, er habe sich auf dem Rückweg von Santiago de Compostela befunden. Allerdings ist das Grab des hl. Jakobus erst ca. 120 Jahre nach seinem Tod entdeckt worden.

Der Beginn der Evermarusverehrung liegt in der zweiten Hälfte des 10. Jh., nachdem auf himmlische Mahnung die Gebeine gehoben und nach Saint-Martin in Lüttich überführt wurden, während sich in Rutten ein Priester der Kultförderung annahm. Neben Rutten und Lüttich war auch die Abtei Burtscheid bei Aachen, der die Kapelle in Rutten unterstellt war, ein Kultzentrum.

Erst für das Jahr 1784 ist die Translation einer Evermarusreliquie aus Burtscheid nach Borth belegt. Doch auch vorher könnte schon eine Reliquienübertragung stattgefunden haben, denn das Evermaruspatrozinium in Borth ist bereits im 16. Jh. nachweisbar, während die Kirche selber schon 1388 erwähnt wurde.

Evermarusfenster, Borth

WESEL → RHEINBERG

ETAPPE Z2

Die alte Handelsverbindung von Münster nach Brabant führte über die Hansestadt Wesel und stieß nach dem Rheinübergang auf die Niederrheinstraße. An den hier beschriebenen Zubringer wird ein Pilgerweg des Landschaftsverbands Westfalen-Lippe anschließen.

15,5 km

Pilgerspuren ...

In **Wesel** bestätigte Graf Dietrich VIII. von Kleve dem Bürger Henrik von Lone 1291 die Stiftung eines Hospitals für Arme, Kranke und durchreisende Pilger in einem Haus in der Nähe des späteren Kornmarkts. Der Kölner Erzbischof Siegfried von Westerburg gewährte die Errichtung einer Hospitalkapelle. Nachdem zunächst wahrscheinlich Beginen die Pflege der Insassen übernommen hatten, übertrug Henrik von Lone die Leitung des Hospitals und das Recht zur Besetzung der Priesterstellen dem Johanniterorden. 1310 bezogen Ordensangehörige ein bisher von Beginen bewohntes Gebäude neben dem Hospital und gründeten eine Komturei. Um 1430 erfolgte ein Neubau mit einem zweigeschossigen Remter und einer größeren Kirche, die nun das Patrozinium des Ordensheiligen Johannes des Täufers trug. Im 16. Jh. gehörte die Einrichtung mit acht Priestern zu den größeren Niederlassungen des Ordens. Vom Magistrat wurde die Komturei als reichstes Kloster der Stadt eingestuft. 1806 erfolgte die Aufhebung.

Die 1352 geweihte Mathenakirche in der östlichen Vorstadt von Wesel war Verehrungsstätte des hl. Antonius des Einsiedlers. Auf einen Zustrom von Pilgern lassen die reichen Opfergelder schließen, die sich seit 1375 nachweisen lassen und während des Jahres 1454 die Höhe von 1.493 Mark erreichten. Nach dem Zweiten Weltkrieg wurde auf eine Wiedererrichtung der Kirche verzichtet. Der veränderte Straßengrundriss lässt ihren Standort südlich der Hohe Straße kaum noch erahnen.

Die Jakobusfigur in der Vorhalle der Martinikirche und die Jakobsmuschel auf der Kreuzwegstation, beide geschaffen vom Düsseldorfer Künstler Bert Gerresheim, gehen auf Veranlassung einer heutigen Jakobspilgergruppe zurück.

Links:
Gnadenbild
von Ginderich

Johanniterkomturei am Kornmarkt von Wesel (ca. 1937)

Während der spanischen Besetzung Wesels zwischen 1614 und 1629 begingen die Spanier den Jakobustag als Fest ihres Nationalheiligen besonders festlich mit Umzug und Narrenspiel.

In **Alt-Büderich** sind urkundlich zwei Patrozinien des Apostels Jakobus d. Ä. belegt. 1580 und 1630 wird eine Jakobusvikarie in der Pfarrkirche St. Peter genannt. Zudem führte in einer Gertruden- und Georgenkapelle der Hauptaltar den Apostel als Nebenpatron. Von 1621 an ist die Kapelle als Rathaus genutzt worden. Pilger kamen möglicherweise in einem 1538 erwähnten Gasthaus unter, das den Augustinerinnen des Klosters Gertrudental gehörte.

Ginderich – im Winkel zwischen dem Pilgerweg von Xanten und dem von Wesel nach Rheinberg gelegen – ist der älteste Marienwallfahrtsort am Niederrhein. Bereits eine Urkunde des Kölner Erzbischofs Philipp von Heinsberg aus dem Jahre 1190 lässt Rückschlüsse auf eine Verehrung der Gottesmutter zu. Nachdem die Gindericher Marientrachten im 17. Jh. durch den Kurfürsten von Brandenburg untersagt worden waren, gestattete das Bistum Münster im Jahre 2005 eine Wiederaufnahme der Wallfahrt. Zur Ausstattung der Kirche gehört eine Skulptur des hl. Jakobus d. Ä. aus dem Umkreis des klevischen Bildschnitzers Dries Holthuys.

Jakobusskulptur, St. Mariä Himmelfahrt, Ginderich

Wesel → Rheinberg   Zubringeretappe 2

Wegbeschreibung und Hinweise

15,5 km

Wegstrecken zu Fuß und per Rad sind identisch.
Karten siehe S. 113 und S. 121

Schwierigkeitsgrad: leicht, außerhalb Wesels auf kombinierten Fuß- und Radwegen

Ausgangspunkt Martinikirche, Wesel: Mit der Kirche **(1)** im Rücken bis zum Rathaus, dort links über den Kornmarkt, halbrechts durch Köppeltorstraße zum großen Markt, am Willibrordidom rechts in Rheinstraße, über den Entenmarkt und Mühlenberg, entlang der Esplanade bis zum Preußenmuseum in der Zitadelle. Südring queren und der Schillstraße folgend über die **Lippe- (2)** und die Rheinbrücke. Am anderen Ufer von Weseler Straße (rechts Abstecher **Ginderich (3)** über Grindweg, Xantener Straße) links auf den Rheindeich abbiegen und diesem an **Büderich (4, 5)** und **Wallach (6)** vorbei bis zum Gleis der Industriebahn folgen. Ab hier weiter auf dem Weg Xanten-Rheinberg (→ S. 110ff.).

Auf dem Banndeich nach Ossenberg

SEHENSWERTES ENTLANG DER STRECKE

1 *Wesel*

„Ob Kleve gleich das Haupt ist, ist Wesel doch das Herz in diesem Herzogtum, drum ist es auch umgetan mit einer starken Brust." Das Zitat aus dem „Klever Parnaß" von 1704 bezieht sich auf die Bedeutung von Wesel als einem Hauptort des Rheinhandels im Herzogtum Kleve und auf den Ausbau zur Festung durch die Kurfürsten von Brandenburg. Bereits zur Zeit der Jahrtausendwende ist Wesel als Marktsiedlung an der Kreuzung der rechtsrheinischen Handelsstraße mit einem Verkehrsweg zwischen dem Münsterland und Brabant erwähnt. Wie in Emmerich hatte die Abtei Echternach auch hier Besitzungen, worauf das Willibrordpatrozinium der Stadtpfarrkirche hinweist. Die Vogteirechte gelangten um 1115 an die Grafen von Kleve, welche Wesel 1233 in ihren Besitz nahmen und acht Jahre später zur Stadt erhoben. Die verhältnismäßig kleine Altstadt um die Willibrordikirche wurde um fünf Vorstädte erweitert. 1407 wurde Wesel in die Hanse aufgenommen. Die Bedrohung durch die Spanier im 80-jährigen Krieg führte 1587 zum Rückbau der meisten Vorstädte. Ende des 17. Jh., nach der Einnahme durch spanische,

Berliner Tor, Wesel

niederländische und französische Truppen, ließen Kurfürst Friedrich Wilhelm I. und sein Nachfolger Friedrich I. die Stadt zur barocken Bastionenfestung ausbauen. Während des Rheinüberganges amerikanischer und britischer Truppen am 25. März 1945 wurde Wesel zu 97 % zerstört. Der Wiederaufbau erfolgte zwar maßstäblich mit einer Ziegelbebauung, doch wurde der historische Straßengrundriss den Leitbildern einer zeitgenössischen Stadtplanung geopfert.

Das Berliner Tor unweit des Bahnhofs ist das einzig erhaltene von ursprünglich drei Toren, die in die brandenburgisch-preußische Festungsstadt hineinführten. Der überkuppelte Torbau wurde 1718–22 nach einem Entwurf von Jean de Bodt errichtet. Das beim Wiederaufbau reduzierte Skulpturenprogramm zeigt in zwei Nischen der Feldseite Minerva und Herkules sowie im Tympanon die Personifizierungen von Rhein und Lippe.

Der Weg führt von der **Martinikirche (A)**, in deren Vorhalle ein „Heiliger Jakobus im Aufbruch" von Bert Gerresheim die Pilger empfängt, zum Kornmarkt, einem der Haupthandelsplätze der mittelalterlichen Stadt. An seiner Nordseite standen das Hospital und die Komturei der Johanniter. Eine Stele des Landschaftsverbandes Rheinland erinnert an diese Stätte der Pilgeraufnahme. In direkter Nachbarschaft lädt die **Galerie im Centrum des Städtischen Museums (B)** zum freien Besuch ein. Ihre Schatzkammer hütet kostbare Tafelmalereien spätmittelalterlicher Meister, darunter eine Heilige Sippe mit dem späteren Apostel Jakobus als Kind.

Die **Willibrordikirche (C)** zeigt mit ihren Ausmaßen, dem hohen Westturm und dem sich an Kathedralen orientierenden Umgangschor die Bedeutung von Wesel als Handels- und Bürgerstadt im Spätmittelalter. Bereits um 800 hat hier eine kleine Holzkirche, die Missionsstation der Abtei Echternach gewesen ist, gestanden. Die heutige spätgotische Kirche ist bereits das vierte Gotteshaus an dieser Stelle. Der romanische Vorgängerbau wurde unter Einbeziehung der Mittelschiffwände schrittweise von West nach Ost ersetzt. Zuerst entstanden der Westturm, dann die Schiffe und das Querhaus. Der 1498 nach einem Entwurf des Xantener Stiftsbaumeisters Johann von Langenberg d. Ä. begonnene Umgangschor blieb unvollendet. Erst Ende des 19. Jh. wurde der Chorumgang hinzugefügt. Es ist ein Glücksfall, dass 1945 die Kapellenräume in den Chorseitenschiffen unversehrt blieben, denn sie besitzen aufwändige Maßwerkgewölbe mit frei hängenden Rippen. In der südlichen der beiden Kapellen befindet sich die Grabplatte des Humanisten Konrad Heresbach und seiner Frau. Heresbach war ein Schüler des Erasmus von Rotterdam. Auf ihn geht maßgeblich die konfessionelle Toleranzpolitik der Herzöge von Jülich, Kleve und Berg während des 16. Jh. zurück.

St. Willibrord, Wesel

Wesel → Rheinberg   Zubringeretappe 2

Zitadelle, Wesel

Der Weg führt von der Willibrordikirche an der katholischen Innenstadtkirche **St. Mariä Himmelfahrt (D)** vorbei, die 1950/51 nach Plänen von Rudolf Schwarz unter Einbeziehung von Resten des kriegszerstörten Vorgängerbaus errichtet wurde. Sie steht auf den Grundmauern einer Dominikanerkirche, deren Krypta in den Neubau einbezogen ist. Im Paramentenschatz der katholischen Gemeinde, der kürzlich restauriert wurde, gibt es drei liturgische Gewänder mit einem gestickten Bild Jakobus d. Ä.

Durch das Gelände der **Zitadelle (E)**, die im Zuge des brandenburgischen Festungsausbaus seit dem späten 17. Jh. angelegt wurde, verlässt der Pilgerweg die Innenstadt. 1985 war die Restaurierung von Kurtinen, Wach- und Kasernengebäuden sowie Magazinen abgeschlossen. Das ehemalige Körnermagazin beherbergt in einem modernen Anbau das Preußenmuseum, welches die preußische Militärgeschichte und die Anwesenheit Brandenburgs am Rhein seit 1609 dokumentiert.

2 *Lippemündung*

Die Lippemündung befindet sich erst seit 400 Jahren auf dieser Höhe des Rheins. Bis dahin hatte der Nebenfluss die Stadt westlich umflossen. Den Rheinstrom erreichte er erst weiter nördlich, ungefähr auf der Höhe der heutigen Bislicher Insel. Die beiden Wasserläufe, die auf historischen Ansichten meist vor der Stadtmauer zu sehen sind, sind also nicht – wie aus heutiger Sicht an-

Lippemündung

zunehmen – Rhein und Lippe, sondern zwei Lippearme, die sich am Stadtrand wieder vereinten.

Der 220 km lange rechte Nebenfluss des Rheins entspringt am Westhang des Eggegebirges bei Lippspringe. Als Schiffsweg ist er durch den südlich parallel verlaufenden Wesel-Datteln-Kanal ersetzt. Dadurch konnte sich die bis zu einen Kilometer breite Lippeaue mit dem natürlich mäandernden Flusslauf zu einer der wichtigsten Biotopverbundachsen in Nordrhein-Westfalen entwickeln. In der alten bäuerlichen Kulturlandschaft mit ihren Wiesen, Kopfbäumen, Hecken und Feldgehölzen sind über 90 Vogelarten beheimatet. Auch seltene Amphibien wie die Knoblauchkröte und der Bergmolch finden in dem „Garten Eden" aus Tümpeln, eiszeitlichen Dünen und Altarmen der Lippe beste Lebensbedingungen.

3 Ginderich

In einer Urkunde des Kölner Erzbischofs Philipp von Heinsberg aus dem Jahre 1190 wird die Pfarrkirche zu Ginderich dem Stift St. Viktor in Xanten übertragen. Näher wird in der Urkunde ausgeführt, dass „jene Kirche erbaut wurde zu Ehren der Gottesgebährerin, welche sich den Anrufenden durch Wunder gnädig erwiesen hat". Die Urkunde Philipps nennt hier wichtige Merkmale einer mittelalterlichen Wallfahrt: die Anwesenheit von Anrufenden und das Ereignis von Wundern. Somit ist Ginderich der früheste nachweisbare Marienwallfahrtsort am Niederrhein. Das in der Kirche verehrte Gnadenbild ist wesentlich jünger. Es handelt sich um eine kölnische Sitzmadonna, die um 1320 entstanden ist. Womöglich ersetzt sie ein älteres Gnadenbild, worauf die im Verhältnis zu den zeitgleichen Sitzmadonnen in Köln, Weeze oder Goch auffallend steife Körperhaltung hinweist. Die Verehrung wurde jährlich Anfang Oktober mit einer Marientracht begangen, bei der das Gnadenbild in einer Prozession durch den Ort getragen wurde. Zu Beginn des 16. Jh. berichtet der Gindericher Pfarrer Servatius de Zwyvel, dass „unserer Lieben Frau ein merklicher Pfennig Geld, Wachs, Flachs, Wolle, Erntefrucht und allerlei anderen Kleinodien" geopfert werde. In einer päpstlichen Bulle von 1524 wird die Verwendung dieser Einnahmen zum baulichen Unterhalt der Kirche verfügt. Die Wallfahrt endete in der zweiten Hälfte des 17. Jh. mit einem Verbot durch Kurfürst Friedrich Wilhelm I. Nach dem Abschluss einer Kirchensanierung verkündete der Münsteraner Weihbischof Heinrich Janssen am 13. Dezember 2005 die Wiederzulassung der Gindericher Wallfahrt.

Der Kirche ist anzusehen, dass sie dem Xantener Stift unterstellt war. Bereits der um 1220 erbaute Westturm folgt in seiner Außengliederung der spätromanischen Doppelturmfassade in Xanten. An ihn fügt sich eine gotische Basilika des 14. Jh. an, die in Grundriss, Proportionen, der Anlage von Pfeilern und Gewöl-

St. Mariä Himmelfahrt, Ginderich

ben sowie der Rippenausformung den Xantener Dom zum Vorbild hat. Neben der erwähnten Sitzmadonna hat die Kirche mehrere qualitätvolle Holzskulpturen der Spätgotik im Besitz, darunter auch eine Darstellung des Apostels Jakobus d. Ä., die dem Umkreis des Dries Holthuys zugeordnet werden kann. Auf der plastisch ausgebildeten Gewandborte an der Figur eines heiligen Bischofs ist der hl. Jakobus neben weiteren Aposteln noch einmal zu sehen, allerdings sehr versteckt in einer Gewandfalte. Bemerkenswert ist auch der Taufstein des späten 15. Jh., dessen Bildprogramm den Bogen von der Paradieserzählung über die Taufe Christi bis zum Kreuzestod spannt und somit die Taufe als eine Voraussetzung für Erlösung thematisiert.

4 Alt-Büderich

Alt-Büderich, Kupferstich von Hogenberg über das Gefecht zwischen Niederländern und Spaniern 1595 (Ausschnitt)

Das alte Büderich wurde 1813 unter französischer Herrschaft eingeebnet, um ein freies Schussfeld für die Zitadelle Napoleon zu schaffen. Die 1138 erstmals erwähnte Stadt lag stromaufwärts der aus dem Münsterland nach Brabant führenden Handelsstraße. Die Grafen von Kleve richteten Mitte des 13. Jh. einen Zoll und spätestens 1182 eine Fähre nach Wesel ein. Ab 1154 lässt sich eine Peterskirche nachweisen. In der Stadt stiftete der Priester Heinrich Amelong im Jahre 1461 das Kloster Gertrudental für Tertiarerinnen, die wenige Jahre später die Augustinusregel annahmen. Seit 1538 ist ein dem Kloster zugehöriges Gasthaus bezeugt, das noch im späten 18. Jh. bestanden hat.

Wesel → Rheinberg   Zubringeretappe 2

5 Büderich

Das neue Büderich entstand 1817–22 1.500 m weiter stromaufwärts als eine völlig neue, planmäßig angelegte Stadt. Der preußische Landbaumeister Otto von Gloeden entwarf einen rechteckigen Stadtgrundriss mit zwei Längs- und drei Querachsen sowie einem zentralen Marktplatz. Die Symmetrie der Stadtanlage wird durch zwei Kirchen unterstrichen, die nach den Entwürfen von Gloeden und Karl Friedrich Schinkel für die katholischen und die evangelischen Einwohner Büderichs an der Ost- und der Westseite des Marktplatzes errichtet wurden.

St. Peter, Büderich

6 Wallach

Wallach lag noch bis zum 13. Jh. auf der rechten Rheinseite. Nach der Rheinverlagerung wurde die zwischen Wesel und Alt-Büderich den Rhein querende Handelsstraße von Münster nach Brabant über Wallach gelegt. Die im späten 15. Jh. errichtete Pfarrkirche ging aus einer Antoniuskapelle hervor, wo Reisende seinerzeit Almosen hinterlassen konnten für Einwohner, die am Antoniusfeuer erkrankt waren, einer Vergiftung durch Mutterkorn.

St. Antonius, Wallach

RHEINBERG → MOERS

ETAPPE 6

21 km

Dieser Wegabschnitt führt durch sehr unterschiedliche, teils sehr naturnahe Landschaften. Typisch für die Lage der Ortschaften des Erzbistums Köln und des Herzogtums Kleve sind die Wall- und Befestigungsanlagen, die heute alle als Grüngürtel die Innenstädte schmücken. Der Weg von Rheinberg über Budberg nach Orsoy, der in alten Karten als „grüne Straße" oder „Gemeyn Straet" (öffentliche Straße) bezeichnet wird, führte früher als eine Art Leinpfad hart am Bett des Rheins entlang. In der heckenreichen Acker- und Wiesenlandschaft erinnern nur die Türme des Kohlekraftwerks bei Voerde an die Nähe des Ballungsraums Ruhrgebiet. Vom alten Zoll- und Fischerort Orsoy geht es wieder landeinwärts auf die sandige Niederterrasse durch ein wald- und seenreiches Erholungsgebiet. Vom Moerser Vorort Utfort folgt der Weg dem Lauf des Moersbachs bis zur ehemaligen Grafenresidenz in Moers.

Pilgerspuren ...

Orsoy besaß ein Gasthaus, dessen Kapelle 1683 den katholischen Einwohnern der Stadt zur Abhaltung ihres Gottesdienstes übergeben wurde.

Pilgerweg

Eine 1460/61 durch Graf Vinzenz von Moers erlassene Polizeiordnung belegt, dass von **Moers** aus Pilgerfahrten zu nicht näher genannten Zielen unternommen wurden. Darin enthalten ist nämlich ein Verbot, anlässlich des Aufbruchs zu Pilgerfahrten oder der Heimkehr aufwändige Gastmähler abzuhalten. Auch die Grafen haben Pilgerfahrten unternommen: 1440 begleitete Graf Friedrich III. von Moers den burgundischen Herzog Philipp den Guten zur Aachener Heiligtumsfahrt, zu den Heiligen Drei Königen nach Köln und zum hl. Quirinus nach Neuss, wo anlässlich ihres Besuches sogar der Schrein geöffnet wurde. 1464 beteiligte sich Graf Vincenz an der Xantener Viktorstracht, wo er mit den Söhnen des Herzogs von Kleve den Viktorschrein trug. Die Bürger von Moers sind ebenfalls zur Viktorstracht nach Xanten gegangen, denn noch 1574 – 14 Jahre nach Einführung der Reformation – hat Graf Hermann von Neuenahr ihnen die Teilnahme verboten.

Links: „Madrider Atlas" von Christian Sgrooten, Ausschnitt Wesel-Köln (vollendet 1593)

21 km Wegbeschreibung und Hinweise

Wegstrecken zu Fuß und per Rad sind weitgehend identisch.
Schwierigkeitsgrad: leicht, auf befestigten Straßen und Wegen
Ausgangspunkt St. Peter, Rheinberg: Am Ende des Markts rechts über die Wallanlage, links Orsoyer Straße, hinter Kreisverkehr links über Am Mühlenkolk **(1)**, an Gabelung links Wettsteg, an Kreuzung rechts Krähenkamp, Bischof-Ross-Straße nach **Budberg (2)**, Rheinberger Straße, rechts Rheinkamper Straße, Gleise queren, links Marienplatz **(3)**, im Bogen links, am Birkenweg rechts, links Kiefernweg, links Spanische Schanzen, rechts Reitplatz, links Sandweg, rechts Rheinberger Straße folgen, links Rüttgersteg, hinter Gleisen rechts über Grüner Weg und Drießen nach **Orsoy (4)**, (Radfahrer geradeaus) Fußpilger links durch Grünanlage und über den Rheindamm und die Fährstraße ins Zentrum, zusammen über Binsheimer Straße bis Südwall, diesem folgen, am Pulverturm links Bendstege, Pommernweg, hinter Bahngleisen Fußpilger entlang der Bahngleise (Radpilger über Schlesier, Lohmühler Weg und Baerler Straße) zum Lohheidesee, links Schlotweg bergan, am breiten Querweg geradeaus weiter über die Rundwanderstrecke DU durch den **Baerler Busch (5)**, Am Sportplatz rechts, Abstecher **Baerl (6)**, weiter über Waldweg bis Fußgängerbrücke, Kreisstraße, die alte Zechenbahn und die Bundesautobahn A 42 queren, nächste Wegkreuzung rechts am Waldsee entlang, hinter Bahnübergang links Orsoyer Allee bis hinter Bahnunterführung folgen, halblinks Straße Am Anger, gemeinsam mit X12 halbrechts durch Wäldchen, Rheinberger Straße queren und auf der Friedenstraße an der **Kirche von Utfort (7)** vorbei, links über Buschstraße (Radfahrer weiter über Busch-, Liebrecht- und Rheinberger Straße bis Unterwallstraße), rechts Kampstraße. Hinter der Brücke links herunter dem X12 folgend am **Moersbach (8)** entlang, am Parkplatz über Fußgängerbrücke zwischen Rathaus und Finanzamt auf das Kaufzentrum „Neumarkteck/Braun" zu, rechts Unterwallstraße, links Fieselstraße, Neustraße queren, links über Haagstraße bis zur Evangelischen Stadtkirche, dann rechts am Kastellplatz entlang zur St. Josefkirche und dem Schloss von **Moers (9)**.

Rheinaue mit Kraftwerk Voerde

SEHENSWERTES ENTLANG DER STRECKE

Kopfeschen am Weg nach Budberg

1 *Gekappte Eschen*

Immer wieder sehen wir in der Niederung Hecken aus dornenbewährten Sträuchern, die von Kopfbäumen unterbrochen werden. Außerhalb der Reichweite des äsenden Viehs konnte mit dieser Pflanzform in relativ kurzer Zeit hochwertiges Holz heranwachsen und regelmäßig geerntet werden. In den alten Feldhecken ist es aber vielfach nicht die Weide, sondern die Esche mit ihren gefiederten Blättern, die durch regelmäßigen Rückschnitt diese beinahe menschlichen Konturen angenommen hat. Mit Eschenhecken umzäunten schon die Germanen ihre Felder – was die Flurnamen mit Esche erklärt – und auch der botanische Name Fraxinus (griech. „phraxis" = Umzäunung) deutet daraufhin. Das elastische Holz der Esche war unentbehrlich für die Stile landwirtschaftlicher Geräte und die Herstellung von Holzschuhen. Diese waren langlebiger als die später aus Pappelholz gefertigten „Klompen". Das Reisig der Bäume wurde beim Brotbacken genutzt und das Laub im Winter ans Vieh verfüttert.

2 *Evangelische Kirche, Budberg*

Die Herrschaft über Budberg teilten sich die Erzbischöfe von Köln, die bereits 1003 hier ein Gut besaßen, mit den Grafen von Moers. Die Kirche SS. Lambertus und Gertrudis ist ein Saalbau des 12. Jh., bei dessen Errichtung römische Baumaterialien verwendet wurden. Durch die Anbauten von Chor und Kirchturm im 15. und eine Erhöhung der Kirchenschiffwände im 18. Jh. lässt sich die romanische Baustruktur kaum noch wahrnehmen, einige vermauerte Rundbogenfenster und das Portal an der Südseite sind indes noch erkennbar. Unter dem Moerser Grafen Hermann von Neuenahr wurde die Kirche 1560 reformiert. Bei der Renovierung im Jahr 2000 wurden sieben moderne Fenster eingebaut, die die Bitten des Vaterunser veranschaulichen.

3 St. Marien, Budberg

Die katholischen Christen Budbergs und der Nachbardörfer Eversael und Vierbaum gingen seit Einführung der evangelischen Kirchenordnung an St. Lambertus nach Rheinberg oder Orsoy zum Gottesdienst. Während des Zweiten Weltkriegs erlaubte der Bischof Galen die Einrichtung einer

Kapelle beim nahe gelegenen Schloss Wolfskuhlen, die auch für die Budberger und Vierbaumer geöffnet wurde. Als nach dem Krieg diese Sondererlaubnis zurückgenommen wurde und der Ort durch die Aufnahme vieler Vertriebener anwuchs, wurde der Bau einer katholischen Kirche in Angriff genommen. Zu diesem Zweck wurde 1947 ein Kapellenbauverein gegründet, der mithilfe des Rheinberger Pfarrers den Budberger Windmühlenturm von 1842 erwarb. Diesen bauten die Vereinsmitglieder nach Plänen des Budberger Architekten August Schepers unter Einsatz von Naturalien und Eigenarbeit zur Kirche um. Nach zwei Jahren ökumenischer Gemeinschaftsarbeit wurde die Kirche St. Marien am 8. Mai 1948 eingeweiht.

Evangelische Kirche, Budberg

St. Marien, Budberg

4 Orsoy

Das in einem Rheinbogen gelegene Orsoy war der südlichste Ort der Grafen von Kleve, die hier 1238/40–79 und ab 1419 eine Zollstelle besaßen und um 1270 eine Burg errichteten. Ein Stadtsiegel von 1285 zeigt, dass Orsoy in der Zwischenzeit Stadtrechte erhalten hat. Die Wiedererrichtung der Zollstelle 1419 förderte einen bescheidenen Aufschwung, doch blieb Orsoy aufgrund seiner Entfernung zur Handelsstraße ein Ackerbürger- und Fischerstädtchen. Erst im 18. Jh. gelang es den Kurfürsten von Brandenburg, eine kleine Textilindustrie zu entwickeln. Nach dem Ausbruch des 80-jährigen Krieges 1568 erfolgte der Ausbau zur Festung. Wie in Wesel wurde Johann Pasqualini d. Ä. mit den Baumaßnahmen beauftragt. Von den frühneuzeitlichen Festungswerken sind noch einige Erdwerke erhalten, die heute in die Rheinpromenade einbezogen sind.

Das Nikolauspatrozinium der seit 1547 evangelischen Stadtkirche ist durch die Lage am Rhein begründet. Der hl. Nikolaus war Patron der Schiffer, da er der Legende nach Seeleute aus einem Sturm errettet hatte. Diese Szene ist neben anderen Begebenheiten der Nikolauslegende auf einem Außenflügel des Orsoyer Passionsaltars dargestellt. Heute befindet sich die Brüsseler Arbeit des frühen 16. Jh. in der katholischen Kirche, die ebenfalls das Nikolauspatrozinium trägt. In der evangelischen Kirche ist die Kanzel mit ihrem reformatorischen, auf das Abendmahl und die Kreu-

Brüsseler Altar, kath. Kirche St. Nikolaus, Orsoy

zigung bezogenen Bildprogramm bemerkenswert. Die Kanzeltür zeigt unter dem Einfluss von Flugschriften des Schweizer Reformators Huldrich Zwingli eine konfessionspolemische Thematik: Während drei Schafhirten durch Christus als der Tür in den Schafstall gelangen, versuchen drei Mönche über das Dach und den dort thronenden Papst einzusteigen.

Ölbergszene im Brüsseler Altar

Pumpennachbarschaft

Dass die historischen Pumpen für die Niederrheiner mehr als Zeugnisse verflossener Zeiten sind, darauf lassen schon die Sitzgruppen und der Blumenschmuck in ihrer Nähe schließen. Die zentrale Bedeutung der Pumpe für die Nachbarschaft nahm ihren Anfang, als die Hauseigentümer, die eine gemeinsame Wasserstelle nutzten, die Versorgung mit frischem Brauchwasser und den Brandschutz im Spätmittelalter gemeinschaftlich in die Hand nahmen. Sie wählten aus ihrer Reihe einen Pütz-(Brunnen-) oder Pumpenmeister, der gegen ein jährliches Entgelt für die Instandhaltung und Funktionstüchtigkeit der Wasserversorgung – auch bei Frost – verantwortlich war. Diese Notgemeinschaft übernahm aber mit der Zeit auch soziale Aufgaben. So versorgten Nachbarinnen den Haushalt der Wöchnerinnen mit und arrangierten die Tauffeiern. Bei Hochzeiten halfen sie beim Backen und Kochen und schmückten die Haustür der Brautleute. Diese Sitte hat sich bis heute ebenso gehalten wie der Brauch, dass die Nachbarschaft im Trauerfall die Sargträger stellt.

Auch wenn heute jedes Haus an das öffentliche Leitungsnetz angeschlossen ist und die Löscharbeiten von der Feuerwehr übernommen werden, hat die Pumpengemeinschaft immer noch soziale Bedeutung. Hinzugezogene haben spätestens bei der nächsten Pumpenkirmes die Gelegenheit, in „ihre" Pumpennachbarschaft aufgenommen zu werden.

Handschwengelpumpe in Rheinberg

5 *Baerler Busch*

Waldsee, Baerler Busch

Auf dem Weg, den wir von Orsoy Richtung Baerler Busch einschlagen, trieben früher die Orsoyer ihr Vieh zur Vierbaumer Heide und über ihn brachten sie das Brenn- und Bauholz in den Ort. Da sie nicht über genügend Allmende- oder Waldfläche auf klevischem Grund verfügten, erhielten sie durch einen Lehnvertrag Weide- und Holzrechte in der Grafschaft Moers. Ohne das Bauholz des Eichen-Buchenwaldes hätte Orsoy nach dem Stadtbrand von 1587 wohl nicht wieder aufgebaut werden können. Erst nach 1800 wurden diese Vorrechte unter den Preußen abgeschafft.

In der Zeit des Wiederaufbaus nach dem Zweiten Weltkrieg waren die mageren Heideböden die ersten Flächen, die für eine Auskiesung infrage kamen. Nach Auskiesung und Rekultivierung erwarb der Kommunalverband Ruhrgebiet die Flächen und erschloss sie als überregionales Naherholungsgebiet „Baerler Busch". Jenseits der zum Waldsee rekultivierten Abgrabung erinnert eine 30 m hohe Grubenlampe auf einem bewaldeten Hügel daran, dass dieser als Halde der Zeche Rheinpreußen entstanden ist. Dieser begehbare Aussichtsturm des Künstlers Otto Piene markiert den westlichen Rand des Reviers.

6 *Baerl*

Am Loheidersee erreicht der Weg den Ortsteil Baerl. Der östliche Teil des Sees ist eine Freizeitoase für Segler, Taucher und Angler, die ruhigen westlichen Ufer dienen dem Artenschutz. Baerl

Baerl

gehört seit 1975 zu Duisburg, hat aber seinen ländlichen Charakter bewahrt. Wegen seines Erholungswertes zählt es zu den bevorzugten Wohngebieten der Stadt. Im Ort gibt es noch zwei gut erhaltene Mühlen. Die Lohmannsmühle von 1805 ist das Wahrzeichen des Ortes und die einzige gemauerte Achtkantmühle am Niederrhein. In der Loheider Turmmühle von 1834, einer ehemalige Lohmühle, wurde noch bis 1960 Korn gemahlen.

7 Evangelische Kirche, Utfort

Das Kirchengrundstück und der Neubau der evangelischen Kirche in Utfort gehen auf eine Schenkung des ortsansässigen Louis Liebrecht, Grubenvorstand des Bergwerks Rheinpreußen, zurück. Ihm ist das Denkmal im Zentrum der Friedhofsanlage gewidmet.

Die Notwendigkeit einer eigenen Kirche ergab sich aus der Industrialisierung der Region. Zwischen 1905 und 1910 verdoppelte sich die Einwohnerzahl von Repelen und Baerl durch hinzuziehende Arbeitskräfte des Bergwerks. Aber auch die bis dahin rein ländlich geprägte Struktur war starken Veränderungen unterworfen: Innerhalb kurzer Zeit gehörte die Hälfte der Beschäftigten zur Industriearbeiterschaft. Die Zugezogenen kamen meist aus Südosteuropa und es herrschte eine hohe Fluktuation: So meldeten sich 1910 4.500 Personen an, aber im selben Jahr gab es 4.000 Abmeldungen von Heimkehrern.

Friedhof Utfort

Auch die bisherige konfessionelle Zusammensetzung der Bevölkerung änderte sich: Während die Zahl der Protestanten innerhalb von fünf Jahren von 5.172 auf 7.117 stieg, erhöhte sich die der Katholiken von 920 auf 5.704, also auf das Sechsfache. So wurde 1906 eine protestantische Kirche in Utfort und 1909 eine katholische im benachbarten Meerbeck eingeweiht. Letztere wurde der hl. Barbara, der Patronin der Bergleute geweiht.

8 Die Moerse

Moerse mit Kopfweiden

„Mörsbach" ist heute an dem Gewässer verzeichnet, an dessen Ufer unser Weg nach Moers führt. Der Bach ist alles, was von dem mächtigen Stromarm übrig geblieben ist. Selbst als der Rhein schon seinen Lauf nach Westen verlagert hatte, war die Moerse noch schiffbar, wie zahlreiche Dokumente vom Anfang des 17. Jh. belegen. Vom Bettenkamper Meer südlich der Stadt bis Rheinberg diente sie als Wasserstraße. Alle Bäche der Grafschaft Moers entwässerten in diesen Fluss, der namensgebend für Stadt und Territorium wurde. Aber letztlich verlandete der Alte Rhein genauso wie die anderen Altwässer. Als das Herz der Schlagader Moerse ist das einstige Moerser Meer zu sehen, in dessen Mitte sich Schloss und Stadt entwickelten. Das Wasser war selbst 1712 noch so tief, dass die preußischen Truppen bei ihrer Einnah-

me das Kastell nur schwimmend erreichen, wobei ein Hauptmann ertrank. Mit den Eindeichungen der Aue, den Rodungen der Wasser speichernden Waldflächen, den Bergsenkungen und Haldenaufschüttungen geriet das gesamte Fließgewässersystem durcheinander. Aufgrund der schlechten Erfahrungen im rechtsrheinischen Industriegebiet wurde linksrheinisch 1908 ein Wasserverband gegründet, der tätig wurde, bevor das Wasser anfing zu stinken. So landete die Moerse glücklicherweise nicht in einer Betonrinne, sondern entwickelte sich zum grünen Band für Mensch und Natur.

Evangelische Pilgermystik am Niederrhein: Gerhard Tersteegen

Der evangelische Laientheologe und Kirchenlieddichter Gerhard Tersteegen wurde 1697 in Moers geboren. Sein Leben und Wirken ist eng mit dem Pilgerthema verbunden. In Mülheim an der Ruhr, wo er bis zu seinem Tod 1769 als Bandwirker lebte, gründete er eine Kommunität, der er den Namen „Pilgerhütte" gab. In seinen Kirchenliedern widmete er sich dem Pilgern als Lebensthema. Tersteegen knüpfte dabei an das metaphorische Verständnis der Pilgerfahrt als Lebensweg zu Gott an, wie es Martin Luther in seiner Interpretation des 1. Petrusbriefes vertreten hatte. 1738 schrieb Tersteegen das heute von evangelischen Pilgern gerne gesungene Lied „Kommt Kinder, lasst uns gehen": „Man muss wie Pilger wandeln, / frei, bloß und wahrlich leer; / viel sammeln, halten, handeln / macht unsern Gang nur schwer. / Wer will, der trag sich tot, / wir reisen abgeschieden, / mit wenigem zufrieden, / wir brauchen's nur zur Not, wir brauchen's nur zur Not. / Schmückt Euer Herz aufs beste, / sonst weder Leib noch Haus; / wir sind hier fremde Gäste / und ziehen bald hinaus. / Gemach bringt Ungemach, / ein Pilger muss sich schicken, / sich dulden und sich bücken / den kurzen Pilgertag, / den kurzen Pilgertag."

Tersteegen war es auch, der mit seinem dreibändigen Hauptwerk „Auserlesene Lebensbeschreibungen heiliger Seelen" eine protestantische Beschäftigung mit den Heiligen begründete, indem er den Reformationskirchen half, die Heiligen als Vorbilder im Zugang zum Göttlichen neu zu erschließen. So hob er in seiner Schilderung der Mystikerin Gertrud von Helfta deren liebenden und vertrauenden Umgang mit Gott hervor und betonte auch die Erfahrungen eines liebenden Umgangs mit Christus bei Mechthild von Hackeborn.

Geistliches Blumengärtlein

9 Moers

Denkmal des Königs Friedrich I. von Preußen, Moers

Die Stadt und die Grafschaft Moers haben ihre Ursprünge in geistlichem Grundbesitz. Die südöstliche Hälfte der Grafschaft bestand größtenteils aus Ländereien, die Kaiser Karl der Große der Abtei Werden an der Ruhr zur Finanzierung der Sachsenmission übertragen hatte. Bis zum 14. Jh. gelangte dieser Besitz durch Kauf und Verpfändung in die Hände der Edelherren von Moers, die seit 1186 nachweisbar sind. Im Norden der späteren Grafschaft besaß das Zisterzienserkloster Kamp Landbesitz, über dessen Vogteirechte die Herren von Moers verfügten. Durch die Arrondierung ihres Besitzes und der Vogteirechte gelang den Edelherren im 13. Jh. die reichsrechtliche Anerkennung ihres Territoriums als Grafschaft. Sie verfügten damit über ein kleines kompaktes Herrschaftsgebiet, dessen Zentrum Moers bildete. Der 1300 zur Stadt erhobene Ort entstand auf einer Insel in einem Moorgebiet neben der Burg der Grafen. Im 15. Jh. wurde die Stadtanlage mit einer planmäßigen Neustadt erweitert. Bis heute prägt die Zweiteilung auf den beiden benachbarten Inseln die Stadtgestalt. Da im 16. Jh. in Kurköln zwei Reformationsversuche scheiterten und die vereinigten Herzogtümer Jülich, Kleve und Berg den Weg einer konfessionellen Toleranz beschritten, wurde Moers nach Einführung des reformierten Bekenntnisses unter Hermann von Neuenahr 1560 zu einem Zentrum der Reformation im Rheinland. 1702 kam Moers durch Erbschaft an Preußen,

Altmarkt, Moers

das indes das benachbarte Krefeld als Wirtschaftsstandort ausbaute. Nach 1900 wurde Moers zum Zentrum des linksrheinischen Bergbaus, der sich vom Ruhrgebiet her ausgedehnt hatte.

Im Innenhof von **Schloss Moers (A)** lassen sich die Fundamente eines Wohnturmes erkennen, den die Edelherren um 1200 errichteten. Nach der Erhebung ihrer Herrschaft zur Grafschaft ersetzten sie den Turm durch eine Burg mit Ringmauer, von der sich der dreigeschossige Torturm erhalten hat. Der im 15. Jh. neu errichtete Palas wurde aus Platzgründen außen an die Ringmauer angesetzt. Heute ist in dem zweigeschossigen Bau das Grafschafter Museum, das die Geschichte, Archäologie und Volkskunde der Moerser Umgebung präsentiert, untergebracht. Die mittelalterliche Stadtpfarrkirche mit der gräflichen Grablege, die außerhalb der Stadtmauer gestanden hatte, ist nach ihrer Zerstörung im 80-jährigen Krieg abgetragen worden. Ältester Kirchenbau ist heute die ehemalige **Karmeliterkirche (B)**, die 1614 als Ersatz für die zerstörte Stadtkirche der reformierten Gemeinde übergeben wurde. Der ursprünglich schlichte Bau war 1448 errichtet worden. Im 19. Jh. wurde sein Schiff aufgestockt und ein Kirchturm angefügt.

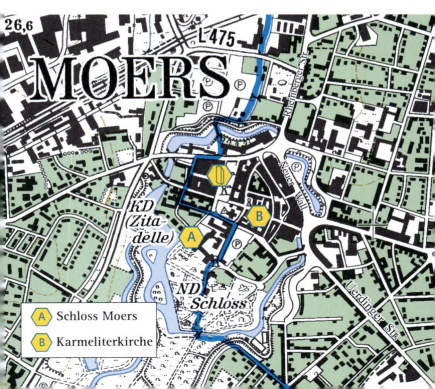

ETAPPE 7

MOERS → LINN

21 km

Diese Route beginnt und endet in einem Landschaftspark, der auf einer ehemaligen Festungsanlage entstand. Nach Durchquerung des grünen Moerser Vorortes Schwafheim geht es bis an den Stadtrand von Krefeld durchs Grüne. Die Landschaft, die über 100 Jahre vom Abbau der Bodenschätze und ihrer Folgeindustrie geprägt war, hat sich inzwischen zum beliebten Wohn- und Erholungsgebiet entwickelt. Vom einstigen Kiesabbau blieben rekultivierte Seen zurück, von der Montanindustrie überwachsene Halden, denkmalgeschützte Siedlungen, denkmalwerte Industriebauten und stillgelegte Bahnanlagen. Von Hohenbudberg nach Uerdingen führt der Weg entlang der Bayerwerke, aber der Blick zur anderen Seite über den Rhein entschädigt den Wanderer. Das Ziel, das Zentrum von Linn, mutet dagegen wieder ganz dörflich an.

Pilgerspuren ...

Die Kirche St. Matthias in **Hohenbudberg** erhielt ihr Patrozinium, nachdem Pilgerfahrten aus dem Rheinland zu dem Apostelgrab in Trier eingesetzt hatten, da 1127 dort die Matthiasreliquien wieder aufgefunden wurden. Als 1854 der Kirchenneubau fertiggestellt war, bemühte sich der damalige Pfarrer Schmitz um eine Ausstattung, die thematisch auf die Pilgerfahrten nach Trier Bezug nahm. An der Südseite der Kirche wurde eine neugotische Matthiasstatue im Stil der Skulpturen am Petersportal des Kölner Domes angebracht. Im Inneren erinnert eine Darstellung des aus Soest übernommenen Kreuzaltares an die Verehrung des Heiligen Rockes im Trierer Dom, während der Apostelaltar Statuen der Trierer Heiligen Matthias und Medardus enthält.

In der Pfarrkirche St. Peter zu **Uerdingen**, die ursprünglich eine Filialkirche von St. Matthias in Hohenbudberg war, ist seit 1493 ein Altar des Apostels Jakobus d. Ä. erwähnt. Er stand vom Eingang aus betrachtet am ersten Pfeiler rechts. Die Begründer der Altarstiftung waren die Herren von Virmundt. Aus einer Verfügung des Schultheißen Conrad von Virmundt von 1539 erfahren wir, dass der Inhaber der Altarpfründe stets ein Familienangehöriger sein

Links:
Altes Zollhaus,
Linn

Matthiasstatue an der Kirche von Hohenbudberg

musste. Er erhielt die Erträge aus 33 Morgen Ackerland sowie 400 Reichstaler und hatte dafür wöchentlich eine Messe am Jakobusaltar zu lesen. 1799 wurde der Altar abgebrochen.

Die Uerdinger Pfarrkirche besitzt mehrere Reliquien. 1622 wurden in den Haupt- und den Annenaltar Überreste der Bonner Märtyrer Cassius und Florentius eingelegt. Eine Strahlenmonstranz enthält kleine Partikel der Kirchenpatrone Petrus und Paulus. Besondere Verehrung wurde einer Reliquie der frühchristlichen Märtyrerin Agatha, die 1806 aus Aachen erworben wurde, zuteil. Für sie wurde ein Ostensorium (Schaugefäß) angefertigt. 1809 gewährte Papst Pius VII. der Uerdinger Kirche denselben Ablass, den Rom und Santiago de Compostela in ihren Heiligen Jahren vergaben.

Die kostbarste Reliquie in Uerdingen ist ein Splitter des Wahren Kreuzes. Es handelt sich um eine Stiftung der Barmherzigen Schwester Félicitè Debucourt, die aus Uerdingen stammte und in Paris wirkte. Während der Barrikadenkämpfe 1848 hatte die Schwester den tödlich verwundeten Erzbischof von Paris, Affre, von der Straße geborgen. Vor seinem Tod vermachte Affre ihr diese Reliquie. Andere Verwundete, die Schwester Félicitè gesund gepflegt hatte, stifteten ein silbernes Kreuz zur Aufbewahrung. In Uerdingen wurde das Silberkreuz mit der Reliquie in ein gotisches Ostensorium eingefügt.

Gasthauskapelle, Uerdingen

Pilger kamen in dem 1403 erstmals erwähnten Gasthaus zum hl. Michael unter, das der Uerdinger Bürger Heinrich Overhoff in der heutigen Oberstraße gestiftet hatte. Es diente der Aufnahme von Armen, Kranken und Fremden, seit dem 17. Jh. dann als Waisenhaus.

Moers → Linn Etappe 7

Die Pfarrkirche St. Margaretha in **Linn** besitzt ein lebensgroßes Gabelkreuz aus Nussbaum, das zu Beginn des 15. Jh. entstanden ist. Der im kurkölnischen Gebiet verbreitete Typus der Gabelkreuze verweist darauf, dass aus dem Kreuzesholz neues Leben entsprießt. Der Kruzifixus enthält im Rückenbereich ein Reliquiendepositorium und wird als wundertätig verehrt.

Wallfahrtsbild von Linn (1738)

Wegbeschreibung und Hinweise 21 km

Wegstrecken zu Fuß und per Rad sind weitgehend identisch.
Schwierigkeitsgrad: leicht, befestigte Wege und Straßen, kombinierte Fuß- und Radwege

Ausgangspunkt Moerser Schloss: Rechts vorbei durch den Park **(1)** über die Fußgängerbrücke des Stadtgrabens, kleines Stück über die Wallanlage, an Ampel Filder Straße überqueren, Im Ohl, nach Querung der Otto-Ottsen-Straße in einem Haken zur Kaiserstraße, Südstraße, am Ende links zur Düsseldorfer Straße und mit dieser die A 40 überqueren, weiter auf „N" durch Moers-Schwafheim **(2)** und am Ende des Heidewegs Feldweg rechts, links in den Schwafheimer-Bruch-Kendel mit dem „NR", nach einem Haken (Am Steinbrink) Düsseldorfer Straße überqueren, weiter An der Cölve, Eisenbahn überqueren, rechts hinunter zum **Toeppersee (3)**, links am Ufer entlang, links Bach überqueren, rechts bis Neue Krefelder Straße, nun links Bahngleise unterqueren, rechts über Burgschenweg bis zur nächsten Bahnunterführung, danach links zum Kruppsee, rechts am Ufer entlang, rechts über Feldweg zur Dahlingstraße, dort links und sofort rechts auf Friemersheimer Straße durch **Friemersheim (4, 5)** und über Am Damm **(6)** an **Eisenbahnersiedlung (7)** und **Hohenbudberg** (Abstecher Kirche **(8)**) vorbei über Rheinuferstraße und Hohenbudberger Straße, links Pfarrstraße, rechts Am Zollhof, links über Niederstraße durch **Uerdingen (9)**, rechts versetzt Linner Straße, rechts Mündelheimer-, direkt links V.-Jakubowicz-Straße, L 244 unterqueren und über Hafenstraße zur **Burg** von Krefeld-Linn **(10, 11)**.

SEHENSWERTES ENTLANG DER STRECKE

1 Moerser Wallanlagen

Nach dem Siebenjährigen Krieg ließ König Friedrich II. 1763 die Festung von Moers schleifen. Mit dem Material wurde der Graben zwischen Alt- und Neustadt aufgefüllt und so der Neumarkt geschaffen. Die Wälle blieben als Hochwasserschutz erhalten.

Friedrich Wintgens, Besitzer einer Baumwollspinnerei, kaufte Anfang des 19. Jh. das Schloss mit dem Gelände des heutigen Schlossgartens. Er ließ es in den Folgejahren zum Landschaftspark nach englischem Stil umbauen – vermutlich nach Plänen des Gartenarchitekten Maximilian Friedrich Weyhe. Anfang des 20. Jh. erwarb die Stadt die Anlage, womit der bis dahin private Garten öffentlich zugänglich wurde. Über die Grenzen hinaus sind die Anlagen heute insbesondere als Austragungsort der alljährlich zu Pfingsten stattfindenden Moerser Jazztage bekannt. Das übrige Jahr hindurch bieten sie mit ihren alten Bäumen und den weiten Rasenflächen eine Oase der Erholung in direkter Nachbarschaft zur Innenstadt und schaffen den Anschluss zum Nord-Süd-Grünzug entlang des Moersbaches.

Wall der ehemaligen Stadtbefestigung Moers

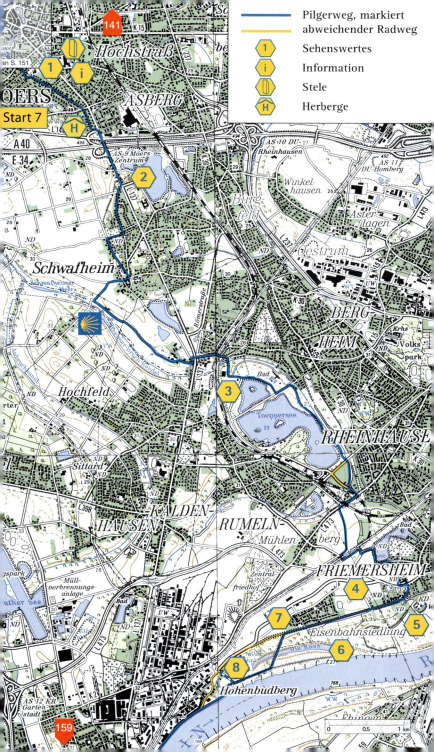

2 Gelähmte und geköpfte Buchen in Schwafheim

Rotbuche

Gleich am Rand von Schwafheim fallen die mehrstämmigen Rotbuchen auf dem Erdwall auf, der den Wald einfasst. Ihre jungen Triebe wurden als Absenker auf dem Boden durch Belastung mit einem Stein „gelähmt". Derart fixiert, schlugen sie Wurzeln und durch ihr Dickenwachstum entwickelten sie sich zum Hindernis für Mensch und Vieh. Diese Arbeit, das Lemmen, diente der Grenzsicherung – besonders bei Landwehren – und hat bei so mancher rheinländischen Familie namensgebend gewirkt.

Ein Stück weiter südlich in einem Waldstück stoßen wir auf eine andere Zuchtform von Buchen, die Kopf- oder Schneitelbuchen. Ihre bizarr gewachsenen Stämme sind Zeugnisse einer traditionellen Niederwaldbewirtschaftung, die den Bauern eine Doppelnutzung des Waldes als Viehweide und Holzproduzent ermöglichte. In Abständen von bis zu acht Jahren wurden die dicksten Austriebe („Remmele") auf ca. 2 m Höhe geschlagen und als Brennholz, Bohnenstangen, Erbsenreiser oder Schanzen genutzt. Auf den Rückschnitt reagierte der Baum mit dem Austrieb neuer Äste, die aber für das Vieh nicht erreichbar waren. Die verstärkte Holzbildung um die Schnittstellen führte zur kopfartigen Verdickung des Stammes. Oft bildeten sich an den Wunden auch Höhlen, in denen z. B. der Steinkauz gern brütet.

3 Toeppersee

Die Auskiesungen der Firma Toepper begannen schon 1898 und wurden erst 1978 abgeschlossen. 1966 wurden dann nach und nach die beiden durch die Auskiesung entstandenen Seen rekultiviert und sie dienen heute u. a. dem Wassersport. Aber die Wasserflächen locken auch tierische Gäste an: Kinderreiche Graugänsefamilien gehen an den Ufern spazieren. Im Unterschied zu den am Unteren Niederrhein überwinternden Wildgänsen (meist Bläss- und Saatgänse) brüten und leben die Graugänse das gan-

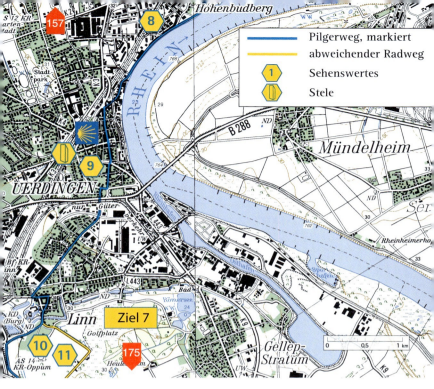

ze Jahr über hier. Ursprünglich waren die Gänse hier nicht heimisch, sondern sie kamen durch ein Einbürgerungsprojekt in den 1960er-Jahren hierher. Da die Lebensbedingungen wohl ideal sind, haben sie sich seitdem stark vermehrt.

Toeppersee

4 Friemersheim

Landesgeschichtlich ist Friemersheim insofern bedeutend, als von hier aus die Äbte von Werden ihren Besitz am Niederrhein arrondierten und somit seit der Karolingerzeit eine Landmasse schufen, die den Grundstock für die spätere Grafschaft Moers legte. Der Rittersitz Friemersheim wird erstmals 898 genannt. Zu dieser Zeit dürfte auch eine dem hl. Martin geweihte Eigenkirche schon bestanden haben. Die Herren von Friemersheim erscheinen im 12. Jh. als Ministeriale der Abtei Werden und hatten ihren Sitz auf dem Friemersheimer Werth, einer ehemaligen Rheininsel. Heute befindet sich dort der Wertschenhof, wo der achteckige Backsteinturm einer Burganlage steht, welche die Grafen von Moers 1487 anstelle des älteren Rittersitzes errichteten. Die heutige Martinskirche, ein dreischiffiger Bau mit Tonnengewölbe, geht auf das Jahr 1770 zurück und wurde 1962 nach schweren Kriegsschäden wiederhergestellt.

1923 vereinigte sich Friemersheim mit dem Nachbarort Hochemmerich zur Bürgermeisterei Rheinhausen, die 1934 Stadtrechte erlangte und 1975 nach Duisburg eingemeindet wurde. Die Eröffnung einer Bahnstation ebnete den Weg zur industriellen Entwicklung. Die Firma Krupp nahm 1897 ein Hüttenwerk in Betrieb. 1910 eröffnete die Zeche Diergardt-Mevissen. Die Schließung der Industriebetriebe führte 1987–93 zu spektakulären, in den Medien beachteten Arbeitskämpfen. Im Zuge des notwendig gewordenen Strukturwandels eröffnete 2002 ein Logistikzentrum mit Containerterminal.

St. Martin, Friemersheim

Moers → Linn   Etappe 7

5 Der Freundeskreis lebendige Grafschaft

Dass das dörfliche Ensemble um die Friemersheimer Kirche bis heute erhalten ist, ist vor allem einer Bürgerinitiative zu verdanken, die sich 1976 gründete, als einer der alten Höfe abgerissen werden sollte. Zwar konnte sie dieses historische Bauwerk nicht retten, aber den Anstoß zum Schutz von sechs Gebäuden im Dorfkern geben. Und das war erst der Anfang: Als „Freundeskreis lebendige Grafschaft e. V." übernahmen die Mitglieder das 1806 erbaute Küster- und spätere Lehrerhaus. So mancher von ihnen hatte dort noch die Schulbank gedrückt, denn bis 1958 war hier die Dorfschule untergebracht. Seitdem können Jung und Alt am Wochenende das Schul- und Heimatmuseum besuchen, auf Wunsch mit einer Schulstunde wie zu Großvaters Zeiten.

Schul- und Heimatmuseum Friemersheim

Nebenan lädt die alte Wirtschaft und gegenüber die evangelische Kirche zur Rast ein. Ist diese geschlossen, so kann man von einer der Bänke am Deich in die Aue schauen. Verborgen hinter einem Ringdeich liegt dort der Werthsche Hof, das einzige Gebäude außendeichs. Von ihm blieb nach einem Brand nur ein backsteinerner Wehrturm übrig, um den sich heute die landwirtschaftlichen Gebäude gruppieren.

6 Friemersheimer Rheinaue

Zwischen Friemersheim und Uerdingen führt der Pilgerweg über den Rheindeich mit einer guten Aussicht über die Rheinaue. Große Teile dieses ökologisch und kulturhistorisch besonders wertvollen Überschwemmungsgebiets zwischen dem Rheinhausener Hafen und der Stadtgrenze zu Krefeld wurde bereits 1979 unter Naturschutz gestellt. 1992, nachdem die Stadt das Deichvorland einschließlich des Werthschen Hofes erworben und einen Entwicklungsplan aufgestellt hatte, wurde das Schutzgebiet noch einmal vergrößert. Der Altbestand an Obstbäumen, Kopfeschen, Hecken und Feldgehölzen wurde in den Folgejahren um

Friemersheimer Rheinaue

51.000 Bäume und Sträucher ergänzt, darunter 450 Obstbäume historischer Sorten. Ein großer Teil der Flächen wird durch Schafbeweidung offen gehalten. Die übrigen Flächen werden vom Werthschen Hof biologisch bewirtschaftet. Die Silhouette der Mannesmann Hüttenwerke jenseits des Rheins steht in einem reizvollen Kontrast zu der landschaftlichen Idylle im Vordergrund.

7 Eisenbahnsiedlung

Wasserturm der Eisenbahnsiedlung

Als der Güterbahnhof des linksrheinischen Verkehrs 1913 in Vorbereitung der kriegerischen Auseinandersetzungen mit Frankreich um einen Rangierbahnhof erweitert wurde, errichtete die königliche Eisenbahndirektion zwischen dem Gleiskörper und dem Rheindeich eine Siedlung für die Bediensteten. Östlich schließen eine Kirche, eine dichte Reihenhausfolge und Wohnblocks an, die 1930–31 hinzukamen. Die im Heimatstil erbauten Reihenhäuser des ersten Bauabschnitts werden überragt von einem 35 m hohen Wasserturm. Ihn entwarfen die Architekten Gebrüder Rank aus München 1916 zur Versorgung des Eisenbahnbetriebswerks und der Siedlung. Der notwendige Speicherraum wurde auf zwei Behälter von 500 m^2 aufgeteilt. Diese Eisenbetonbauteile ruhen auf zwei Turmschäften aus Ziegel-

Jakobusaltar in Kempen

18 km westlich von Uerdingen liegt auf dem Weg vom Rhein zur Maas Kempen. In der dortigen Propsteikirche steht ein Antwerpener Altar aus der Zeit um 1517, der auf einer Hälfte drei Zyklen der Jakobusvita schildert, die auf den Texten der „legenda aurea" basieren:

- die Berufung Jakobus zum Jünger Jesu und seine Auseinandersetzung mit dem Zauberer Hermogenes
- die Predigten und das Martyrium des Apostels
- die wundersame Überführung seines Leichnams an die Westküste des europäischen Kontinents

Die Rückwand des früher frei im Raum stehenden Altars befindet sich heute im benachbarten Museum für Niederrheinische Sakralkunst in der Paterskirche. Seine drei Tafelbilder erzählen das wohl an den Wegen der Jakobspilger in Europa am häufigsten verbreitete Galgen- und Hühnerwunder. In der ursprünglichen Fassung des Jakobusbuches aus der Mitte des 12. Jh. kamen die Pilger (Vater und Sohn) aus Deutschland und das Mirakel ereignete sich auf dem Weg nach Santiago in Toulouse. Vater und Sohn werden nach dem Verlassen der Herberge des Diebstahls bezichtigt und der Sohn opfert sich in edlem Wettstreit für den Vater, der weiter zum Apostelgrab geht. Bei seiner Rückkehr findet der Vater den Sohn noch lebend am Galgen vor. Jakobus habe ihn am Leben erhalten, sagt er. Dem Richter wird der Vorgang gemeldet und dessen Wahrhaftigkeit durch das Zeugnis der „stummen Kreatur" bezeugt, der Hühner, die am Herdspieß des Richters braten und auf die Zweifel des Richters hin davonfliegen. Der Jüngling wird vom Galgen geholt, der Wirt und seine Tochter werden an seiner Stelle aufgehängt.

Im Hochmittelalter wurde die Mirakelerzählung am spanischen Pilgerweg in Santo Domingo de la Calzada verortet. Dort befinden sich auch heute noch in einem Käfig in der Kathedrale die Nachkommen der Hühner.

mauerwerk. Durch Einziehen von fünf Zwischendecken entstanden zwei Wohntürme, die über ein Treppenhaus im Verbindungstrakt erschlossen werden. Mit Einstellung des Dampfbetriebs bei der Bahn wurde der Turm 1964/70 aus dem Betrieb genommen. Kurz vor seinem geplanten Abriss rettete der Denkmalschutz das Wahrzeichen der Siedlung. Für eine D-Mark übernahm der Architekt Harald Jochums 1978 das technische Denkmal und restaurierte es. Nach Schließung der Hütte und Aufgabe des Güterbahnhofs – des größten in Westdeutschland – steht die Siedlung inzwischen als einer der Denkmalbereiche der Rheinhauser Industriegeschichte unter Schutz. Die städtebaulichen und gestalterischen Qualitäten des Wohngebiets lohnen den kleinen Abstecher.

8 *Hohenbudberg*

In Hohenbudberg hat der Pilgerweg das Stadtgebiet von Krefeld erreicht. Von dem einstigen Bauerndorf ist nur noch wenig zu sehen. Die Pfarrkirche St. Matthias liegt eingezwängt zwischen

einigen Industrieanlagen und dem Rheinufer. Bereits 732/33 taucht in einem Testament der Äbtissin Adela von Pfalzel ein Ort mit dem Namen Budberg auf. Die regionalkundliche Forschung tendiert dazu, Hohenbudberg und nicht das bei Rheinberg gelegene Budberg (→ S. 142f.) mit dem genannten Ort zu identifizieren. Belegt ist die Existenz von

Apostelaltar und St. Matthias, Hohenbudberg

Hohenbudberg erst 1150, als die Abtei Werden von einem Edelmann dessen väterliches Erbe erwirbt. In dem Kaufvertrag wird auch ein Gotteshaus genannt, dass möglicherweise östlich der heutigen Kirche gestanden hat und durch die Erosion des Rheinufers verlegt werden musste. Die heutige Kirche geht auf einen Neubau aus der zweiten Hälfte des 12. Jh. zurück, von der sich lediglich der Turm erhalten hat. Wahrscheinlich ist mit der Neuerrichtung das Matthiaspatrozinium vergeben worden. 1852 wurde das inzwischen zu klein und baufällig gewordene Kirchenschiff abgerissen. Bis 1854 entstand an seiner Stelle nach den Plänen von Vincenz Statz eine dreischiffige neugotische Basilika.

Im Zuge dieser Neubaumaßnahme konnten aus dem Nachlass des Apothekers Fabro aus Lippstadt, der mittelalterliche Kunstwerke seiner ostwestfälischen Heimat gesammelt hatte, bedeutende Ausstattungsstücke erworben werden. Darunter ein Kreuz der Zeit um 1280, das im Faltenwurf des Lendentuchs noch spätromanische Züge aufweist. Aus der ehemaligen Stiftskirche St. Marien in Lippstadt stammt der spätgotische Hochaltar. In seinem Schrein zeigt er eine Anbetung der Könige, während die gemalten Seitenflügel Szenen aus dem Leben Mariens darstellen. Die Predella, der Unterbau des Altarschreines, enthält einen Apostelzyklus mit Christus als Salvator in der Mitte. Als übernächste Figur links von Christus ist der hl. Jakobus mit einem langen Pilgerstab zu sehen. Auch der Apostelaltar, der von der evangelischen Gemeinde in Meinerzhagen erworben wurde, zeigt in seiner Predella einen Apostelzyklus. Hier ist Jakobus drei Plätze links von Christus mit Pilgerhut, Stab und Pelerine dargestellt. Mit den Weihedaten 1471 und 1476 sind die beiden Altäre kurz nacheinander entstanden. Dennoch zeigt der etwas jüngere Altar aus Meinerzhagen bereits eine ikonografische Weiterentwicklung, da Jakobus nun deutlicher als Pilger hervorgehoben wurde.

9 Uerdingen

Die am Rhein gelegene Altstadt von Uerdingen ist baulich mit Krefeld zusammengewachsen, hat jedoch ihren eigenständigen Charakter bewahrt. 812 ist Uerdingen erstmals erwähnt worden. Spätestens seit dem 12. Jh. waren die Erzbischöfe von Köln, die wohl 1255 die Stadtrechte verliehen, die Herren von Uerdingen.

Markt und St. Peter, Uerdingen

Nikolausfigur an der Gasthauskirche, Uerdingen

Auf Veranlassung des Kölner Erzbischofs Siegfried von Westerburg erfolgte um 1293 eine planmäßige Stadtanlage. Das bebaute Rechteck wurde von einer 1333 fertiggestellten Ummauerung umgeben, deren Südostseite eine Burg einnahm. Wirtschaftlich lebte die Stadt vom Flusshandel, der zunahm, als sich Ende des 17. Jh. der Rhein von Rheinberg fort verlagert hatte. 1696 wurde der Rheinberger Zoll nach Uerdingen verlegt, das nun als führender Flusshafen des Kurfürstentums am nördlichen Niederrhein an Bedeutung zunahm. Das Ortsbild ist demgemäß von Bauten des 18. und frühen 19. Jh. geprägt, darunter das Rathaus von 1725, die klassizistischen Hofhäuser der Kaufmannsfamilie Herberz und die nachbarocke Pfarrkirche St. Peter. Letztere wurde 1800–03 anstelle einer bei Eisgang zerstörten Hallenkirche der Spätgotik, von der lediglich der Turm stehen geblieben ist, errichtet. Die kleine, dem Erzengel Michael geweihte Hospitalkirche in der Oberstraße enthält Bausubstanz des 15. Jh. Die Fassade der in die Straßenzeile eingebauten Saalkirche wurde im frühen 18. Jh. barockisierend verändert. Der volkstümliche Name lautet „et Klöske" nach einer 1814 im Giebel aufgestellten Nikolausfigur vom Hochaltar der Pfarrkirche St. Peter. 1799 hatte die sieben Jahre zuvor geschaffene Holzskulptur den Einsturz der Pfarrkirche überstanden. Anfang des 19. Jh. erfolgte die Profanisierung des Gotteshauses. 1956 entdeckte man im Innenraum Wandmalereien.

10 Burg Linn

Das Ortsbild von Linn wird von einer klevischen und später kurkölnischen Landesburg beherrscht, die zu den größten Burganlagen am Niederrhein gehört. Bereits um 1100 hat hier eine Motte bestanden, die den Herren von Linn gehörte. Der Kölner Erzbischof Philipp von Heinsberg erlangte 1188 die Lehnshoheit über die Herrschaft. In der zweiten Hälfte des 13. Jh. gelangte sie an die Grafen von Kleve, doch Erzbischof Friedrich von Saarwerden konnte 1388 die Lehnshoheit wiederherstellen und Linn zum Verwaltungssitz eines kurkölnischen Amtes machen.

Die Baugeschichte der Burg ähnelt jener des gräflichen Schlosses in Moers. Wiederum bildete ein steinerner Wohnturm den Kern der Anlage. Um den Turm wurde mit dem Erwerb durch die Grafen von Kleve eine unregelmäßige Ringmauer errichtet. Ihre heutigen Dimensionen erreichte die Burg im frühen 14. Jh., als die Ringmauer erhöht wurde und Palas, Bergfried und Torturm entstanden. Auch unter den Kölner Erzbischöfen ist an der Burg weitergebaut worden. Neben dem Palas entstand ein Batterieturm mit integrierter Burgkapelle, während das Burgareal durch einen Zwinger mit mehreren Bastionen erweitert wurde. Um 1600 fassten die Kurfürsten Burg und Stadt zu einer Festungsanlage zusammen. Doch während des spanischen Erbfolgekrieges ist die Festung Linn 1702 von französischen Truppen eingenommen und zerstört worden. Während die Hauptburg bis 1950 Ruine blieb und erst danach eine rekonstruierende Wiederherstellung erfahren

Vor- und Hauptburg Linn

Jakobus, Detail eines Gebetbuchregals, Jagdschloss Linn

hat, ist die Vorburg zu einem Jagdschloss ausgebaut worden.

Auf einem Rundgang durch das Museum im Jagdschloss erhält man einen Einblick in die Wohnkultur des 18. und 19. Jh. und entdeckt auf dem Gebetbuchregal in der niederrheinischen Bauernküche noch eine kleine Jakobusfigur. 1952 wurde in Burg Linn das Landschaftsmuseum des Niederrheins eröffnet. Einen Schwerpunkt der Sammlung bilden die römischen und fränkischen Funde aus den Gräbern um das ehemalige Kastell Gelduba im nur wenige Kilometer östlich gelegenen Stadtteil Gellep. Erwähnenswert sind die Funde aus dem sog. Fürstengrab, der Grablege eines fränkischen Adligen aus dem frühen 6. Jh., darunter ein goldener Fingerring mit antiker Gemme, ein goldener Schwertknauf, ein verzierter Spangenhelm und ein aus Goldblech gearbeitetes Pferdezaumzeug. Auf dem Weg zu den Stadtmodellen des Niederrheins im Obergeschoss steht in einer Vitrine eine Jakobakanne. Der hohe schlanke Tonkrug ist eines der Stücke, das als Siegburger Ware über den Rhein und die Nordsee nach ganz Nordeuropa verschifft wurde. Der Name beruht auf einer niederländischen Bezeichnung des 17. Jh., die zurückgeführt wird auf eine Gräfin Jacoba (1401–36), der die Produktion dieser Form zugeschrieben wurde. Jakobakannen sind auch auf mittelalterlichen Gemälden wiederzufinden.

Im Zentrum der 1314 als Stadt bezeichneten Burgsiedlung steht die Pfarrkirche St. Margaretha, ein schlichter, 1819/20 errichteter Backsteinsaal, der eine ältere, zu Beginn des 14. Jh. errichtete Kirche ersetzt. Sie enthält das unter Pilgerspuren (→ S. 155) erwähnte Gabelkreuz des frühen 15. Jh.

11 *Burgpark Linn*

Als die napoleonische Besatzungsmacht den kurkölnischen und Ordensbesitz im Rheinland verstaatlichte, ergab sich für wohlhabende Bürger die Möglichkeit, ehemalige Kirchengüter und Herrensitze zu kaufen und zu Landsitzen auszubauen. In Krefeld erwarben vor allem die Textil- und Seidenhändler die wasserumwehrten Domänen, deren Parkanlagen das Stadtbild heute noch wesentlich bestimmen.

Als die Familie de Greiff die Doppelburganlage 1806 übernahm, bestand die Bepflanzung aus 100 Bäumen, davon 60 Weidenbäumen an den Ufern des Schlossgrabens. 1830 legte der rheinische Gartenkünstler Maximilian Friedrich Weyhe (1775–1830) einen Plan vor, nach dem die Befestigungsanlage in eine friedliche Parklandschaft umgewandelt werden sollte. Den strengen sternförmigen Verlauf der Burggräben weichte er durch geschwungene Uferlinien auf. Der versumpfte äußere Graben wurde wieder Wasserfläche, verlandete Bereiche formte Weyhe zu Inseln. Die Wege und Pflanzungen wurden so angelegt, dass die Besucher spannungsvolle Raumwirkungen und Blickbeziehungen erleben. Die ehemaligen Wehrbastionen wandelte er in von Linden bestandene Sitzplätze um. Während der Ostteil der Weyhe-Planung zur Ausführung kam, blieb der Westteil in seiner niederrheinisch-ländlichen Form erhalten.

Auf der Grundlage eines Parkpflegewerks der „Gruppe Grüner Winkel" von 1999 hat die Stadt Krefeld inzwischen zahlreiche Maßnahmen umgesetzt: Trocken gefallene Gräben wurden saniert, das historische Wegekonzept wiederbelebt, zugewachsene Sichtachsen freigelegt. Heute ist der seit 1998 denkmalgeschützte Park wieder ein Glanzpunkt rheinischer Gartenkultur.

Burg Linn

LINN → NEUSS

ETAPPE 8

24,5 km

Der historische Weg von Linn nach Süden führt beim Zollhaus des 17. Jh. mit seinem schmucken Backsteingiebel aus dem Ort hinaus. Bis Meerbusch-Büderich folgt er nun dem Verlauf der „Hohen Straße", die ihren Namen daher erhielt, dass sie am Rand der höher liegenden Niederterrasse zur Rheinniederung angelegt wurde. Die angrenzenden Altstromrinnen prägen den Charakter dieses Landschaftsabschnitts. Jenseits des Latumer Bruchs erwartet die Pilger die Pankratiuskapelle des Weilers Ossum. Anschließend durchqueren wir den Herrenbusch, an dessen Rand zwei Herrensitze liegen. Jenseits der Autobahn beginnt der Meerbuscher Ortsteil Strümp, der sich erst nach dem Zweiten Weltkrieg durch den Zuzug der Vertriebenen und Flüchtlinge von der Streusiedlung zum geschlossenen Dorf entwickelte. Zur Rheinniederung hin wird das Dorf durch die Ilvericher Rheinschlinge begrenzt, durch die der Weg zu Haus Meer führt. Das dortige ehemalige Kloster und sein Waldbesitz, der Meerbusch, waren namensgebend für die Stadt. Von hier führt ein alter Prozessionsweg durch Büderich zur barocken Wallfahrtskapelle in Niederdonk. Über die ackerbaulich genutzte Mittelterrasse geht es nun landeinwärts bis zum Neusser Vorort Vogelsang. Ab hier folgen wir dem Uferweg des napoleonischen Nordkanals durch den Neusser Stadtwald bis zum Zentrum der Stadt des hl. Quirinus.

Pilgerspuren ...

Die neugotische Pfarrkirche St. Mauritius in **Büderich** besitzt die Reliquien der Seligen Hildegundis von Meer, einer Adligen, die nach persönlichen Schicksalsschlägen ihre Burg Meer 1166 in ein Prämonstratenserinnenstift verwandelte. Die Reliquien werden in einem Schrein verwahrt, der 1974 von Sonja Mataré geschaffen wurde und unter der Altarplatte des Hochaltares steht. Der Schrein enthält auch ein Reliquiar mit Partikeln der Apostel Petrus und Paulus.

In **Niederdonk** befindet sich bei der ehemaligen Wasserburg Dyckhof die Wallfahrtskapelle Maria in der Not. Gegenstand der

Links: St. Quirinus, Neuss

Verehrung ist ein Vesperbild des 17. Jh., das auf einen spätmittelalterlichen Typus zurückgeht. 1677, als der Eigentümer der Wasserburg, der kurkölnische Festungskommandant Wolfgang Günther von Noprath, eine Erweiterung der aus dem 16. Jh. stammenden Kapelle zur Familiengrablege vornehmen ließ, wurde das Vesperbild als wundertätig und als Ziel von Prozessionen bezeichnet.

In **Neuss** werden die Gebeine des hl. Quirinus verehrt. Der römische Militärtribun war der Legende nach im Jahre 115 Kerkermeister für Papst Alexander I., welcher ihn zusammen mit seiner Tochter zum christlichen Glauben bekehrte. Daraufhin wurde Quirinus nach grausamen Folterungen enthauptet und in der Pretestatus-Katakombe beigesetzt. Eine Quirinusverehrung in Neuss ist bereits für die erste Hälfte des 11. Jh. belegt. Pilgerfahrten nach Neuss setzen im 12. Jh. ein. Ohne sie dürfte der aufwändige Neubau der Quirinuskirche ab 1209 nicht zu erklären sein. Seit dem 15. Jh. sind Pilgerzeichen aus Neuss belegt. Die Neusser Zeichen, die in elf Hauptformen überliefert sind, gehörten zu den am meisten verbreiteten in ganz Europa. Insbesondere nach der erfolgreichen Verteidigung der Stadt gegen die Truppen des Herzogtums Burgund 1474/75 nahm eine Verehrung

Hildegundis von Meer, St. Mauritius, Büderich

Jakobusfigur von Bert Gerresheim, Neuss, Schaufensterauslage des Neusser Pilgerladens

Linn → Neuss   Etappe 8

Bildstock bei Ossum

des Heiligen deutlich zu. Eine Altartafel des Weseler Malers Derick Baegert (um 1485/90, heute Museum für Kulturgeschichte Dortmund) zeigt einen Pilger, der sowohl das Neusser Quirinuszeichen wie auch die Jakobsmuschel an seinem Hut trägt. Schon 1465 hatte der böhmische Adlige Leo von Rozmital, ein naher Verwandter von König Georg Podiebrad, das Grab des hl. Quirinus auf seiner Pilgerreise nach Santiago de Compostela mit einem 50 Mann starken Gefolge besucht.

Durchreisenden Pilgern standen zwei Hospitäler zur Verfügung. Das Gasthaus „Zum Heiligen Geist" unterstand um 1260 der Äbtissin von St. Quirinus. Aus den Hospitalrechnungen der frühen Neuzeit ist die Aufnahme zahlreicher mittelloser Fremder, die im Krankheitsfall auch gepflegt wurden, belegt. Für das 1438 erstmals genannte „Neue Gasthaus" wurde als Stiftungszweck die Versorgung von Aachenpilgern angegeben.

Eine Inschrift auf dem Pfeiler gegenüber dem östlichen Südportal von St. Quirinus weist auf einen 1478 gestifteten Jakobusaltar hin. Womöglich bildete er den geistlichen Mittelpunkt für eine 1496 erstmals erwähnte Jakobusbruderschaft. Ihr Zweck bestand in der Totenmemoria sowie im gegenseitigen Beistand bei Krankheit und Not. Die Mitgliederstruktur belegt ihren exklusiven Charakter. Heute fördert die Neusser Scheibenschützen-Gesellschaft von 1415 die Jakobusverehrung in der Stadt. Sie stiftete eine überlebensgroße Bronzefigur des Heiligen, die der Düsseldorfer Bildhauer Bert Gerresheim geschaffen hat. Am Jakobustag des Jahres 2007 wurde die an der Südseite von St. Quirinus aufgestellte Figur vom Kölner Weihbischof Heiner Koch geweiht.

24,5 km Wegbeschreibung und Hinweise

Wegstrecken zu Fuß und per Rad sind weitgehend identisch.
Schwierigkeitsgrad: leicht auf befestigten Wegen und Straßen
Ausgangspunkt Andreasmarkt, Linn: Nach Süden über **Albert-Steeger-Straße (1)** und Margaretenstraße den Ort verlassen (Radfahrer rechts, links über den Eltweg bis zum Talweg und dort links), halbrechts Kurkölner Straße, links parallel zum Bach dem Talweg am **Latumer Bruch** folgen **(2)**, nach Querung der K 1 rechts, links zur **Ossumer Kapelle (3)**, nach dem Weiler halblinks in Feldweg, **Herrenbusch mit Haus Gripswald (4)** auf A 11 durchqueren, links parallel zur Autobahn vorbei an **Schloss Pesch (5)** bis zur Schlossstraße, links die A 44 unterqueren, dann rechts auf Schürkesweg am Friedhof entlang bis Osterather Straße (L154) in **Strümp (6)**, diese queren zum Mönkesweg, erste Straße links, Kapellengraben, am Ende im Rechts-Links-Knick über Xantener Straße, weiter Auf der Gath, am Ende Bergfeld (K 9) queren und jenseits des **Ilvericher Bruchs (7)** auf Feldweg bis zum Bauernhof, danach zweimal links, Bruchwald durchqueren, Abstecher links zu **Haus Meer (8)**, rechts über Haus Meer und Am Breill, Moerser Straße (B 9) bei der Alten Zollstätte **(9)** queren (geradeaus Variante **Büderich (10)**), Kanzlei- und Siebenschmerzenweg bis zur Kapelle von **Niederdonk (11)**. Nun entweder links die Grabenanlage des Dyckhos umschreiben oder über den Kreuzweg bis zur Lötterfelder Straße, rechts bis zum Kiessee, links An der Laufenburg, am Gestüt links A 52 unterqueren, weiter auf „Brücke", an Kaarster Straße (L 44) links und gleich rechts in die Feldstraße, am Ende links und dann Christian-Schaurte-Straße; Viersener Straße überqueren und durch den Park zum Bahndamm, diesem nach links folgen, bei nächster Möglichkeit unterqueren und gleich links weiter auf dem Weg Am Stadtwald am Nordkanal entlang bis zur Rheydter Straße, dieser nach links folgend über Hermannsplatz, Schwannstraße, Krefelder Straße und Niederstraße ins Zentrum von **Neuss (13)**.

Latumer Bruch

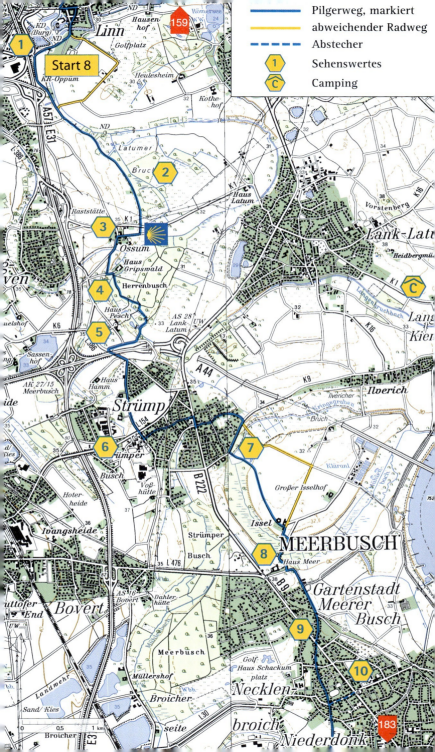

SEHENSWERTES ENTLANG DER STRECKE

1 *Albert-Steeger-Straße, Linn*

Albert Steeger

Auf die Arbeit des Universalgelehrten Albert Steeger (1885–1958) geht der Aufbau des Museums von Burg Linn ab 1936 zurück. In seinem Namen verleiht der Landschaftsverband Rheinland (LVR) seit 1955 für wesentliche Beiträge zur Erforschung und Entwicklung der rheinischen Landes- und Volkskunde den mit 10.000 Euro dotierten Albert-Steeger-Preis.

Was Prof. Dr. Maximilian Steiner in seiner Laudatio 1966 ausführte, gilt auch heute noch: „Die Steeger-Stipendiaten sind keine professionellen Wissenschaftler, (...) sondern es handelt sich um Forscher, die ohne eine eigentliche wissenschaftliche Ausbildung ihre Wissenschaft nicht als Beruf, sondern aus innerer Berufung neben ihrem Beruf betreiben. Sie sind Laien und zugleich echte Fachleute. Sie sind Autodidakten und sie haben auch mit Eifer vom anderen gelernt, wo und wie sie es konnten. Sie sind Dilettanti im ursprünglichen reinen Sinne des Wortes (...) ‚Liebhaber' also ‚Begeisterte', ‚Engagierte'."

Latumer Bruch

2 *Latumer Bruch*

Entlang der deutlich erkennbaren Terrassenkante des Rheins erstreckt sich das Naturschutzgebiet Latumer Bruch, das zwei Altstromrinnen in S-Form zwischen Linn und Ilverich umfasst. Die Tatsache, dass in diesem Feuchtgebiet die größte europäische Population der Kammmolche lebt, war ein Grund, es als international bedeutsames Schutzgebiet „Flora-Fauna-Habitat" nach Brüssel zu melden. Ein anderer war das Vorkommen des selten gewordenen und gefährdeten Dunklen Wiesenknopf-Ameisenbläulings. Das Überleben dieser stark gefährdeten Art ist abhängig von dem Großen Wiesenknopf, der auf den hiesigen wechselfeuchten Wiesen im Juli und August blüht und ihm als Futter- und Eiablagepflanze dient. Doch zum Schmetterling heranreifen kann die nächste Generation nur, wenn auch die Kolonien von Knotenameisen in direkter Nähe vorkommen, die die Raupen anschließend „adoptieren" und aufziehen. Das 300 ha große unzerschnittene Latumer Bruch ist eines von drei Auengebieten im Rheinland, wo diese glücklichen Voraussetzungen gegeben sind.

3 Ossum

Die romanische Kapelle St. Pankratius in Ossum bietet mit Ausnahme des im 19. Jh. neu errichteten Chores das charakteristische Erscheinungsbild einer Eigenkirche des 12. Jh. Sie wurde auf dem Grund des nördlich benachbarten Herbertzhofes, der sich zur Zeit ihrer Errichtung als „Grevenhof" im Besitz der Grafen von Kleve befunden hatte, erbaut. Urkundlich ist Ossum zwar erst 1186 belegt, doch archäologische Funde, wie Scherben von Pingsdorfer Keramik, belegen eine Siedlungskontinuität spätestens seit dem 10. Jh. Römische Handmühlsteine, die 1868 bei der Niederlegung des romanischen Chores als Baumaterial gefunden wurden, lassen sogar eine römische Besiedlung in unmittelbarer Nähe möglich erscheinen. 1938 wurde Ossum ein eigener Seelsorgebezirk. Seit 1976 im Neubaugebiet von Bösinghoven eine neue Pankratiuskirche geweiht wurde, wird in der Kapelle nur noch einmal im Monat ein Gottesdienst gefeiert.

Chorfenster von St. Pankratius, Ossum

4 Der Herrenbusch und Haus Gripswald

Auch der Herrenbusch wächst in einer ehemaligen Rheinstromrinne, einer Fortsetzung des Latumer Bruchs. Seine Schlagader ist der Buersbach, den wir kurz nach Eintritt in das Naturschutzgebiet überqueren und der auch die Wehrgräben von Haus Gripswald speiste. 1422 wurde das „feste Haus" zum Lehnsgut erhoben. Nun waren seine Bewohner dafür, dass der Bischof ihnen das Gut auf Lebenszeit zur Wohnnutzung überließ, verpflichtet, die Verteidigung des Landes zu übernehmen. Zugleich erhielt das Gut die Landtagsfähigkeit, die es bis 1934 behielt, was hieß, dass sein Besitzer im Landtag stimmberechtigt war. Das Obergeschoss seines Rundturms zieren 14 Säulenpaare des Klosters Knechtsteden (→ S. 200f.), die der bürgerliche Besitzer, ein Krefelder Fabrikant, nach der Säkularisation zur Verschönerung seines hiesigen Landsitzes erwarb.

Eckturm von Haus Gripswald mit Doppelsäulchen aus Knechtsteden

Der umliegende Wald diente der Jagd, ein Nutzungsrecht, das im Mittelalter dem Adel vorbehalten war. Im Unterschied zu den Bauernwaldflächen, die mit dem Anwachsen der Bevölkerung während des Mittelalters zunehmend unter den Pflug kamen, überdauerte er als Jagdrevier die Jahrhunderte. In seinem Innern liegen gut erhaltene Bruchwaldreste mit mächtigen Steifseggenhorsten zwischen den Erlen.

Bruchwald im Herrenbusch

5 Schloss Pesch

Frontseite Schloss Pesch, Strümp

Die stattliche Lindenallee, die auf Schloss Pesch zuführt, ist eine von dreien, die der Prinz von Arenberg als repräsentative Zufahrt anlegen ließ, als vor 100 Jahren die Landstraße nach Osten verlegt wurde. Damals erweiterte er gerade das 1840 zum Schloss ausgebaute Herrenhaus. Angefangen hat auch dieser Adelssitz als „festes Haus", das 1311 erstmalig als Peschhof erwähnt wurde. Dieser Hof brannte 1583 nieder und wurde weiter westlich wieder aufgebaut. Die Ruinen von Burg Pesch blieben im Schlosspark erhalten. Auch das neue Gebäude wurde 1795 durch Feuer zerstört. Kurz bevor die Herzöge von Arenberg das Anwesen übernahmen, erfolgte 1840 unter dem Grafen Hallberg der erste schlossartige Ausbau mit Kapelle und Gartenanlage. 1946 richteten vertriebene Schwestern der Kongregation der hl. Elisabeth in den Ökonomiegebäuden ein Altenheim ein, das im Juni 1953 wegen ungenügender sanitärer Anlagen wieder geschlossen wurde.

In dem privat genutzten Anwesen finden ab und zu Veranstaltungen zusammen mit dem Meerbuscher Kulturkreis statt.

6 Strümp

Der Stadtteil Strümp leitet seinen Namen vermutlich von dem Bachlauf „Strempe" ab, der noch heute den Ort durchzieht. Der Mittelpunkt des früheren Streudorfes war eine Kapelle, die auf das 12. Jh. zurückgeht. Sie stand unter dem Patronat der Heiligen Amandus und Vedastus. Als die anwachsende Gemeinde Ende des 19. Jh. in der Kapelle keinen Platz mehr fand, entstand 1888

St. Franziskus, Strümp, mit Türknauf

ein Neubau unter dem Kölner Baumeister Vincenz Statz. Doch als nach dem Zweiten Weltkrieg Strümp durch die Aufnahme vieler Vertriebener immer größer wurde, reichte auch diese nicht mehr aus. Auf Anordnung des Bistums wurde der Bau von Vincenz Statz abgerissen und 1961–63 durch den Neubau der Pfarrkirche St. Franziskus nach den Plänen des Büros Schöningh & Nagel ersetzt.

Durch den Zuzug gab es nun auch evangelische Christen im Ort. Es sollte aber noch bis 1987 dauern, bis sie eine Kirche in Strümp erhielten. Die Versöhnungskirche nach dem Entwurf des Neusser Architekten Karlhans Pfleiderer liegt in der direkten Nachbarschaft.

7 *Ilvericher Rheinschlinge*

Die Ilvericher Rheinstromschlinge ist besonders schutzwürdig, weil sie die einzige vollständig geschlossene Schlinge mit unveränderter Geomorphologie ist. Der zentrale Teil des Erlen-Weiden-

Geschnittene Kopfweiden bei Ilverich

Bruchwaldes ist fast ganzjährig nicht begehbar. Auf den angrenzenden trockeneren Glatthaferwiesen fallen im Spätsommer die rosa Blüten der Herbstzeitlosen (Calchicum autumnale) ins Auge. Auf den nährstoffärmeren wechselfeuchten Wiesen blüht im Juli und August der selten gewordene Wiesenknopf. Er ist die lebenserhaltende Futter- und Eiablagepflanze des Dunklen Wiesenknopf-Ameisenbläulings. Unter den heutigen Bedingungen des eingedeichten Rheins kann ein vergleichbarer Lebensraum, der für das Stromtal so typisch ist, gar nicht mehr entstehen. Diese Erkenntnis hat dazu geführt, dass viele Menschen für den Erhalt dieses einmaligen Relikts gekämpft haben, als die Autobahn A 44 gerade hier das Rheintal queren sollte. Einen Kompromiss stellte schließlich die unterirdische Führung der Trasse in dem geschützten Bereich dar.

8 Haus Meer

Ihre Burg Meer verwandelte die selige Hildegundis 1166 in ein adeliges Damenstift, das nach der Prämonstratenserregel lebte. Sie stattete ihre Gründung mit Gütern und Waldanteilen aus und verschaffte ihr dadurch eine wirtschaftliche Grundlage, auf der das Stift bis zur Säkularisation 1802 existieren konnte. Danach ließ die Krefelder Familie von der Leyen das Haupthaus zu einem Herrensitz mit einem Landschaftspark von Josef Clemens Weyhe umbauen. Bei Luftangriffen wurde das Anwesen 1944 zerstört. Erhalten haben sich lediglich das Hofgut, Reste der ehemaligen Klostermühle und ein neugotischer Gartenpavillon des 19. Jh., das sog. Teehäuschen. Haus Meer wurde namensgebend für die

Links: Haus Meer

Rechts: Neugotischer Gartenpavillon

Stadt Meerbusch, einen 1970 erfolgten Zusammenschluss von acht umliegenden Gemeinden.

Durch den Einsatz der im Jahr 2000 gegründeten Aktionsgemeinschaft „Rettet Haus Meer" wurde inzwischen von einer Bebauung des wertvollen Parks Abstand genommen. Die Stiftung Haus Meer setzt sich für eine Bebauung des alten Schlossareals, eine Restaurierung der Remise und die Umsetzung eines Parkpflegewerks des Landschaftsarchitekten Gerd Bermbach ein.

9 Zollstätte „op dem Bruel"

Altes Zollhaus, Büderich

Das Haus Moerser Straße Nr. 72 war einst von großer Bedeutung für die Fernreisenden, denn hierher wurde 1390 die Zollstätte verlegt, als sie von den Grafen von Kleve in den Besitz Kurkölns übergingen. Mit dem Umweg über die Hebestelle „op dem Bruel" konnten die Händler die hohen Rheinzölle von Düsseldorf und Kaiserswerth umgehen. Noch im 19. Jh. wurde die Station als Chausseegeldstelle genutzt.

10 Büderich

Eine örtliche Legende schreibt die Gründung der Büdericher Pfarrkirche St. Mauritius der Kaiserin Helena zu. Sie geht zurück auf die Anfänge des Gotteshauses als Eigenkirche des Kölner Stiftes St. Gereon, dessen Entstehung ebenfalls mit Helena in Verbindung gebracht wird. Zum ersten Mal ist das Gotteshaus aber erst 1223 belegt. Doch bereits um 1100 haben Beziehungen des Ortes zum Stift St. Suitbertus in Kaiserswerth bestanden, das wie in Ossum und Lank auch hier das Patronatsrecht ausübte. Von der romanischen Pfarrkirche des späten 12. oder frühen 13. Jh. ist lediglich der Kirchturm erhalten, während das Kirchenschiff 1542 und sein Nachfolger 1891 durch Brände zerstört wurden.

Für die heutige Kirche, eine neugotische, 1892/93 nach Plänen des Kölner Architekten Theodor Roß errichtete Halle, wurde ein anderer Standort gewählt. Bemerkenswert ist der nun frei stehende Turm der alten Kirche, seit seine Turmhalle nach dem

Linn → Neuss Etappe 8

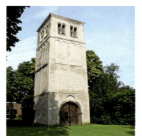

Alter Kirchturm und Grab von Ewald Mataré, Büderich

Zweiten Weltkrieg zu einer Kriegergedächtnisstätte verwandelt wurde, aufgrund der eindrucksvollen Ausstattung: die hängende Christusfigur, ein Bohlenkreuz mit den Namen der Gefallenen und ein aus Bohlen gestaltetes Portal. Die Kunstwerke sind 1958 von Joseph Beuys geschaffen worden. Der Kirchturm ist eine von 17 Stationen, zu denen ein Rundweg mit dem Titel „Mataré und seine Schüler" führt.

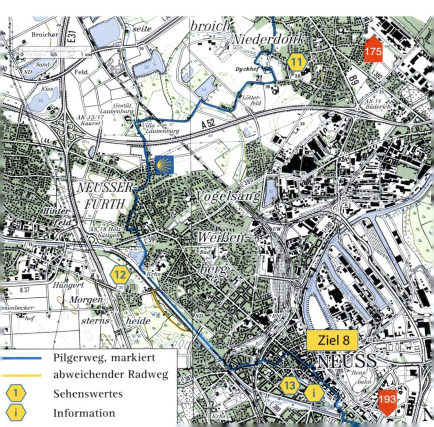

11 Niederdonk

Die Kapelle Maria in der Not und die Wasserburg Dyckhof sind durch einen Weg verbunden, der bereits zur Zeit der Römer existiert haben soll. Die einfache weiß geschlämmte Wallfahrtskapelle stammt aus dem 16. Jh. und wurde 1677–79 durch Wolfgang Günther von Noprath, einem Kommandanten der kurkölnischen Festung Kaiserswerth, als Familiengrab ausgebaut. Im Zuge des Umbaus fand im Chorraum ein Vesperbild Aufstellung, das von den Menschen der Umgebung als Gnadenbild verehrt wird.

Die Wasserburg Dyckhof war um 1500 in den Besitz der Familie Noprath gekommen. An das Herrenhaus schließt sich im Westen ein dreiseitig umschlossener Wirtschaftshof an. Ein turmartiger, von einer Barockhaube bekrönter Bautrakt, der nördlich an das Herrenhaus angrenzt, dürfte in seiner klobigen Art noch auf das ausgehende 14. Jh. zurückgehen, als die Wasserburg erstmals erwähnt wurde. Das Herrenhaus selbst wurde 1666 von Wolfgang Günther von Noprath erbaut. Die freie Südseite des Gebäudes wird von einem frühbarocken Schweifgiebel akzentuiert. Die Wirtschaftsgebäude sind 1997/98 für gastronomische Zwecke umgebaut worden und das Haupthaus wird privat genutzt.

Gnadenbild von Niederdonk

12 Nordkanal

Schleusenanlage des Nordkanals in Neuss

Im Jahr 1806 begann Napoleon ein gigantisches Bauprojekt: einen Kanal, der eine Schifffahrtsverbindung vom Rhein bei Neuss zur Maas bei Venlo herstellen sollte. Sein Ziel war es, die niederrheinischen Häfen auf diese Art ins Abseits zu stellen und so seine Kontinentalsperre gegen Großbritannien durchzusetzen. Doch als der Kanal von Neuss bis Neersen gegraben war, löste Napoleon das Problem kurzerhand durch die Einverleibung der Niederlande. Die Wasserstraße des „Grand

Canal du Nord" blieb ein Torso, der zunächst der Fracht- und Personenschifffahrt diente. Im 20. Jh. degenerierte er zum übel riechenden Abwasserkanal. Inzwischen ist die Wasserqualität aber wieder so gut, dass im Rahmen der Euroga 2002+ eine „Fietsallee" am Nordkanal als Radwanderweg zwischen Neuss und Nederweert ausgewiesen wurde.

13 *Neuss*

Die Hauptachse der Neusser Altstadt folgt zwischen Nieder- und Obertor über den Höhenrücken des Büchels dem Verlauf der Niederrheinstraße, die somit das Rückgrat für die städtische Entwicklung bildete. Zwischen dem Jahr 16 v. Chr. und dem 4. Jh. hat es mehrere zeitlich aufeinanderfolgende Militärlager der Römer gegeben. Im südlichen Bereich der heutigen Altstadt konnte eine römische Zivilsiedlung nachgewiesen werden. Eine Siedlungskontinuität von der römischen Kaiserzeit bis zur Stadtwerdung im frühen Mittelalter lässt sich jedoch nicht belegen.

Obertor, Neuss

Selbst die angebliche Gründung des Neusser Benediktinerinnenkonvents im Jahre 825 ist erst in einer späteren Überlieferung fassbar. Sicher belegt ist indes eine dreischiffige Kirche am Ende des 9. Jh., die im 11. Jh. erweitert und mit einer aufwändigen fünfschiffigen Krypta versehen wurde. Das heutige Quirinus-Münster ist ein vollständiger Neubau, der 1209 durch einen Baumeister Wolbero begonnen und um 1240 fertiggestellt wurde. Der Neubaumaßnahme war die Umwandlung des Benediktinerinnenklosters in ein adliges Damenstift im Jahre 1179 vorausgegangen. Bei dem Neubau handelt es sich um eine dreischiffige Emporenbasilika, die zwischen zwei dominierenden Baugruppen eingespannt ist: einer aufwändigen, von fünf Türmen bekrönten Dreikonchenanlage (Kleeblattchor) und einem mächtigen Westbau. Der Kleeblattchor geht auf die Kölner Kirchen Groß St. Martin und St. Apostelen zurück, erscheint aber steiler proportioniert als die Kölner Chöre. Demgegenüber sollte der Westbau in seiner ursprünglichen Konzeption maasländischen Kirchen wie St. Servatius in Maastricht und St. Bartholomäus in Lüttich folgen. In einer späteren Planungsphase wurde jedoch entschieden, einen hoch aufragenden Mittelturm aufzusetzen. In den Einzelformen und dem Baudekor fällt die Gestaltungsfreude der rhein-maasländischen Spätromanik auf, die hier durch Schaftringe und Wulstunterzüge der Bögen sowie durch Palmettenfenster im Langhaus und Schlüssellochfenster in der achteckigen Vierungskuppel zum Ausdruck kommt.

Von dem Pilgerverkehr zum Grab des hl. Quirinus zeugen zwei bauliche Details: zum einen das reich gestaltete Säulenportal an der Südseite, durch das die Pilger die Kirche betraten, zum anderen ein figürliches Doppelkapitel an der Südempore. Letzteres zeigt fünf gebrechliche Pilger auf Krücken, die sich dem Heiligengrab nähern. Es illustriert die Funktion einer Verehrung des hl. Quirinus, der bei Geschwulsten, eiternden Wunden, Drüsenleiden, Skrofeln, Kropfbildungen und Hautkrankheiten sowie seit dem 14. Jh. auch bei Pestgefahr angerufen wurde. In der Ostkonche steht der Schrein des Heiligen, ein Werk, das im Jahre 1900 von dem Aachener Goldschmied Bernhard Witte geschaffen wurde. Witte orientierte sich am Marienschrein im Aachener Dom. Der mittelalterliche Quirinusschrein war 1585 im Truchsessischen Krieg eingeschmolzen worden.

Ostchor (links) und Schützenportal (ehem. Pilgerportal, rechts) von St. Quirinus, Neuss

Heilige als Schlachtenhelfer

Der hl. Quirinus und der Apostel Jakobus d. Ä. besitzen eine Gemeinsamkeit: Beide wurden als Schlachtenhelfer angerufen und verehrt. Einer Urkunde zufolge, die dem asturischen König Ramiro I. zugeschrieben wird, hat Jakobus d. Ä. hilfreich in die Schlacht von Clavijo eingegriffen. Aus dem Eingreifen des Heiligen in den verloren geglaubten Kampf wurde eine Feudalabgabe an die Apostelbasilika in Santiago de Compostela abgeleitet.

Die Schlacht von Clavijo, Hinterglasbild (um 1630/40), Museum für Angewandte Kunst, Köln

Diese Geschichte, die sich nicht vor dem 12. Jh. nachweisen lässt, bildete die Grundlage für ein verbreitetes ikonografisches Motiv: die Darstellung des hl. Jakobus als „miles christi" (Soldat Christi) oder drastischer als „Santiago Matamoros" (Jakobus Maurentöter).

Quirinus, der römische Militärtribun, taucht erstmals zur Zeit der Kreuzzüge als Schlachtenhelfer auf, indem ihm die wundersame Errettung Neusser Kreuzfahrer im Jahre 1217 in der Nähe von Mallorca zugeschrieben wurde. Bemerkenswert ist an dieser Geschichte, dass die Kreuzfahrer zuvor Galicien umschifft und in Portugal angelegt hatten, ihr Besuch in Santiago de Compostela somit sehr wahrscheinlich ist. Seinen eigentlichen Ruhm als Helfer in der Schlacht verdiente sich Quirinus indes erst 1474/75, als burgundische Truppen unter Herzog Karl dem Kühnen die Stadt zehn Monate belagerten. Als die Burgunder das Rheintor zu erstürmen drohten, brachten die Neusser die Reliquien dorthin. Entgegen aller Erwartung konnten sie sich hinter ihren Stadtmauern gegen die burgundische Übermacht halten. Die beiden Errettungsgeschichten des 13. und des 15. Jh. haben die Quirinusverehrung nachhaltig gefördert.

Eine Gegenüberstellung der Legenden von Jakobus und Quirinus zeigt, dass der Ursprung dieser Errettungsgeschichten in der Kreuzzugstheologie des 12. und 13. Jh. zu finden ist. Gemeinsam ist beiden Heiligenlegenden zunächst, dass der Kampf durch ein aktives Eingreifen himmlischer Mächte unterstützt und als Heiliger Krieg legitimiert wurde. Während sich diese Auffassung in der Jakobustradition bis in die Franco-Ära gehalten hat, konnte sich die Quirinusverehrung durch eine Verlagerung des Schwerpunktes auf die wundersame Errettung vor unmittelbarer Gefahr für die Stadt von den ideologischen Zwängen der Kreuzzugsbewegung emanzipieren.

Quirinus und Jakobus, Schützenportal, St. Quirinus, Neuss

NEUSS → ZONS

ETAPPE 9

18,5 km

Durch das mittelalterliche Obertor verlässt der Weg die Stadt nach Südosten Richtung Rhein auf den Spuren des römischen Limes, auf denen die Wanderung auch jenseits der Erftmündung weiterführt. Nach Uedesheim geht es auf dem Rheindeich zunächst nach Stürzelberg und dann am Rand des großen Naturschutzgebiets Zonser Grind entlang. Jenseits der Fährstelle führt eine Lindenallee auf das Rheintor von Zons zu.

Von St. Peter aus ist eine Alternative des Pilgerweges über Nievenheim und Knechtsteden nach Köln möglich, die insbesondere an Wochenenden und bei schönem Wetter ruhiger und beschaulicher ist. Sie folgt zwar nicht dem historischen Verlauf der Niederrheinstraße, bezieht aber den wichtigen Wallfahrtsort Nievenheim und das Prämonstratenserstift Knechtsteden ein. Der Umweg von 10 km kann dadurch wettgemacht werden, dass man von Knechtsteden nach Worringen den Bus nutzt.

Pilgerspuren ...

Bei Ausgrabungen in der Burg Friedestrom in **Zons** wurde eine große atlantische Muschel („Pecten maximus") entdeckt. Zwei Löcher im Scharnierteil lassen erkennen, dass es sich um ein Pilgerzeichen handelt, wie es nachweislich seit 1106 in Santiago de Compostela verkauft worden ist. Hinzu kamen zwei weitere, inzwischen ausgebrochene Löcher am unteren Rand. Die Muschel muss demnach auf ein Kleidungsstück aufgenäht gewesen sein. Der Grabungszusammenhang schließt eine mittelalterliche Datierung aus, die Muschelschale wurde offenbar in der frühen Neuzeit (16.–18. Jh.) verwendet und gehört somit zu den jüngsten der bekannten Muschel-Pilgerzeichen. Ungewöhnlich ist, dass die Löcher nicht in den gewölbten Wirbelteil, sondern in den bruchanfälligeren Scharnierteil der Muschel gebohrt worden sind.

Pilgermuschel, Kreismuseum Zons

In der Dreifaltigkeitskapelle der Vincentinerinnen in Zons, die unmittelbar an das Rheintor grenzt, befand sich eine Madonnenfigur aus Wachs, die zu Beginn des 19. Jh. Kaplan Adam Anken-

Links: Juddeturm, Zons

Salvator Mundi im Hochaltar der Wallfahrtskirche Nievenheim

brand gestiftet hatte. Seit 1822 gilt die heute in der Pfarrkirche St. Martin aufgestellte Madonnenfigur als wundertätig. Sie hat eine große Anzahl von Gläubigen nach Zons gezogen.

Die Variante über Knechtsteden berührt den Wallfahrtsort **Nievenheim**, in dessen Pfarrkirche seit 1557 eine Statue des Salvator Mundi, des Weltenheilands, verehrt wird. Das Gnadenbild hatte sich seit dem 14. Jh. in der Salvatorkirche zu Duisburg befunden, war aber nach Einführung der Reformation in eine Abstellkammer verbracht worden. 1557 wollte ein Katholik das Bild nach Köln überführen, kam jedoch auf wundersame Weise immer wieder in Nievenheim an, sodass er die Statue dort ließ. In der Folge wurde Nievenheim neben Kranenburg zum meistbesuchten Christuswallfahrtsort am Niederrhein und zur Anschlussstation der Aachenfahrt, die in siebenjährigem Rhythmus stattfindet. Im 18. und 19. Jh. kamen jährlich bis zu 50.000 Wallfahrer. Heute kommen 49 Prozessionen aus dem Bergischen und dem Jülicher Land, aus Köln und aus Düsseldorf regelmäßig zum Salvator Mundi.

Die Prämonstratenserstiftskirche St. Marien und St. Andreas in **Knechtsteden** enthält das Knechtstedener Gnadenbild, eine Pieta aus dem dritten Viertel des 14. Jh., die noch heute sehr verehrt wird. Von Mai bis Oktober wallfahren am 13. jeden Monats

Knechtstedener Gnadenbild

im Gedenken an die Marienerscheinung in Fatima zahlreiche Gläubige zur abendlichen Eucharistiefeier dorthin. Das Gnadenbild stand ursprünglich im südlichen Querarm der Kirche, der als Marienchor und als Grablege der Äbte diente. Die Skulptur der trauernden Maria mit dem geschundenen Christusleib spiegelt das Bedürfnis des 14. Jh. nach persönlicher Leidensversenkung im Anblick der Darstellung.

Neuss → Zons Etappe 9

Wegbeschreibung und Hinweise

18,5 km

Wegstrecken zu Fuß und per Rad sind identisch.
Schwierigkeitsgrad: einfach, auf befestigten Straßen und Wegen
Ausgangspunkt Quirinus-Münster, Neuss: Über Oberstraße zum Obertor, vor dem Tor rechts in Zitadellstraße, durch den Park zur Selikumer Straße, links in die Nordkanalallee bis Alexianerplatz. Jenseits geht etwas versteckt der Scheibendamm ab (stellenweise schlecht geteert), bis nahe dem Rhein **(1)** folgen, kurz vor dem Sporthafen rechts in Konstantinstraße, direkt wieder links. Am Sporthafen rechts Grimlinghauserbrücke, links über die Erft Am Römerhafen, am Rhein entlang über Rheinuferstraße, Am Röttgen, Am Reckberg über die A 46 hinweg. Den zweiten Weg links und wieder rechts auf Wahlscheider Weg, über Deichstraße, Rheinfährstraße nach **Uedesheim (2)**, links in Macherscheider Straße, ihrer Fortsetzung parallel zum Rhein folgen bis zur B 9, dieser folgen (Bonner Straße, Koblenzer Straße, Düsseldorfer Straße), vorbei am Silbersee, durch Felder bis zur Kreuzung Bahnstraße in Sankt Peter (hier Abzweig Variante über Knechtsteden, → S. 198). Wenige Meter weiter links in kleine Abzweigung der Düsseldorfer Straße (hier nicht mehr B 9!), über Delrather Straße bis zur Feldstraße von **Stürzelberg (3)**. Für wenige Meter links, dann rechts in Biesenbachstraße, bis diese zur Oberstraße wird, später Deichstraße folgen. Am Ortsrand halblinks über Herrenweg und Rheinstraße bis zum Schlossplatz von **Zons (4)**.

Rheinaue mit Rheinbrücke Düsseldorf-Flehe

SEHENSWERTES ENTLANG DER STRECKE

1 *Novaesium*

Etwa 2,5 km südöstlich von Neuss befand sich der römische Militärstandort Novaesium. Die Lage war auf einer Anhöhe in Rheinnähe am Übergang der Kölner Bucht zur niederrheinischen Tiefebene gewählt. Um das Jahr 16 v. Chr. wurde das erste Lager errichtet und bis ins späte 4. Jh. folgen weitere Militäranlagen. Unmittelbar hinter dem Sporthafen tangiert der Pilgerweg das am besten untersuchte Lager G an seiner Ostflanke. Es handelte sich um eine regelmäßige Anlage, die von der VI. Legion nach dem bei Tacitus geschilderten Bataveraufstand vermutlich ab dem Jahre 74 n. Chr. errichtet wurde. Das Legionslager war von einer Steinmauer mit aufgeschüttetem Erddamm und einem Doppelgraben umgeben. Der durch Ausgrabungen ermittelte Grundriss bietet ein gutes Beispiel für das Schema eines regulären Legionslagers: Das Lagerzentrum bestand aus Verwaltungsbauten, dem Stabsgebäude, dem Prätorium und dem Quaestorium sowie einer Thermenanlage. Längs der in ost-westlicher Richtung verlaufenden Hauptstraße lagen die Wohnungen für die Stabsoffiziere, während die Mannschaftsunterkünfte einen schützen-

Jupitersäule (Kopie) und rekonstruierter Wachturm südlich von Neuss

den Kranz um die Zentralbauten bildeten. Die Versorgungsbauten, Magazine und Werkstätten waren indes in der Nähe der Lagertore angeordnet.

3 km südöstlich des Legionslagers befand sich zwischen den heutigen Neusser Stadtteilen Grimlinghausen und Uedesheim unmittelbar an der Römerstraße das sog. Numeruskastell, ein Kleinkastell, das Ende des 1. Jh. n. Chr. angelegt und später ebenfalls mit einer Steinmauer und einem Doppelgraben umwehrt wurde. Funde aus einem benachbarten Gräberfeld belegen eine Nutzung des Kastells bis zur Mitte des 3. Jh. Etwa 200 m westlich fand man die Fundamente eines römischen Wachturms, der wieder aufgebaut wurde.

2 Uedesheim

Nach einer um 1200 gefälschten Urkunde soll der Kölner Erzbischof Anno II. den Ort Uedesheim im 11. Jh. dem Neusser Quirinusstift geschenkt haben. Das Neusser Damenstift besaß daher das Patronatsrecht über eine Martinskapelle in Uedesheim. Kurz nach 1300 erfolgte die Erhebung der Kapelle zur Pfarrkirche. Eine spätgotische Kirche, von der sich der Turm erhalten hat, entstand um das Jahr 1453 in Ziegelmauerwerk. Das Kirchenschiff wurde 1960 durch einen Neubau ersetzt. Der Architekt Kurt Schweflinghaus aus Ratingen schuf eine moderne, schräg geneigte Hallenkirche.

Christophorus am Fährhaus Uedesheim

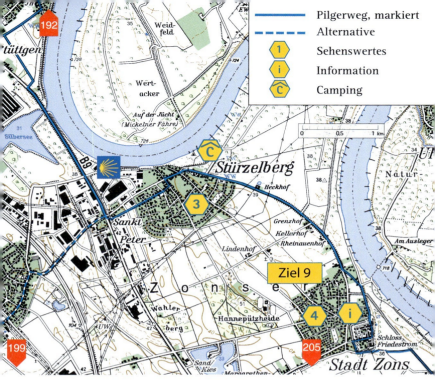

3 Stürzelberg

Das malerisch oberhalb des Rheins gelegene Dorf Stürzelberg ist heute ein Stadtteil von Dormagen. Nach dem Entwurf des preußischen Landbaumeisters Anton Walger wurde 1837 eine Kapelle errichtet, die 1910 durch die Anfügung von Querhaus und Chor zur Pfarrkirche St. Aloysius erweitert wurde. Der ursprüngliche Saalbau ist ein frühes Beispiel für die Wiederverwendung romanisierender Bauformen im Rheinland und stellt somit eine Vorstufe für den in den 1840er-Jahren aufblühenden Historismus im rheinischen Kirchenbau dar.

St. Aloysius, Stürzelberg und Deichmauer

4 Zons

Aufgrund seines geschlossenen Ortsbildes und der nahezu vollständig erhaltenen Stadtmauer wird Zons gerne als „das niederrheinische Rothenburg" bezeichnet.

Zons gehörte spätestens seit Bischof Kunibert (7. Jh.) zu den zwölf Tafelgütern der Kölner Bischöfe. Grabungen im Hof der Burg Friedestrom haben für die Wende vom 8. zum 9. Jh. eine größere profane Anlage festgestellt. Im 11. Jh. wurde dort eine einfache Saalkirche gebaut, die um 1200 durch einen größeren Bau ersetzt, aber 1369 bei der Einnahme von Zons durch Truppen des Herzogtums Jülich zerstört wurde. Die Zonser Kirche war rechtlich der älteren Mutterpfarre in Bürgel unterstellt. Die Eigenständigkeit der Stadt wurde bestätigt, als Erzbischof Friedrich von Saarwerden 1372 den Rheinzoll von Neuss nach Zons verlegte und ein Jahr später die Stadtrechte verlieh. Zur Absicherung des Zolls ließ der Erzbischof eine Stadt mit planmäßigem Grundriss für 124 Bauplätze anlegen und von einer Mauer umgeben. Außerdem errichtete er auf einer Grundfläche von 11.000 m^2 eine mächtige Burg. Da die Kirche der Burg weichen musste, erfolgte der Bau der wohl 1408 vollendeten Martinskirche in einem nordwestlich angrenzenden Straßengeviert. Im 19. Jh. wurde dieses Gotteshaus jedoch zu klein und daher niedergelegt, um Platz für einen neuen, 1876–78 nach Plänen von Vincenz Statz errichteten Kirchenbau zu schaffen. Statz entwarf eine neugotische Backsteinkirche, die mit ihrem hohen Turm das geschlossene Stadtbild ergänzt. Der Innenraum ist aufwändig mit schwarzen Marmorsäulen, Granitbasen und Granitkapitellen gestaltet.

Rheinfähre Zons-Bürgel

Die Mauerblümchen von Zons

Stadtmauer Zons

Die Stadtmauer von Zons ist nicht nur ein bauliches Denkmal. Ihre Krone, Ritzen und Saumbereiche sind Standort besonders seltener wie auch schöner Pflanzen, die Kulturgeschichte erzählen: Viele fanden über Fernhandels- und Schiffswege hierher, wurden aus Wald und Wiesen eingeschleppt oder sind – wie z. B. der Gelbe Lerchensporn (Corydalis lutea) – aus alten Bauerngärten hierher geflüchtet.

Im Sommer erfreut das Farbenspiel der zartgelben Blüten des Steifen Schöterichs (Erysimum hieraciifolium), der rosa-violetten Rachenblüten des Gemeinen Natternkopfes (Echium vulgare) oder der aquamarinblauen Blüten der Rundblättrigen Glockenblume (Campanula rotundifolia) die Passanten. Auf der Innenseite der Ostmauer gedeiht die sonst nur noch selten anzutreffende Mauerraute (Asplenium ruta-muraria), eine an Kalkfelsen gebundene Farnpflanze der arktischen und alpinen Hochgebirge. Die Zonser Ziegelsteinmauer ist eine der wenigen Norddeutschlands, auf der dank der milden Winter im Rheintal das Mauer-Glaskraut (Parietaria judaica) wächst.

Eine alte Zauberpflanze ist die Echte Hauswurz (Sempervivum). Sie wurde auf Dächern angepflanzt, um Seuchen und Blitze abzuhalten. So empfahl schon Karl der Große um 785 im Capitulare des Villes: „Et ille hortulanus habeat super domum suam Iovis barbam" – und jeder Gärtner sollte das Kraut auf seinem Hause haben. Einige der Mauerpflanzen finden heute noch bei religiösen Bräuchen wie der Kräuterweihe an Mariä Himmelfahrt Verwendung.

Norbert Grimbach hat sich in den letzten Jahrzehnten ausführlich mit der Zonser Stadtmauer befasst. 1987 erhielt der Biologe dafür das Albert-Steeger-Stipendium (→ S. 176).

von links nach rechts: Gelber Lerchensporn, Mauer-Glaskraut, Echte Hauswurz

VARIANTE ÜBER NIEVENHEIM UND KNECHTSTEDEN

25,5 km Wegbeschreibung und Hinweise

Wegstrecken zu Fuß und per Rad sind identisch.
Schwierigkeitsgrad: einfach, auf befestigten Straßen und Wegen
Ausgangspunkt B 9, Dormagen-St. Peter: Rechts Bahnstraße, St.-Peter-Straße bis Delrath, dort links mit der Johannesstraße durch den Ort, S-Bahn unterqueren, auf Bismarckstraße ins Zentrum von **Nievenheim (5)**, weiter St.-André-Straße (Abstecher Pankratiuskirche: links über Konrad-Schlaun-Straße), Hindenburgstraße und InÜckerath, nach Überquerung des Norfbachs direkt links bis in den Wald, weiter dem X3 nach links durch den Wald bis **Kloster Knechtsteden (6)** folgen. Jenseits wieder auf dem X 3 und über Stommelner Straße bis Hackenbroich. Rechts über Dorfstraße zu St. Katharina, rechts Katharinenstraße, versetzt Sinnersdorfer, Hackhauser und Schloss-Arff-Straße. Am Ende links auf Fürther Weg bis Straberger Weg und mit diesem die Autobahn unterqueren, dahinter links ab, weiter auf Fürther Weg bis zur S-Bahn, diese im Rechtsbogen unterqueren und weiter auf Fürther Weg, Hackhauser Straße ins Zentrum von Worringen.

5 Nievenheim

Die Wallfahrtskirche St. Pankratius in Nievenheim geht auf das frühe Mittelalter zurück. In den Urkunden der Abtei Werden wird zwischen 796 und 817 fünfmal der Gau Nievenheim erwähnt. Das Dorf besaß offenbar bereits zur Zeit Karls des Großen zentralörtliche Funktionen. Seine eigentliche Bedeutung erlangte Nievenheim jedoch erst 1557, als die zuvor in Duisburg verehrte Statue des Salvator Mundi in die Pfarrkirche gelangte und eine der größten Christuswallfahrten am Niederrhein auslöste. Heute ist der Gnadenort durch Baumaßnahmen geprägt, die 1739–43 durchgeführt wurden. Die Kirche des 12. Jh. wurde mit Ausnahme des Turmes abgebrochen und durch einen spätbarocken Neubau ersetzt. Der Kölner Kurfürst Clemens August von Wittelsbach, der das Salvatorbild in Nievenheim 1734 besucht hatte, förderte den Neubau und stiftete den Hochaltar. Für den Entwurf der Innen-

Karnevalsmesse in Nievenheim

ausstattung vermittelte er seinen westfälischen Hofbaumeister Johann Conrad Schlaun, einen der wichtigsten Barockarchitekten im westlichen Deutschland. Schlaun verstand es geschickt, die 1 m große Salvatorfigur durch die Hochaltararchitektur zur Geltung zu bringen. Den rechten Seitenaltar, der eine flämische Anbetung der Heiligen Drei Könige enthält, hat Schlaun selbst gestiftet. Am unteren Bildrand ist sein Wappen zu sehen. Die Pfarrgemeinde sicherte Schlaun als Gegenleistung das Begräbnisrecht vor dem Altar zu, wovon er allerdings keinen Gebrauch machte. Der linke Seitenaltar, der ursprünglich eine Marienfigur enthielt, ist ebenfalls von Schlaun entworfen worden. Ihn stiftete der Kölner Bürgermeister Melchior Rutger Krieg, dessen Schwiegermutter aus einer in Nievenheim begüterten Familie stammte. Der Friedhof wurde regelmäßig zur Wallfahrtszeit um Pfingsten und Fronleichnam eingeebnet, um Platz für die Wallfahrer zu schaffen. Zu Allerheiligen waren dann alle Grabkreuze wieder aufgestellt. Die größere der beiden achteckigen Friedhofskapellen ließ sich der letzte Abt von Knechtsteden, Johann Michael Hendel (gest. 1805), als Grablege errichten.

6 *Kloster Knechtsteden*

Die Prämonstratenserstiftskirche St. Marien und St. Andreas in Knechtsteden geht auf eine Stiftung des Kölner Domdekans Hugo von Sponheim zurück, der im Jahre 1130 seinen Fronhof in Knechtsteden mit den zugehörigen Ländereien „Gott und seiner glorreichen Mutter sowie der heiligen Maria Magdalena" schenkte. Auf Vermittlung des Kölner Erzbischofs Friedrich von Schwarzenberg wurde die Stiftung den Prämonstratensern übertragen, die 1138 mit dem Bau der heute bestehenden Kirche begannen. Sie errichteten die dreischiffige Basilika als Doppelchoranlage. Mit ihrem achteckigen Vierungsturm, den Chorwinkeltürmen und weiteren baulichen Details, wie Bogenfriesen, Fensterumrahmungen und Portalgestaltungen, schließt sich der Bau an die etwas ältere Abteikirche von Maria Laach an. Zusammen mit Maria Laach gehört die Kirche zu den frühesten großen Gewölbebauten im Rheinland. Aber ihr Gewölbesystem zeigt gegenüber der Abteikirche am Laacher See eine eigenständige Note, indem die Kreuzgratgewölbe über den einzelnen Jochen in der Art von Hängekuppeln herabgezogen sind. Der Innenraum der Kirche besticht, wie der Kunsthistoriker Dethard von Winterfeld urteilte, „durch die klare Grundrissdisposition, die Ausgewogenheit seiner Proportionen und sein perfektes Gewölbe- und Gliederungssystem". Während die Ostapsis 1477 nach dem burgundischen Krieg erneuert werden musste, hat sich in der romanischen Westapsis eine Ausmalung der Zeit um 1160 erhalten. Sie stellt die Maiestas Domini, Christus als Weltenherrscher, umgeben von den als Evangelistensymbolen gedeuteten Wesen der Apokalypse dar. An der Nordseite der Kirche schließt sich der Kreuzgang an, dessen Kapitelle jedoch ausgebaut und an verschiedene Orte, wie das Museum Schnütgen in Köln und das LVR-LandesMuseum in Bonn, verkauft wurden. 14 Säulenpaare wurden am Südturm von Haus Gripswald bei Ossum (→ Abb. S. 178) verbaut.

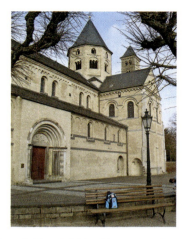

Klosterkirche Knechtsteden

Torhaus von Kloster Knechtsteden

ETAPPE 10

ZONS → KÖLN

Von Zons bis Köln-Niehl verläuft der gekennzeichnete Weg rheinnah bis Dormagen auf dem Deich und anschließend entlang der Bundesstraße zwischen dem Bayerwerk und dem Rheinufer bis Worringen. Die nicht ausgeschilderte Alternative von Kloster Knechtsteden geht bis Hackenbroich durch den Chorbusch. Hier schwenkt sie Richtung Osten, um in Köln-Worringen den Anschluss an die Hauptstrecke zu finden. Alternativ kann vom Kloster bis zum St.-Tönnis-Platz im Zentrum von Worringen auch der Bus (VRR 885) genutzt werden. Die Fortsetzung verläuft, abgesehen von kleinen Abstechern in die Dorfzentren, bis Merkenich meist mit Blick auf den Rhein. Die folgende Durchquerung der Fordwerke erfolgt auf einem grünen Fuß- und Radweg. In Niehl trifft der Pilgerweg noch einmal auf den Rhein, um anschließend auf geradem Weg durch den Kölner Vorort Nippes ins Herz der Domstadt zu gelangen.

28,5 km

Die Etappe ist untergliedert in zwei Teilstrecken: 10A von Zons bzw. Knechtsteden nach Merkenich und 10B von Merkenich nach Köln.

Pilgerspuren ...

Auf dem Weg zum Dom führt der Pilgerweg zur Kirche St. Ursula, in welcher die britannische Prinzessin Ursula mit ihren Gefährtinnen verehrt wird. Der Legende zufolge haben die Jungfrauen eine Pilgerfahrt auf dem Rhein nach Rom unternommen und waren auf der Rückreise von heidnischen Hunnen getötet worden. Nach dem Abzug der Hunnen haben Kölner Bürger die Märtyrerinnen auf dem Gelände um die heutige Ursulakirche beigesetzt. Die ersten schriftlichen Nachrichten darüber stammen aus dem 9. Jh. Bis zu ihrer Vollform in der „Legenda aurea" des späten 13. Jh. entwickelte sich die Legende weiter. So wurden aus zunächst elf Jungfrauen durch einen Übersetzungsfehler 11.000. 1106 stieß man beim Bau einer neuen Stadtmauer im Verlauf der heutigen Eintrachtstraße tatsächlich auf eine große Anzahl von Gebeinen, die von einem römischen Gräberfeld stammten. Seit dem 14. Jh. wurden für Einzelreliquien Ursulabüsten angefertigt, die in zahlreiche Kirchen in ganz Europa gelangten. Die Kölner Ursulaverehrung erfuhr auf diese Weise eine große Popularität und zog zahlreiche Pilger an.

Links: Kölner Schweid, 1610, Stadtmuseum Köln

Der Kölner Dom ist ein weiteres wichtiges Pilgerziel, insbesondere nachdem Erzbischof Reinald von Dassel 1164 in Mailand die Reliquien der Heiligen Drei Könige erwerben konnte. Sowohl der Dreikönigenschrein wie auch der Neubau des Kölner Domes gehen auf das Bemühen zurück, einen würdigen Aufbewahrungsort für die kostbaren Gebeine zu schaffen. Der alltägliche Pilgerverkehr spielte sich im Umgang des 1322 geweihten Chores ab, wo der Schrein in der Achskapelle besucht werden konnte. Die Kunsthistoriker Rolf Lauer und Rüdiger Becksmann gehen davon aus, dass der Umgang ein Ausstattungsprogramm erhalten habe, das ganz auf den Pilger bezogen war: Es greife einerseits den Gang durch die neutestamentliche Heilsgeschichte von der Verkündigung über die Geburt bis zur Kreuzigung auf und setze andererseits die Verehrungsstätte der Heiligen Drei Könige in eine Beziehung zu den anderen Heiligen des Domes sowie zu weiteren Pilgerorten Europas, nämlich Bari, Rom, Lucca und Santiago de Compostela.

Stadtansicht von Köln mit Ursulalegende, Kölnisches Tafelbild von 1411, Wallraff-Richartz-Museum, Köln

Schrein der Heiligen Drei Könige im Kölner Dom

In der Domstadt existierten über die Jahrhunderte hinweg neben einer Pfarrkirche zwei Kapellen mit Jakobus als Hauptpatron, eine im Dom und eine im Kloster zum Lämmchen. In der Stephanuskapelle ist er bei der Weihe 1009 als Mitpatron aufgeführt. In Kölner Kirchen sind 16 Altäre belegt, an denen der Pilgerpatron verehrt wurde.

Teilstrecke 10A

ZONS → MERKENICH

18 km

Wegbeschreibung und Hinweise

**Wegstrecken zu Fuß und per Rad sind weitgehend identisch.
Schwierigkeitsgrad:** leicht, ohne Steigungen, überwiegend auf kombinierten Rad- und Fußwegen

Ausgangspunkt Schlossplatz, Zons: Zusammen mit X3 über Schlossstraße bis zur Wallanlage, dort links Hinweis „Freilichtbühne" folgen, an Stadtmühle vorbei **(1)**, links Richtung Rhein bis auf den Rheindamm, abweichend vom X3 auf dem Damm parallel zum Rhein an der Deponie (Radfahrer hier auf dem parallelen Weg unterhalb des Damms) und Rheinfeld vorbei, nach Kläranlage rechts auf Oberster Monheimer Weg. B 9 kreuzen, über Europastraße, an Kölner Straße (rechts Abstecher **St. Michael, Dormagen (2)**) links wieder zur B 9, dieser als Neusser Landstraße bis **Worringen (3)** folgen, am Ortsrand halbrechts auf Ottokühlchenweg, Lievergesberg, am Ende Hackenbroicher Straße (rechts Abstecher St. Pankratius) links, rechts auf In der Lohn, wieder rechts auf Alte Neusser Landstraße und sofort links in Langeler Weg, B 9 unterqueren, weiter über Langeler Damm entlang des Rheins, Hitdorfer Fährweg queren über Cohnenhofstraße **(4)** und links wieder auf Langeler Damm bis St. Amandus, **Rheinkassel (5)**, jenseits der Kirche Kasselberger und dann Feldkasseler Weg bis Merkenich folgen, dort links über Merkenicher Hauptstraße, links in Brictiusstraße zu St. Brictius in **Merkenich (6)**.

Jakobusfigur,
St Amandus,
Rheinkassel

Das nächste Hochwasser kommt bestimmt

„Durch den kleinen Garten
In dem meine Omma
Immer nach den Tomaten und Stachelbeeren guckte
Kam immer der Rhein
Wenn er mal wieder größenwahnsinnig wurde ..."

Hanns Dieter Hüsch

Das war nicht nur zu Zeiten von Hanns Dieter Hüschs Omma so. Hochwasser gab es schon immer am Rhein, doch in den letzten Jahrzehnten hat es an Häufigkeit und Ausmaß zugenommen. Schuld daran ist der erhöhte Wasserabfluss, der vornehmlich durch vermehrte Bodenversiegelung, Trockenlegung natürlicher Feuchtgebiete und den Verlust an Überschwemmungsraum durch Begradigung und Eindeichung von Gewässern entstanden ist.

Im Jahr 1988 spitzte sich die Lage an Mittel- und Niederrhein so zu, dass die Anlieger sich 1990 in einer Hochwassernotgemeinschaft Rhein e. V. zusammenschlossen. Dem Bündnis lag die Erkenntnis zugrunde, dass jeder Oberanlieger am Flusslauf zugleich auch Unteranlieger ist. Nur wenn alle gemeinsam der Haltung „Nach uns die Sintflut" entgegenwirkten, würde sich die Situation bessern. Gemeinsam wollte man durch Schutz- und Gegenmaßnahmen die künftigen Hochwasserspitzen kappen. Nach den Hochwasserereignissen 1993 und 1995 wurde in Köln ein kommunales Hochwasserschutzkonzept vom Rat beschlossen. Nach ihm wurden in den letzten Jahren nicht nur Deiche erhöht und Schutzmauern gebaut, sondern auch Überschwemmungsräume geplant, die die verloren gegangenen Flächen ersetzen sollen. Ein solcher Rückhalteraum ist das Worringer Bruch, der Polder einer alten Flussschlinge im Kölner Norden. Er soll bei einem Kölner Pegel ab 11,70 m geflutet werden, wodurch der Wasserstand stromabwärts um fast 13 Zentimeter gesenkt werden kann. Da bei Eintreten eines solchen Falles auch die alte Römerstraße, über die der Pilgerweg führt, überflutet wäre, müssten die Pilger – ganz wie in alten Zeiten – einen längeren Umweg in Kauf nehmen.

SEHENSWERTES ENTLANG DER STRECKE

1 Die Rheinstromverlagerung bei Zons

Zons

Beim Verlassen der Stadt ist das Bett des römischen Rheinlaufs am Fuß der Stadtmauer noch gut erkennbar. Im 14. Jh. durchbrach der Rhein diesen weiten Mäanderbogen. Zons war daraufhin von Bürgel, das durch die natürliche Begradigung nun rechtsrheinisch lag, getrennt, aber die Wasserstraße führte jetzt auch näher an der Stadt vorbei. Da zur selben Zeit der Strom sein Bett um 2 km von der Stadt Neuss abgerückt hatte, wurde die Zollstelle von Neuss nach Zons verlagert. Darüber hinaus boten sich im Winkel von neuem Rheinbett und noch lange Zeit Wasser führendem Altarm ideale Voraussetzungen für eine Befestigung der neuen Zollstätte an.

2 Dormagen

Der Name Dormagen geht auf das antike Durnomagus zurück, das um 300 n. Chr. im „Itinerarium Antonini" als wichtigster Ort an der römischen Fernstraße zwischen Köln und Neuss verzeichnet ist. Seit dem 1. Jh. n. Chr. war Durnomagus ein Militärstandort. Auf dem Gelände des heutigen Freibades der Bayerwerke wurden vier Ziegelöfen der I. Legion gefunden, somit dürfte sich hier eine der größten Militärziegeleien der germanischen Provinzen Roms befunden haben. Ende des 2. Jh. wurde der Militärstandort aufgelöst. Eine römische Zivilsiedlung bestand bis zum späten 4. Jh. fort. Eine Siedlungskontinuität zwischen dieser Siedlung und dem hochmittelalterlichen Straßendorf ist unwahrscheinlich.

Die 1274 erstmals genannte Pfarrkirche St. Michael besitzt mit den drei unteren Geschossen ihres Kirchturms Bausubstanz des 12. Jh. Das romanische Kirchenschiff wurde 1887, ein neugotischer Nachfolgebau nach Kriegsschäden des Jahres 1945 abgetra-

Zons → Merkenich Etappe 10A

gen. Das heutige Kirchenschiff ist einer der bemerkenswertesten Sakralbauten der Moderne am niederrheinischen Pilgerweg. Der Kölner Architekt Hans Schilling entwarf 1970 einen aufragenden Ziegelbau auf einem unregelmäßigen Sechseck, dessen Altarinsel durch indirekte Lichtvertikalen in Szene gesetzt wird.

1917 errichtete die Bayer AG in Dormagen ein Chemiewerk, durch das die Bevölkerungszahl anstieg. Nach dem Zusammenschluss mit der Nachbargemeinde Hackenbroich erhielt Dormagen 1969 Stadtrechte.

St. Michael, Dormagen

Die Schlacht von Worringen

Am 5. Juni 1288 fand auf den Feldern südöstlich des Dorfes Worringen die Entscheidungsschlacht des bereits fünf Jahre andauernden Erbfolgekrieges um das Herzogtum Limburg statt. Nach dem Tod von Herzog Walram IV. von Limburg und seiner Tochter Irmgard, die mit Graf Reinald von Geldern verheiratet war, meldeten Graf Adolf V. von Berg und Graf Heinrich III. von Luxemburg Anspruch auf das Erbe an. Im Verlauf eines fünfjährigen Streites verbündeten sich Reinald und Heinrich gegen die Ansprüche Adolfs, der nun seine Rechte an Herzog Jan I. von Brabant veräußerte. Der Kölner Erzbischof Siegfried von Westerburg hatte sich derweil den beiden verbündeten Grafen angeschlossen, um einen Machtzuwachs der Grafschaft Berg unmittelbar neben seinem eigenen Territorium zu verhindern. Beide Koalitionen bemühten sich um die Unterstützung der Kölner Bürger. Zwar hatte die Stadt Köln im Sommer 1287 mit ihrem Landesherrn, dem Erzbischof, einen Neutralitätsvertrag geschlossen, dennoch zogen sie zehn Monate später an der Seite von Berg und Brabant in den Krieg. Für Erzbischof Siegfried war dies ein deutlicher Vertragsbruch, gegen den er mit der Errichtung einer Burg bei Worringen anging. Nachdem stadtkölnische, brabantische und bergische Truppen das Dorf mit der Baustelle sieben Tage belagert hatten, rückte das Heer der verbündeten Truppen aus Limburg, Geldern und dem Erzstift heran. Der Erzbischof beging den entscheidenden Fehler, sich von den gegnerischen Fußtruppen abzuwenden und den Herzog von Brabant direkt anzugreifen. Dabei behinderte Siegfried die ebenfalls gegen Brabant vorgehenden Luxemburger und gab dem kölnisch-bergischen Fußvolk Gelegenheit, ihn zu umzingeln. Das luxemburgisch-geldrisch-erzstiftische Heer brach zusammen, Siegfried von Westerburg und Reinald von Geldern gerieten in Gefangenschaft, während Heinrich von Luxemburg fiel. Jan von Brabant konnte nach der Schlacht seine Ansprüche auf Limburg durchsetzen. Für die Stadt Köln bedeutete die Niederlage Siegfrieds die Unabhängigkeit vom Erzstift, zumal König Adolf von Nassau ihren Vertragsbruch sanktionierte. Allerdings sollte es noch bis 1475 dauern, bis Köln den offiziellen Status einer freien Reichsstadt verliehen bekam.

Schlacht von Worringen aus der Bürgermeister-Grin-Sage, Kupferstich von F. Hogenberg (1571)

3 Worringen

Fronhof von Worringen

Worringen ist der nördlichste Stadtteil von Köln und einer der wenigen, die ihren ländlichen Charakter bewahren konnten. Mehrflügelige Hofanlagen, wie der aus dem 17. Jh. stammende Fronhof und der im 19. Jh. erbaute „Dicke Hof", prägen das Ortsbild und bilden mit der Pfarrkirche Alt St. Pankratius, deren Bausubstanz weitgehend aus der Zeit um 1400 stammt, ein Ensemble. Der Ort selbst ist 922 erstmals erwähnt worden. Aus dem Besitz der Kölner Dompropstei ging er 1153 an die Grafen von Jülich über, die eine Burg errichteten. Neu St.-Pankratius, eine neoromanische Backsteinhalle, wurde 1863–66 nach Plänen von Heinrich Nagelschmidt etwas außerhalb der alten Ortslage errichtet.

4 Langel

Cohnenhofkapelle, Langel

Die Hauptstraße des ehemaligen Fischerdorfes Langel ist nach dem einstmals größten Bauernhof des Ortes benannt, dem Cohnenhof. Die Backsteingebäude wie Wohnhaus, Scheune, Stallungen und Schuppen bilden dabei eine vierseitige Anlage um den Innenhof. Viele fränkische Hofanlagen wie diese wurden in den letzten Jahrzehnten aufgrund ihrer Lage mitten im Dorf oder wegen Aufgabe der Landwirtschaft zu Wohnungen umgebaut. Teil des Ensembles ist die Cohnenhofkapelle von 1858, die im Besitz der Stadt Köln ist.

Wendelinusfigur der Cohnenhofkapelle, Langel

Hl. Walburga

Über dem Eingang steht eine Figur des hl. Wendelinus. Als Patron der Hirten, Schäfer, Bauern und des Viehs genoss er im ländlichen Raum hohes Ansehen. Das barock ausgestattete Gotteshaus wurde im Zuge des Umbaus von der Stadt restauriert und von der Kirchengemeinde eingerichtet. Die Heiligenfiguren von Paulus, Katharina, Cornelius und Walburga sind die Namenspatrone der Erbauer, der früheren Pächter und Eigentümer des Hofgutes.

5 *Rheinkassel*

St. Amandus, Rheinkassel

Die Pfarrkirche von Rheinkassel, St. Amandus, liegt dicht am Rhein auf einer hochwasserfreien Anhöhe, die heute in die Rheindämme des tiefer gelegenen Ortes einbezogen ist. Das Patrozinium nennt den fränkischen Missionar Amandus, der in der Abtei Elno in Flandern begraben liegt. Möglicherweise hatte die Abtei in Rheinkassel Besitzungen, auf denen sie im 10. Jh. eine Eigenkirche errichtet haben könnte. Ein ottonischer Gründungsbau konnte bei Ausgrabungen nachgewiesen werden. Die heutige Kirche enthält im Kern Bausubstanz des 11. Jh. und wurde seit dem späten 12. Jh. zu ihrer heutigen Gestalt erweitert. Es handelt sich um eine dreischiffige gewölbte Basilika mit Stützenwechsel, der ein gedrungener Westturm vorgestellt wurde.

Da die Mutterkirche von St. Amandus in jener Zeit, die Kölner Stiftskirche St. Gereon, ebenfalls eine Chorfassade aufweist, wurde vermutet, es handele sich in Rheinkassel um eine in den Formen reduzierte Wiederholung des Chores von St. Gereon. Ähnlich ist die Art, in welcher der Bogenfries der Apsis an den Chortürmchen weitergeführt ist. Im Inneren fällt die Farbverglasung von Dieter Hartmann ins Auge. Zur Ausstattung gehören eine thronende Muttergottes der Zeit um 1300, ein in seiner Grazilität typisch kölnisches Werk, sowie eine moderne Darstellung des Apostels Jakobus d. Ä. an der linken Wand des Hauptschiffes, die der Kölner Bildhauer Toni Zenz 1997 unter dem Eindruck einer Wiederbelebung der Pilgerfahrten nach Santiago de Compostela geschaffen hat.

6 Merkenich

Wie so oft am südlichen Niederrhein (Hohenbudberg, Büderich, Uedesheim, Nievenheim, Dormagen) ist auch in Merkenich nur der Turm der mittelalterlichen Pfarrkirche St. Brictius stehen geblieben. Das Kunibertstift in Köln war Grundherr in Merkenich. Die Brictiuskirche ist wohl im 10. Jh. gegründet worden. Die Brictiusverehrung verbreitete sich im Gefolge der Martinsverehrung, dessen Nachfolger der Heilige um 397 als Bischof von Tours wurde.

Der Turm wurde im frühen 13. Jh. angebaut. Heute steht westlich des Turmes ein verhältnismäßig schlichter Saalbau von 1961–64, den der Kölner Architekt Karl Band in Stahlbeton errichtete. Im Inneren befindet sich aus dem Vorgängerbau eine kölnische Sitzmadonna der Zeit um 1440. An der linken Kirchenwand erwartet die Pilger neben einem Reliquiar eine Eichenholzfigur des Kirchenpatrons.

Kölnische Madonna und St. Brictius, Merkenich

Teilstrecke 10B

KÖLN-MERKENICH → KÖLNER DOM

10,5 km Wegbeschreibung und Hinweise

Wegstrecken zu Fuß und per Rad sind weitgehend identisch.
Schwierigkeitsgrad: leicht, ohne Steigungen, überwiegend auf kombinierten Rad- und Fußwegen sowie Stadtstraßen

Ausgangspunkt St. Brictius, Köln-Merkenich: Jenseits der Kirche rechts über den Rheindamm, an T-Kreuzung rechts zurück zur Hauptstraße, sie ein Stück zurückgehen und links über Ivenshofweg zur Emdener Straße, diese queren und links dem Weg durch die Fordwerke folgen. Am Ende links auf Bremerhavener Straße zum Rheinufer und über Niehler Damm zum **Niehler Dom (7)**, über Kirchhof und Halfengasse, links Hermesgasse zur **Agathakapelle (8)**, weiter über Merkenicher Straße, rechts Sebastianstraße, für ca. 4 km über Niehler Straße, vorbei an Pferderennbahn, Inneren Grüngürtel queren, bis Niehler Straße an **St. Agnes (9, 10)** auf Neusser Straße (B 9) trifft, dieser bis zum Ebertplatz folgen, über Eigelstein **(11)**, nach Bahnunterführung (rechts Abstecher St. Ursula) geradeaus Marzellenstraße mit St. Mariä Himmelfahrt zum Kölner **Dom (12)**.

Rheinufer in Niehl

SEHENSWERTES ENTLANG DER STRECKE

7 *Niehl*

Alt St. Katharina, Niehl

Das ehemalige Bauern- und Fischerdorf Niehl ist heute geprägt durch die gewaltigen Anlagen der Fordwerke und des Kölner Hafens. Beide Einrichtungen sind in den 1920er-Jahren auf Veranlassung des damaligen Oberbürgermeisters Konrad Adenauer in Niehl angesiedelt worden. Mit der Kirche Alt St. Katharina, welche von den Einwohnern liebevoll „Niehler Dömchen" genannt wird, ist hier eine charakteristische romanische Landkirche des Kölner Raumes erhalten. Die ursprünglich dreischiffige Basilika gehörte, wie schon St. Brictius in Merkenich, dem Kunibertstift. Der Bau stammt im Kern aus dem 12. Jh. und wurde um 1260 nach der Anfügung eines frühgotischen Chores erhöht. Um 1400 erfolgte eine Einwölbung des Schiffes, wobei das Rippensystem des Chores fortgeführt wurde.

8 *Agathakapelle, Niehl*

Marienandacht vor der Agathakapelle

Die schmucke Kapelle im Schatten der alten Esche an der Ecke der Hermesgasse mit dem Erbauungsdatum 1701 stand früher an der Niehler Straße vor dem gleichnamigen Krankenhaus. Die Urkunde von 1903 zur Grundsteinlegung des heutigen Krankenhauses betont, dass es der hl. Agatha geweiht ist, „zum Andenken an eine vor dem Krankenhaus stehende, der hl. Agatha gewidmeten Kapelle, welche demnächst niedergelegt wird". Es gab noch einen weiteren Grund für die Namenswahl:

Als im Jahr 1900 ein Brand das Kloster in Zülpich-Hoven zu zerstören drohte, bat die Generaloberin der Celitinnen die hl. Agnes um Hilfe und versprach, die nächste Ordensgründung ihr zu weihen. Sie wurde erhört.

Doch noch viele Jahrzehnte rollten die Straßenbahn und der ganze Schwerlastverkehr an der alten Kapelle vorbei, bis sie an einen ruhigeren Standort versetzt wurde. Dort wird sie nun von der Nachbarschaft gepflegt. Am letzten Sonntag des Marienmonats Mai und am ersten im Oktober lädt sie zur Andacht dorthin ein, die gesellig ausklingt.

Der hl. Nepomuk am Rhein

Dreimal begegnen wir dem hl. Nepomuk in Köln auf unserem Weg bis zum Dom: in Niehl, in Worringen und am Gereonsportal des Doms. Johannes von Pomuk – aus „ne Pomuk" (bei Pilsen in Böhmen) –, wie sein vollständiger Name lautet, war 1370 Kleriker des Prager Erzbistums. Am 20. März 1393 ließ König Wenzel ihn gefangen nehmen und von einer Brücke in die Moldau werfen. Doch sein Leichnam ging trotz Beschwerung nicht unter, sondern schwamm von fünf Sternen begleitet ans Ufer. Der Legende nach lag der Grund seiner Hinrichtung in der Verschwiegenheit gegenüber dem König, der erfahren wollte, was seine Frau gebeichtet hatte.

Seine Verehrung verbreitete sich nach seiner Heiligsprechung 1721 besonders durch die Jesuiten. Seinem Denkmal auf der Prager Karlsbrücke von 1693 folgten rund

Hl. Nepomuk auf der Kirchmauer in Niehl

3.000 Bildnisse in der Stadt, was Rainer Maria Rilke zu dem Stoßseufzer veranlasste: „Aber diese Nepomucken! Von des Torgangs Lucken gucken / und auf allen Brucken spucken / lauter, lauter Nepomucken." Die meisten Darstellungen zeigen ihn als Priester mit Kreuz und Palme, manchmal mit dem Finger am Mund als Zeichen der Verschwiegenheit oder mit einem Kranz von fünf Sternen. Der Niehler Nepomuk wurde 1747 auf die Spitze eines Eisbrechers östlich der Kirche als Schutzheiliger gegen Eisgang gestellt. Als nach den Hochwasserereignissen der Jahre 1780 und 1784 eine geschlossene Kirchenmauer gebaut wurde, vertraute man seinem Schutz und versetzte ihn dorthin.

Darstellungen des Apostels Jakobus der Ältere in

- Ⓑ **St. Ursula** figürliche Glasmalerei im Chorpolygon (1892)
- Ⓒ **St. Mariä Himmelfahrt** Pfeilerskulptur des Apostels nach 1627, Ölgemälde im südl. Nebenchor (1. H. 17. Jh.), Tabernakelfigur mit Pilgermuscheln (1628)
- Ⓓ **St. Maria im Kapitol** Fenster (H. Holtmann, 1889) im Nordschiff mit Ursula und Gereon (um 1500), im Südschiff mit Stifter Jakob Heller (16. Jh.)
- Ⓔ **St. Peter** Fenster im südlichen Seitenschiff (1525)
- Ⓕ **St. Aposteln** Figur aus Apostelzyklus (1330), Tafelbild „Aussendung der Apostel" (1510)
- Ⓖ **St. Georg** Fenster im Westbau (1930)
- Ⓗ **St. Pantaleon** im Deckengemälde „Die Himmelsstadt" (1965), Leuchterfigur 7-armiger Leuchter (1967)
- Ⓘ **Elendskirche St. Gregor** linker Seitenaltar (1767)
- ⑩ **St. Agnes** Büstenrelief im Apostelzyklus, Hochchor (Ende 19. Jh.)
- ⑫ **Kölner Dom** siehe S. 224

Pilgerdarstellungen in Kölner Museen

www.museenkoeln.de

1. **Wallraf-Richartz-Museum**
   Altargemälde in der Mittelalterabteilung,
   Landschaftsbilder in der Barockabteilung
2. **Kölnisches Stadtmuseum**
   Gusseisenplatte und Pilgerzeichen
3. **Museum für Angewandte Kunst**
   Hinterglasbild „Die Schlacht von Clavijo" um 1630-1640, Pilgerflaschen aus Zinn und Steinzeug, Fayence-Humpen „Pilger und Jäger", 18. Jh., Pilgerzeichensammlung im Depot
4. **Kolumba – Kunstmuseum des Erzbistums Köln**
   wechselnde Darstellungen
5. **Museum Schnütgen**
   zahlreiche Jakobusdarstellungen in Schatzkunst, Bildwerken und Glasmalerei des 12.-16. Jh.

Stelen

In der Kölner Innenstadt finden Sie vier Stelen mit Informationen zu dem jeweiligen Standort.

- ①) St. Kunibert
- ②) ehemaliges Hospital Ipperwald
- ③) ehemalige St. Jakobuskirche
- ④) ehemaliges Laurentius-Hospital

— Pilgerwege, markiert
- ① Sehenswertes
- ⓘ Information
- Ⓗ Herberge/Hostel
- ⒿⒽ Jugendherberge

9 Das wandernde Pilgerkreuz

Kreuz vor der Agneskirche

Viermal wanderte das steinerne Kreuz rund um die Agneskirche, bevor es an seinem Standort vor dem Westportal an der Neusser Straße zu stehen kam. Mal war es der Straßenbahn, mal den Autos, mal dem U-Bahnbau im Weg. Im Mittelalter wurde ein hölzernes Wegekreuz in jener Straßengabelung errichtet, die entstanden war, als eine kürzere Straße als die römische Heeresstraße nach Neuss angelegt wurde. Jahrhundertelang zogen Bauern, Reisende, Soldaten und Pilger an dem Kreuz vorbei. Erstmals nachweisbar ist es auf dem Plan des Kölner Schweid von 1606 (→ Abb. S. 202). 1672 war es erstmalig Statio der Kevelaer-Wallfahrer aus der Kölner Pfarre St. Kunibert. Ihre Bruderschaft war es auch, die 1834 das jetzige Steinkreuz errichten ließ. Als Anfang des 20. Jh. nach den Plänen des Stadtbaumeisters Josef Stübben das Agnesviertel um die Kirche entstand, wurde das Kreuz Mittelpunkt eines Platzes, von dem nun zehn Straßenzüge ausgehen. Nach drei Zwischenstationen steht es heute wieder am Weg der Pilger, an die sich auch seine lateinische Inschrift richtet: „crucifixum aspice devote viator" – Pilger, schau ehrfürchtig zum Kreuz.

10 St. Agnes

Die zweitgrößte Kirche Kölns ist die neugotische Pfarrkirche St. Agnes. Im Bebauungsplan für die Kölner Neustadt, den Stadtbaurat Josef Stübben 1881 vorgelegt hatte, war an markanten Punkten die Errichtung von Pfarrkirchen vorgesehen: die katholische Kirche für das nördliche Bebauungssegment eben auf einer Platzweitung in der Achse der Neusser Straße. Ihr Bau geht auf die Privatinitiative des Kölner Bürgers Peter Joseph Roeckerath zurück, der das Patrozinium zur Erinnerung an seine verstorbene Frau Agnes wählte. In den reichen Gliederungen wie in den baulichen Dimensionen orientiert sie sich an den Kathedral- und Stadtkirchen des Mittelalters. So ist in dem Vorbau der Turmfassade das Vorbild des Freiburger Münsters spürbar. Für die Baupläne der 1896–1903 errichteten Kirche zeichneten Carl Rüdell und Richard Odenthal verantwortlich. Der Hochaltar zeigt den Apostel Jakobus in der Tabor- und der Ölbergszene.

St. Agnes, Köln

11 *Nördliche Altstadt*

Durch die **Eigelsteintorburg (A)** führt der Pilgerweg in die Kölner Altstadt, wobei er dem Verlauf der Römerstraße über Eigelstein und Marzellenstraße in die Stadt folgt. Die Torburg entstand im zweiten Viertel des 13. Jh. im Zuge der Errichtung einer großen Stadtummauerung, die Erzbischof Philipp von Heinsberg um 1180 veranlasste. Um die damals vor den Stadttoren gelegenen Stifte und Klöster in das ummauerte Stadtgebiet aufzunehmen, wurde ein regelmäßiger Halbkreis abgesteckt und mit einer 7 km langen Mauer versehen. Die Stadttore, darunter das Eigelsteintor, wurden in den Ausmaßen kleiner Burgen erbaut und daher auch Torburgen genannt. Der Eigelstein ist eine der Torstraßen, die von der Stadtmitte zu den Torburgen hinführen.

Am südlichen Ende des Eigelsteins steht rechts hinter der Bahnunterführung die ehemalige Damenstiftskirche **St. Ursula (B)**. Als Verehrungsstätte der hl. Ursula und ihrer Gefährtinnen gehört sie neben dem Dom zu den wichtigsten Anziehungspunkten für Pilger, die nach Köln kommen. Ausgrabungen unter der heutigen Emporenbasilika des 12. Jh. haben einen Apsissaal der ausgehenden Spätantike nachgewiesen. Erst ein dreischiffiger Neubau, der am selben Ort zur Wende vom 5. zum 6. Jh. entstand, ist ohne Zweifel als Kirche verwendet worden. Denn in der zweiten Hälfte des 6. Jh. wurde ein Ambo eingebaut, der das Gebäude eindeutig als christliches Gotteshaus ausweist. Auf eine Verehrung heiliger Jungfrauen weist eine Urkunde des 9. Jh. hin,

St. Ursula, Köln

die eine „ecclesia sanctarum virginum" (Kirche der heiligen Jungfrauen) nennt. Auskunft über diese Verehrung gibt eine Inschriftplatte, die heute in der Südwand des hochgotischen Chores vermauert ist. Diese Tafel wurde lange für eine spätrömische Arbeit gehalten, ist aber womöglich erst um 922, als die Kirche den Stiftsdamen übergeben und neu errichtet wurde, angefertigt worden. Der Text berichtet von einem Clematius, einem Mann senatorischen Ranges, der die Basilika auf seinem Grundstück wiederherstellen ließ. Sie erwähnt weiterhin, dass die Kirche auf heiligem Boden steht, „wo die ehrwürdigen Jungfrauen für den Namen Christi ihr Blut vergossen haben". Durch die Aufstellung des Ursulaschreines im Chor der Kirche, die nach hochmittelalterlichen Vorbildern ein rituelles Unterschreiten ermöglicht, durch die Reliquiennischen in den Chorwänden und nicht zuletzt durch die Goldene Kammer der Barockzeit mit ihren Reliquienbüsten und den aus Gebeinen gestalteten Wandornamenten dokumentiert St. Ursula wie kein anderes Gotteshaus die architektonischen Manifestationen des Reliquienkultes über mehrere Jahrhunderte hinweg. Die Ursulalegende kann im Chorraum auf einem Bilderzyklus der Kölner Malerschule aus dem Jahr 1456 betrachtet werden.

Durch die Marzellenstraße führt der Weg vorbei am Generalvikariat des Erzbistums Köln, dem ehemaligen Jesuitenkloster mit der Kirche **St. Mariä Himmelfahrt (C)**, einem der wenigen barocken Gotteshäuser der Stadt. Die mächtige dreischiffige Basilika mit ihrer repräsentativen Doppelturmfassade entstand nach den Entwürfen von Christoph Wamser zwischen 1618 und 1678. In ihr mischen sich vorreformatorische Baustile wie die Gotik mit dem damals zeitgenössischen Barock. Dieser jesuitische Frühbarock war Ausdruck gegenreformatorischer Bestrebungen nach Stärkung des katholischen Glaubens. Unter den Aposteln an den Mittelschiffpfeilern ist Jakobus leicht auszumachen; schon schwieriger ist es, seine Statuette in der Nische des Hochaltars zu entdecken. Sie gehört zu einem Zyklus von sechs Aposteln, die im Krieg verlorene Figuren des Hochaltars ersetzen. Während er hier als Pilger dargestellt ist, wird der Jakobus auf dem Ölgemälde in der rechten Seitenkapelle nicht nur durch die Muscheln, sondern auch durch sein Marterinstrument, das Schwert, gekennzeichnet.

St. Mariä Himmelfahrt, Köln

12 Der Kölner Dom und seine Vorgängerbauten

Die gotische Kathedrale, für die Erzbischof Konrad von Hochstaden 1248 am Fest Mariä Himmelfahrt den Grundstein legte, hatte mehrere Vorgängerbauten. Von den frühen Architekturen, aus denen sich die Bischofskirche entwickelt hat, könnte bereits Bau I, der im späten 4. oder im frühen 5. Jh. entstand, als Kirche genutzt worden sein. Ein Beinkamm des späten 4. Jh., der bei Domgrabungen gefunden wurde und heute in der Domschatzkammer zu sehen ist, weist in der Griffplatte ein Kreuz auf. Mit hoher Wahrscheinlichkeit kann für Bau II des 5. oder frühen 6. Jh. eine Verwendung als Kirche angenommen werden. Denn die als Presbyterium zu rekonstruierenden Bereiche liegen ziemlich exakt an der Stelle, an welcher die Altäre der nachfolgenden Kirchen bis hin zur gotischen Kathedrale ihren Platz eingenommen haben. Im weiteren Verlauf des 6. Jh. häufen sich die Belege für eine christliche Nutzung. Ein kleines Messer aus einem fränkischen Grab (ebenfalls in der Domschatzkammer) zeigt auf seinem Goldgriff ein gleicharmiges Kreuz. Mitte des 6. Jh. entstand mit Bau III ein eindeutig als Kirche

Widmungsbild mit Altem Dom, Hillinus-Codex (um 1020)

zu identifizierender Baukörper. Denn er besaß einen im Grundriss schlüssellochförmigen Ambo. Zeitgleich wurde östlich angrenzend ein Baptisterium gebaut, dessen achteckiges, ursprünglich von einem Baldachin bekröntes Becken unterhalb des Domchores an der Trankgasse betrachtet werden kann. Auf der Westseite erhielt die Kirche im 8. Jh. ein Ringatrium. Der unmittelbare Vorgänger der heutigen Kathedrale ist der sog. Alte Dom, eine fünfschiffige Pfeilerbasilika mit zwei Chören und zwei Querhäusern. Die Datierungsvorschläge reichen von der späten Karolingerzeit bis zur ottonischen Epoche. Um 1020 zeigt der hochmittelalterliche Hillinus-Codex (Dombibliothek) auf seinem Dedikationsbild diesen Bau in einer ungewöhnlichen Realitätsnähe. Zwei Ausstattungsstücke der heutigen Kathedrale sind noch für den Alten Dom entstanden: Für den Kreuzaltar im westlichen Bereich des Mittelschiffes mit der Grablege des Erzbischofs Gero (969–75) wurde das Gerokreuz (heute in der Kreuzkapelle nördlich des Chor-

Jakobusdarstellungen im Kölner Dom

Petersportal:
- (1) Jakobus mit Muschel in der Hand (um 1380)

nördliches Seitenschiff:
- (2) Holzfigur (19. Jh.) am Clarenaltar (14. Jh.)

Maternus-, frühere Jakobuskapelle:
- (3) Jakobusfenster (um 1330),
- (4) Gemälde, Innenflügel des Kreuzigungsaltars (um 1500)

Hochchor (nur mit Führung zugänglich):
- (5) Sitzfigur am Dreikönigenschrein (1190-1220), Davidseite 3. v. l. mit der Kirche von Santiago de Compostela
- (6) Marmorfigur an der Hochaltarfront (um 1310)
- (7) Pfeilerfigur (um 1275)
- (8) Fußbodenmosaik: Hispania mit Kathedrale von Santiago (1892)

Domschatzkammer:
- (9) Epitaph des Jakob von Croy (1518)

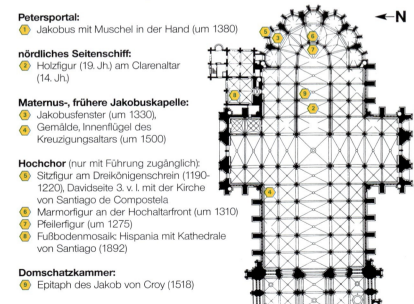

umganges) angefertigt. Die eindrucksvolle Darstellung steht am Anfang der monumentalen Kruzifixe in der Kunst des nördlichen Abendlandes und zeigt sehr früh den gekreuzigten Christus als einen Verstorbenen. Auch der Dreikönigenschrein ist noch für den Alten Dom angefertigt worden. Nach seiner Vollendung um 1230 hat er im östlichen Abschnitt des Mittelschiffes auf dem Altar der Heiligen Drei Könige seinen Platz gefunden. Er stand somit dem Kreuzaltar mit dem Gerokreuz gegenüber, ein sichtbares Zeichen dafür, dass die Mittlertätigkeit der Heiligen nur vor und durch Christus geschieht.

Ein Stück Taizé in Köln

Seit die Brüder von Taizé zum Weltjugendtag 2005 und beim Evangelischen Kirchentag 2007 zu Gast in St. Agnes waren, hat sich die Kirche in Köln zu einem Ort der Spiritualität von Taizé entwickelt.

Der Gründer der Brudergemeinschaft Roger Louis Schutz-Marsauche wurde am 12. Mai 1915 als Sohn eines protestantischen Pfarrers in der Schweiz geboren. Er studierte Theologie und wurde Pastor. Während des Zweiten Weltkriegs schuf er im Dorf Taizé im ostfranzösischen Burgund eine Heimat für Kriegsflüchtlinge, vor allem für Jugendliche und Kinder. 1949 gründete er mit Gleichgesinnten die ökumenische Gemeinschaft der Taizé-Brüder. Ihr Leben für andere in Einfachheit und Ehelosigkeit setzt ein Zeichen gegen die Spaltung der Christen und der Völker. Generationen von Jugendlichen fahren seitdem jährlich nach Taizé, wo sie die besondere Spiritualität mit Gebet, Gesang und Stille kennen und schätzen lernen. Am Jahresende treffen sie sich in einer europäischen Metropole. Diese Pilgerreisen bieten ihnen neben der Glaubenserfahrung Gelegenheiten, sich mit Jugendlichen aus anderen Ländern auszutauschen, etwas von der Welt zu sehen und Sprachen zu lernen. Auch nach dem Tod von Frère Roger während des Kölner Weltjugendtages am 16. August 2005 lebt sein Geist weiter. 100 Brüder aus 25 Ländern bilden heute die Gemeinschaft in Taizé.

Die Kölner Taizé-Begeisterten treffen sich jeden ersten Sonntag im Monat um 18 Uhr in der Krypta von St. Agnes. „Wer nach St. Agnes zum Taizé-Gebet kommt, der kann eine Stück Taizé in Köln erleben", so der Stadtjugendseelsorger Dr. Dominik Meiering. Am ersten Novembersonntag laden die Gemeinde und die Stadtjugendseelsorge jedes Jahr zur großen „Nacht der Lichter" in die zu diesem Anlass stets übervolle Kirche St. Agnes ein.

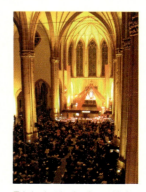

Taizégebet in der Agneskirche

Informationen und Unterkünfte

Die Angaben zu den Unterkünften beziehen sich bei größeren Orten und Städten mit gutem Angebot nur auf Pilger- und Jugendherbergen und eine Auswahl günstiger Übernachtungsmöglichkeiten, sodass weitere Unterkünfte über die Touristeninformation – telefonisch oder per Internet – eingeholt werden können. Bei Pilgerherbergen ist meist eine telefonische Voranmeldung erwünscht bzw. notwendig.

Änderungen, die uns mitgeteilt werden, übernehmen wir laufend in die Adressenlisten auf unserer Internetseite www.jakobspilger.lvr.de. Hier finden Sie zudem weiterführende Informationen zur Barrierefreiheit.

Wege der Jakobspilger in Nordrhein-Westfalen
Landschaftsverband Rheinland / LVR-Fachbereich Umwelt – Kulturlandschaftspflege
Ottoplatz 2 / 50679 Köln / Tel.: 0221-809-3780 / www.jakobspilger.lvr.de
Landschaftsverband Westfalen-Lippe / Altertumskommission für Westfalen
An den Speichern 7 / 48157 Münster / Tel.: 0251-5918990 / www.jakobspilger.lwl.org

Jakobusgesellschaften und Pilgerinitiativen am Weg
Nederlands Genootschap van Sint Jacob / Janskerkhof 28a / 3512 BN Utrecht
Tel.: +31(0)30-2315391 / Mo 14-16, Do 19-21, Fr 10-12, 2. und 4. Sa d. M. 11-15 Uhr
www.santiago.nl / Pilgerpass

Stichting Vrienden van de St. Jacobskapel / Dhr. Frans Kosters / Elzepas 23
6662 XE Elst Gld / Tel.: +31(0)481-375201 / www.jacobskapelnijmegen.nl

Deutsche St. Jakobus-Gesellschaft e. V. / Tempelhofer Str. 21 / 52062 Aachen
Tel.: 0241-4790-127 (9-12 Uhr) / Fax: 0241-4790112
www.deutsche-jakobus-gesellschaft.de / Pilgerpass

Jakobusbruderschaft Kalkar / Karl-Ludwig van Dornick / Monrestr. 19 / 47546 Kalkar
Tel.: 02824-93271

Sankt-Jakobusbruderschaft Düsseldorf e. V. / Heinrich Wipper / Lützowstr. 245
42653 Solingen / Fax: 0212-815747 / www.jakobusbruderschaft.de

Santiago-Freunde Köln / Robert Recht / Wilensteinweg 11 / 50739 Köln
Tel.: 0221-1701423 / Pilgerpass

Ökumenisches Samstagspilgern im Rheinland / http://samstagspilgern.isthier.de

Weitere Adressen und Auskünfte
Tourismus: Niederrhein Tourismus GmbH / Willy-Brandt-Ring 13 / 41747 Viersen
Tel.: 02162-817903 / www.niederrhein-tourismus.de

Informationen im Internet:
  Deutsche Seite: www.jakobus-info.de
  Internationale Seite: www.xacobeo.es
  Informationen zum Weg (spanisch): www.mundicamino.com
  Umfangreiche Linksammlung: www.ultreia.ch / www.rencesvals.com/xacowebs.asp

Spezialist für Literatur zum Jakobsweg:
  Martin Zentgraf / In den Böden 38 / D-97332 Volkach / Tel.: 09381-4492
  Fax: 09381-6260 / Mo-Fr 8-12 Uhr (außer August) / www.jakobspilger-zentgraf.de

Informationen und Unterkünfte

Kirchen: www.oekumene-ack.de / Tel.: Das Örtliche unter „Kirchen"
Fahrplanauskünfte:
  bundesweit: www.db.de / Tel.: 01805-996633 (0,14 Euro/Min. aus dem Festnetz,
  Tarife bei Mobilfunk ggf. abweichend.) / Verkehrsgemeinschaft Niederrhein VGN
  und Verkehrsverbund Rhein Ruhr VRR / www.vgn-online.de / www.vrr.de
  Tel.: 01803-504030 (0,09 Euro/Min. Festnetz; Mobilfunk abweichend)

Führer für die Fortsetzung des Weges:
  Richtung Aachen/Belgien: Jakobswege – Wege der Jakobspilger im Rheinland,
  Band 1. 4. Auflage / Richtung Trier/Frankreich: Jakobswege – Wege der Jakobspilger
  im Rheinland, Band 2, 3. Auflage / Verlag Bachem / www.bachem-verlag.de

www.barrierefreier-tourismus.info

Etappe 1: Nimwegen → Kranenburg

Touristeninformation:
VVV Nijmegen / Keizer Karelplein 32h (Schouwburg) / 6511 NH Nijmegen
Tel.: 0900-1122344 (0,45 Euro/Min.) / Mo-Fr 9.30-17.30, Sa 10-17 Uhr
www.vvvnijmegen.nl / www.nijmegenonline.nl

VVV Agentschap Beek / Van Randwijckweg 2 / 6573 EJ Beek-Ubbergen
Tel.: +31(0)24-6842609 / Ostern-31. Okt. Mo-Sa 10-16, Nov.-Ostern Mi u. Sa 10-13 Uhr
www.beekubbergen.vvvnet.nl

Besucherzentrum Kranenburg / Bahnhofstr. 15 / 47559 Kranenburg
Tel.: (02826)-9187600 / Di-Fr 10-16, Sa, So, Fei 10-17 Uhr

Unterkünfte in Nimwegen, Ubbergen, Zyfflich, Kranenburg:
- C. Bouwman / An Bord von Jodocus III / 't Meertje 3 / Nijmegen
  Tel.: +31(0)24-3223863
- R. Seidell / Koolemans Beynenstraat 138 / Nijmegen / Tel.: +31(0)24-3560506
- M. T. Bernards / Gorisstraat 25 / Nijmegen / Tel.: +31(0)24-3601543
  mobil +31(0)628294613
- N. Vijftigschild / Oude Haven 112 / Nijmegen / Tel.: +31(0)24-3788432
- Bed & Breakfast Azul, José Poels / Holtermanstraat 38 / Nijmegen
  Tel.: +31(0)24-3601232 / mobil: +31(0)6-40716901 / www.azul-design.nl/benb
- Pension La Residence / Burghardt v. d. Berghstraat 50 / Nijmegen
  Tel.: +31(0)654683882 / www.laresidence.nl
- Pelgrimshuis Casa Nova (Pilgerherberge) / Monseigneur Suysplein 5
  Heilig Landstichting / Tel.: +31(0)24-3221425 / www.pelgrimshuiscasanova.nl
- Minicamping De Weijde Blick / Persingensestraat 17 / Persingen
  Tel.: +31(0)24-6841778
- Hotel Sous les Eglises / Rijksstraatweg 124 / Beek-Ubbergen / Tel.: +31(0)24-6841850
  www.souslseseglises.nl
- Gruppenunterkunft: De Elegast / Rijksstraatweg 37-77 / Ubbergen
  Tel.: +31(0)24-3240263 / www.elegast-groepsaccommodatie.com

- CICONIA Bed & Breakfast / Zum Wyler Meer 35 / Zyfflich
  Tel.: 02826-918922 / 02826-242001 / www.bbciconia.eu
- PUR NATUR / Leo Preusting / Zum Querdamm 11 / Zyfflich / Tel.: 02826-917949
- M. Baas / Zum Weiler Meer 35 / Zyfflich / Tel.: 02826-918922
- B & B Grenzeloos / Picardie 7 / Wyler / Tel.: 02826-802117 / mobil: +31(0)626238298
  http://grenzeloos.de/index.html
- Gästehaus Derks / Große Str. 73 / Kranenburg / Tel.: 02826-7619
- Jugendtagungsstätte Wolfsberg e. V. (Gruppen) / Fam. Friedrichs / Wolfsbergstr. 10
  Kranenburg / Tel.: 02826-279 / www.wolfsberg.de

Hinweise / Öffnungszeiten zu Besonderheiten:

1. St. Jacobskapel / Glashuis 4 / 2. So d. M. ökum. Gottesdienst: 11.30 Uhr
   Kontakt: Stichting Vrienden van de St. Jacobskapel / Dhr. Frans Kosters / Elzepas 23
   6662 XE Elst Gld / Tel.: +31(0)481-375201 / www.jacobskapelnijmegen.nl
   St. Stevenskerk / Tel.: +31(0)24-3604710 / Sa 10.30-17, So 12-17 Uhr, werktags siehe
   Homepage / www.stevenskerk.nl
   Commanderie van St. Jan / Franseplaats 1 / Bierbrauerei „De Hemel" (Der Himmel)
   und Brennerei „De Geest" (Der Geist) mit Probierstube und Café
   Tel.: +31(0)24-3606167 / tägl. Führung / www.commanderie-nijmegen.nl
   Museum Het Falkhof / Kelfkensbos 59 / Tel.: +31(0)243608855
   Di-Fr 10-17, Sa, So, Fei 12-17 Uhr / www.museumhetvalkhof.nl
   Natuurmuseum / Gerard Noodtstraat 121 / Tel.: +31(0)24-3297070
   Mo-Fr 10-17, So 13-17 Uhr / www.natuurmuseum.nl
   Museumpark Orientalis / Profetenlaan 2 / 6564 BL Heilig Landstichting
   Tel.: +31(0)24-3823110 / Di-So 10-17 Uhr, Mo geschl. / www.museumparkorientalis.nl
2. Düffel / De Gelderse Poort / www.gelderse-poort.de / Besucherzentrum Kranenburg
   siehe Kranenburg www.besucherzentrum-kranenburg.de
4. Kerk Persingen / Information / Vereniging Nederlands Cultuurlandschap / s. Pkt. 7
5. H. Bartholomaeus Beek (kath.) / Tel.: +31(0)24-6841431 / tagsüber Kapelle geöffnet
   Messen: Sa 19, So 10, Mi 9 Uhr
   Hervormde Kerk Beek (ev.) / Gottesdienst: So 10 Uhr / www.hersteldhervormdekerk.nl
   Museum Mooi Nederland Beek / van Randwijckweg 2 / Tel.: +31(0)24-6843359
6,7 Wylerberg / Informatiecentrum Nederlands Cultuurlandschap / Rijksstraatweg 174
   Tel.: +31(0)24-6842294 / Mi, So 10-17 Uhr / www.nederlandscultuurlandschap.nl
9. www.era-ewv-ferp.com
10. St. Martin Zyfflich (kath.) / n. V. Hartmann / Tel.: 02826-689 / Messen: Di, Mi 8.30,
    So 10.30 Uhr / Pilgerstempel in Kranenburg
11. St. Johannes Baptist Wyler (kath.) / 9-17 Uhr / Messen: Mo 8.30, Fr 8.30, Sa 19,
    Fei 10 Uhr / Tel.: 02826-1408 / Pilgerstempel in Kranenburg
12. Wallfahrt Kranenburg / www.wallfahrt-kranenburg.de/wallfahrt/index.php
    Sankt Peter und Paul (kath.) / tagsüber geöffnet außer 12-14 Uhr / Tel.: 02826-226
    Pilgerstempel für Zyfflich, Wyler und Kranenburg im Pfarrbüro / Kirchplatz 1
    Messen: So 10 u. 17, Mo, Mi u. Fr 8.30, Di u. Do 19 Uhr

Informationen und Unterkünfte

Ev. Kirche / Mühlenstr. 2 / Tel.: 02826-227 / Gottesdienst: So 9.30 Uhr
Museum Katharinenhof / Mühlenstr. 9 / Tel.: 02826-623 / Di-So 14-17 Uhr
Gruppenführungen nach Anmeldung / www.museumkatharinenhof.de
www.geschichteimturm.de
Besucherzentrum De Gelderse Poort / Bahnhofstr. 15 / Tel.: 02826-9187600
Di-Fr 10-16, Sa/So 10-17 Uhr / www.besucherzentrum-kranenburg.de
Grenzland-Draisine / Bahnhofstr. 15 / Tel.: 02826-9179900 / www.grenzland-draisine.eu

Etappe 2: Kranenburg → Kleve

Touristeninformation:
Kleve Marketing GmbH & Co. KG / Werftstr. 1 / 47533 Kleve / Tel.: 02821-895090
Mo 10-17, Di-Fr 9-17 Uhr, 1. Apr.-31. Okt. auch Sa 10-14 Uhr / www.kleve.de

Unterkünfte in Mehr und Kleve:
- Ferienwohnung Pollmann / Wibbeltstr. 45 / Kranenburg-Mehr / Tel.: 02826-917723
- Ferienwohnung Ludger van Heek / Hogefeld 9 / Kranenburg-Mehr / Tel.: 02826-1417
  mobil: 0160-8410840 / www.ferienwohnung-niederrhein.eu
- Jugendherberge Kleve / St. Annaberg 2 / Tel.: 02821-23671
  www.kleve.jugendherberge.de
- Tagungs- und Bildungsstätte Schloss Gnadenthal / Gnadenthal 8 / Kleve
  Tel.: 02821-29080 / www.gnadenthal.de
- Kath. Heimvolkshochschule Wasserburg-Rindern / Wasserburgallee 120 / Kleve
  Tel.: 02821-73210 / www.wasserburg-rindern.de
- Werner van Ackeren Belvédère B. C. Koekkoek / Regenbogen 11 / Kleve
  Tel.: 02821-25100 / www.culture-castles.de

Hinweise / Öffnungszeiten zu Besonderheiten:
1 Kranenburger Bruch / NABU-Naturschutzstation e. V. / Bahnhofstr. 15 / Kranenburg
  Tel.: 02826-9187600 / www.nabu-naturschutzstation.de
2 Martinskirche Kranenburg-Mehr (kath.) / tagsüber geöffnet / Frau Maria van Lier
  Tel.: 02826-5387
3 Augustin Wibbelt-Gesellschaft e. V. Münster / Robert-Koch-Str. 29 / Tel.: 0251-8332893
  www.muenster.org/wibbelt
  Franz-Matenaar-Archiv Kleve / Lindenallee 54 / Tel.: 02821-13509
4 Windmühle Kleve-Donsbrüggen / Heidestr. 5 / Tel.: 02821-26211
  März-Mitte Nov. Di 15-17, Sa 10-17 Uhr / www.muehle-donsbrueggen.de
  Rheinischer Mühlenverband e. V. Kleve / Weberstr. 30 / Tel.: 02821-971687
  www.muehlenverband-rheinland.de
5 St. Lambertus-Kirche Kleve-Donsbrüggen (kath.) / Pfarrbüro Mehrer Str. 1
  Tel.: 02821-23872 / Mo, Mi 9-12, Do 15-18 Uhr / Messen: Sa 17, So 9.30, Di, Fr 8.15,
  Do 19 Uhr / www.klemahifa.de
6 Schloss Gnadenthal: siehe Unterkünfte Kleve
7 Klever Gartenanlagen / Museum Kurhaus Kleve / Tel.: 02821-75010 / Di-So 11-17 Uhr
  www.museumkurhaus.de

8 Museum B. C. Koekkoek-Haus / Koekkoekplatz 1 / Tel.: 02821-768833
Di-Sa 14-17, So u. Fei 11-17 Uhr / www.koekkoek-haus.de

St. Mariä Empfängnis (Minoritenkirche, kath.) / Kavariner Str. 10 / Messe: Sa 17 Uhr (polnische Messe) / So 11, Mo, Fr 18.30, Di, Mi 8.30, Do 15 Uhr

Propsteikirche St. Mariä Himmelfahrt (Stiftskirche, kath.) / werktags 7.45-12.30 u. 14-18, So 15-18 Uhr (1. Apr-1. Okt bis 19 Uhr) / Pfarrbüro / Kapitelstr. 12 / Tel.: 02821-24761
Messen: Sa 18.30, So 8.30 u. 11.30, Mo, Mi, Fr 9, Di, Do 19 Uhr / Morgengebet Sa 9, So Andacht 18 Uhr / www.klemahifa.de

Schwanenturm / 1. Apr-31. Okt: Mo-Fr 11-17, Sa/So 10-17 Uhr, 1. Nov-31. März Sa/So 11-17 Uhr und n. V. / Führung Tel.: 02821-22884

Etappe Z1: Elten → Kleve

Touristeninformation:

infoCenterEmmerich / Rheinpromenade 27 / 46446 Emmerich am Rhein
Tel.: 02822-931040 / Apr.-Okt. Mo-Fr 10-18.30, Sa, So, Fei 11-17, Nov.-März Mo-Fr 10-18.30 Uhr
www.stadt-emmerich.de

Unterkünfte in Elten und Emmerich:
- St.-Martinus-Stift Elten / Martinusstr. 5 / Tel.: 02828-221251 / mobil: 0174-9309114
  www.st-martinus-stift.de
- Gaststätte Vink / Lobitherstr. 14 / Elten / Tel: 02828-902426 / www.vinkelten.de
- Familie H. Evers / Neustadt 68 / Elten / Tel.: 02828-902177 / mobil: 0174-1078092
  www.bedandbreakfastelten.de
- Fam. Stolk / Maria-Sophia-Str. 8 / Elten / Tel.: 02828-902181
- Campingplatz / Fam. Philipoom / Wildweg 50 / Elten / Tel.: 02828-2524
- Campingplatz An der Wild / Bramberg 3 / Elten / Tel.: 02822-2777
- Hotel am Rathaus / Geistmarkt 31 / Emmerich am Rhein / Tel.: 02822-3503

Hinweise / Öffnungszeiten zu Besonderheiten:
1 St. Martinus Niederelten (kath.) / Pfarrbüro Mo, Fr 9-12 / Tel.: 02828-2260
  Küster Beursken / Tel.: 02828-903708 / Messen: Sa 16.30, Mo, Fr 19 Uhr
  www.seelsorgeeinheit.com
2 St. Vitus-Kirche Hochelten (kath.) / Küster: Evers Tel.: 02828-2424
  Messen: So 9, Mi 19 Uhr
3 Skulpturen-Achse Hochelten-Kleve e. V. / www.skulpturen-achse.de
5 Schlösschen Borghees / Hüthumer Str. 180 / Emmerich / Tel: 02822-18144
  während Ausstellungen 11-17 Uhr
6 Rheinmuseum Emmerich / Martinikirchgang 2 / Tel.: 02822-75400
  So-Mi 10-12 u. 14-16.30, Do 10-12.30 u. 14-18, Fr 10-12.30 Uhr
  Martinikirche (kath.) / Messen: Sa 17, So 11.30, Mo, Di, Do 8, Mi 9, Fr 18 Uhr
  Aldegundiskirche (kath.) / Tel.: 02822-70543 / Messen: So 9.30 u. 18, Mo, Fr 9, Di, Mi 18 Uhr
  www.christophorus-emmerich.de
  Ev. Christuskirche / Tel: 02822-75400 / www.kirche-emmerich.de
7 Atelier an der Rheinpromenade Emmerich / Hein Driessen / Rheinpromenade 19-21 Tel: 02822-10976

Informationen und Unterkünfte

9   St. Hermes Kleve-Warbeyen (kath.) / Kleve / Tel.: 02821/9556 / tagsüber bis Glastür
    Willi van Soest / Huiskampstr. 7 / Warbeyen / Tel.: 02821-92089
    Messen: Sa, Di 18.30 Uhr / Pfarrbüro Tel.: 02821-7118780 / www.intleeg.de

11 St. Willibrord Kleve-Kellen (alte Kirche, kath.) / Tel.: 02821-92411
    Messen: So 9, Mo 8.15 (Laudes), 15, Fr 8.15, Do 18.30 Uhr / www.intleeg.de

Stichwort: Ziegel: Museum Forum Arenacum Kleve-Rindern / Serntstr. 11
Tel.: 02821-18315 / www.forum-arenacum.de

Heimatmuseum Bislich / Dorfstr. 24 / Wesel / Tel.: 02859-1519 / Apr.-Okt. So 10-16,
Mi 14-16 (Apr.-Sept.), Nov.-März So u. Fei 14-16 Uhr / www.bislich.de/Museum/Ziegelei

„De Panoven" / Panovenweg 18 / Zevenaar / Tel: +31(0)316-523520 / www.panoven.nl

Etappe 3: Kleve → Kalkar

Touristeninformation:

Info-Center Moyland / Am Schloss 5 / Bedburg-Hau / Tel.: 02824-999907 / Di-So 10-17 Uhr
Touristik-Information Kalkar / Markt 20 / Tel.: 02824-13120 / Apr.-Okt. Mo 10-13, Di-Fr 10-16,
Sa/So 10.30-15 Uhr, Nov.-März Mo-Di 10-13, Mi 10-16, Do-Fr 10-13 Uhr / www.kalkar.de

Unterkünfte in Kleve, Bedburg-Hau und Kalkar:

- Landwirtschaftszentrum Haus Riswick / Elsenpass 5 / Kleve
  Anmeldung: Frau Verheyen / Tel.: 02821-996196 / www.riswick.de
- Drushof / Fam. Schulte / Holzstr. 42 / Bedburg-Hau / Tel.: 02821-60959
  mobil: 0162-6760402 / www.drushof.de
- Wisseler Mühle (Gästehaus für Gruppen) / Dorfstr. / Kalkar-Wissel / Tel.: 02822-51231
  Bürozeiten: Di-Fr 18-20 Uhr / www.muehle-wissel.de
- Campingplatz Freizeitpark Wisseler See / Zum Wisseler See 15 / Kalkar-Wissel
  Tel.: 02824-96310 / www.wisseler-see.de
- Frau Katja Hell / Schloßstr. 19 / Kalkar-Grieth (3 km nördlich von Wissel)
  Tel.: 02824-9763557

Hinweise / Öffnungszeiten zu Besonderheiten:

Pilgerspuren: Jakobusbruderschaft Kalkar / Karl-Ludwig van Dornick / Monrestr. 19
Kalkar / Tel.: 02824-93271

St. Peter und Paul-Kirche Kalkar-Grieth / Tel.: 02824-6589 / So 14-17 Uhr u. n. V.
Tel.: 02824-6902 o. bei W. u. I. Lümmen: Tel.: 02824-7126 (ab 17.30 Uhr)
Messen: So 10 u. Fr 8 Uhr / www.heimatmuseum-grieth.de

1   Arbeitskreis Kermisdahl Wetering / Gerlinde Semrau-Lensing / Burggarten 10 / Kleve
    Tel.: 02821-27089 / www.kermisdahl-wetering.de

4   St. Markus Bedburg (kath.) / Klosterplatz 28 / Tel.: 02821-6304 / Messe: So 11 Uhr
    www.stantonius-bedburghau.de

5   Haus Rosendal Hasselt / Besichtigung n. V. Bernhard von der Mosel
    Tel.: 02821-66218 / www.rosendal.de

7, 8 Museum Schloss Moyland / Tel.: 02824-951060 / Apr.-Sept. Di-Fr 11-18, Sa/So 10-18,
    Okt.-März Di-So 11-17 Uhr / www.moyland.de

Schlosskirche Moyland (ev.) / Tel.: 02824-2221 / Gottesdienst: So 10.30 Uhr

10 St. Vincentius Till (kath.) / Dr.-Verweyen-Str. 8 / Bedburg-Hau / Tel.: 02824-6585
    Messe: Sa 17 Uhr

12 St. Clemens Kalkar-Wissel (kath.) / Köstersdick 16 / Tel.: 02824-6587 o. n. V.
Tel.: 02824-6223 / www.stclemens-wissel.de
Stiftsmuseum Wissel / Sa/So 14-17 Uhr / n. V. Tel.: 02824-6562
www.stiftsmuseum-wissel.de
14 St. Nicolai (kath.) / Tel.: 02824-2380 / Apr.-Nov. 10-12 u. 14-18 Uhr,
ab 1. Nov. vormittags geschlossen / www.stnicolai.de /
Ev. Kirche / Kesselstraße / n. V. Tel.: 02824-2376
Städtisches Museum / Grabenstr. 66 / Di-So 10-13 u. 14-17 Uhr / Tel.: 02824-13-118

Etappe 4: Kalkar → Xanten

Touristeninformation:
Tourist Info Xanten / Kurfürstenstr. 9 / Tel.: 02801-98300 / Apr.-Okt. Mo-Fr 9-13, 14-18,
Sa 10-16, So 12-16 Uhr, Nov.-März Mo-Fr 10-13, 14-17, Sa 10-13 Uhr / www.xanten.de

Unterkünfte in Appeldorn, Marienbaum und Xanten:
- Burg Boetzelaer Appeldorn / Culture and Castle (s. Pkt. 2), mit Pilgerpass 10 % Rabatt
- Moerenhof (Gästezimmer u. Schlafen im Heu, Ferienwohnung, auch Gruppen)
  Anne Meurs / Mörmterer Str. 7 / Marienbaum / Tel.: 02804-375 u. -182851
  www.moerenhof.de
- Jugendherberge Xanten / Bankscher Weg 4 / Tel.: 02801-98500
  www.xanten.jugendherberge.de

Hinweise / Öffnungszeiten zu Besonderheiten:
1   St. Antonius Kalkar-Hanselaer (kath.) / Besuch n. V. Pfarrbüro Kalkar / Tel.: 02824-4366
2   St. Lambertus Kalkar-Appeldorn (kath.) / St.-Lambertus-Str. / Kalkar-Appeldorn
www.stlambertus-appeldorn.de
Burg Boetzelaer Kalkar-Appeldorn / Freiherr und Freifrau von Wendt / Reeser Str. 247
Tel.: 02824-977990 / www.burgboetzelaer.de
3   St. Mariä Himmelfahrt Marienbaum (kath.) / Kirche 8-17 Uhr / Wallfahrtsbüro Mo-Fr
8-12.30 Uhr / Klosterstr. 23 / Tel.: 02804-370
Gottesdienste: Di 8, Do, Fr 18.30, Sa 17, So 10 Uhr / Wallfahrtsmuseum n. V.
4   Ev. Kirche Mörmter / Gottesdienst: Ostern-Okt. 1. So d. M. 10 Uhr
www.evankirche-xanten.de
6   Archäologischer Park Xanten (APX) / Wardter Str. / Tel.: 02801-7120
RömerMuseum / Siegfriedstr. / Dez.-Feb. 10-16, März-Okt. 9-18, Nov. 9-17 Uhr
Auskunft und Buchungen von Führungen und Gruppenangeboten:
TouristInfo Xanten / www.apx.de
7, 8 Dom St. Viktor (kath.) / Propsteibüro / Kapitel 8 / Tel.: 02801-71310 / Mo, Mi, Fr 9-12,
Di, Do 15-17 Uhr / Apr.-Okt. Mo-Sa 10-17.45 (1.11.-28.2. bis 16.45), So 12.30-17.45,
Nov.-März Mo-Sa 10-17, So 13-17 Uhr / Führungen durch TouristInfo Xanten
Messen: So 8.30, 10, 11.30, 18.30, Mo 19, Di 9, 19, Mi-Fr 19 Uhr
www.xantener-dom.de
Stiftsmuseum Xanten (ab 2009) / Kapitel 21 / www.stiftsmuseum-xanten.de
Ev. Kirchengemeinde Xanten / Tel.: 02801-5611 / geöffnet: Do u. Sa 10-12, Mo 15-18 Uhr
Gottesdienst: So 10 Uhr / www.evankirche-xanten.de

Informationen und Unterkünfte

Etappe 5: Xanten → Rheinberg

Touristeninformation:
Stadtverwaltung Rheinberg / Kirchplatz 10 / Tel.: 02843-1710
Heimat- und Verkehrsverein Alpen / Tel.: 02802-2379

Unterkünfte in Menzelen und Rheinberg:
- Ulrich Evers / Ringstr. 87 / Alpen-Menzelen / Tel.: 01601-540571 / www.adlersaal.de
- Schloss Ossenberg / Rheinberg / s. Pkt. 11

Hinweise / Öffnungszeiten zu Besonderheiten:
3   St. Viktor Birten (kath.) / Tel.: 02801-71310 / Messen: Sa 17, Do 8 Uhr
4   Burg Winnenthal / Tel.: 02802-91101 / www.burgwinnenthal.de
6   St. Walburgis Alpen-Menzelen (kath.) / Tel.: 02802-2351 / www.kirche-ginderich.de
9   St. Evermarus Rheinberg-Borth (kath.) / Pfarrbüro Tel.: 02802-2175
    n. V. Frau Lach Tel.: 02802-808382 / Messe: So 9.30 Uhr / www.evermarus.de
10 Schloss Ossenberg / Tel.: 02843-160395 / www.culture-castles.de
    www.herrlichkeit-ossenberg.de / www.rheinberg-ossenberg.de

    Schlosskapelle Ossenberg (ev.) / Tel.: 02802-2656 / Gottesdienst: Palmsonntag bis
    Ende Okt. 10 Uhr / www.kirche-moers.de
12 St. Peter Rheinberg (kath.) / Pfarrbüro: Kirchplatz 8 / Tel.: 02238-2283
    Messen: Fr, Di 9.30, Mi 19, Sa 9, 18.30, So 11.30, 18 Uhr

Etappe Z2: Wesel → Rheinberg

Touristeninformation:
Weseler Verkehrsverein e. V. / Großer Markt 11 / Tel.: 0281-24498
Mo-Fr 9-12, 14.30-17, Sa 9-12 Uhr / www.weselmarketing.de

Unterkünfte in Wesel:
Camping Erholungszentrum Grav-Insel Wesel / Tel.: 0281-972830 / www.grav-insel.com
Haus Pooth / Dorfstr. 3 / Wesel-Bislich / Tel.: 02859-235 / www.haus-pooth.de

Hinweise / Öffnungszeiten zu Besonderheiten:
1   Willibrordi-Dom (ev.) / Di-Fr 14.30-17, Mi, Sa 10-12, Ostern-Okt. auch Sa/So 14.30-17 Uhr
    Führungen Tel.: 0281-28905 / Musik zur Marktzeit: 1. Sa d. M. 12 Uhr
    www.kirche-wesel.de
    St Mariä Himmelfahrt (kath.) / Pastor-Janßen-Str. 3 / Wesel / Tel.: 0281-1639610
    St. Martini (kath.) / Martinistr. 10a / Tel.: 0281-21146 / Di-So 9-12, Do 14-17 Uhr
    (Eingang Turmkapelle) / Messen: Sa 17.30, So 10, Di 15, Mi 18, Do 9, Fr 18 Uhr
    www.stmartiniwesel.de
    Städtisches Museum / Galerie im Centrum / Ritterstr. 12-14 / Di-Fr 10-18.30 Uhr
    Preußen-Museum NRW / An der Zitadelle 14-20 / Tel.: 0281-339960
    Di-Do, Sa/So 11-17 Uhr / www.preussenmuseum.de
3   St. Mariä Himmelfahrt Wesel-Ginderich (kath.) / Pfarrbüro: Schulplatz 9
    Tel.: 02803-289 / Messen: Sa 16.30, So 10, Di 18 (Vesper), Mi 18.30, Do 8 Uhr (Laudes)
    www.kirche-ginderich.de

5 St. Peter Wesel-Büderich (kath.) / Tel.: 02803-287 / Messen: Sa 17.30, So 9 Uhr
  www.st-peter-buederich.de
6 Ev. Kirche Rheinberg-Wallach / Tel.: 02802-2656 / Küsterin: Frau Naatz Tel.: 02803-602
  www.kirche-moers.de

Etappe 6: Rheinberg → Moers

Touristeninformation:

Tourist Information Duisburg / Königstr. 86 / Tel.: 0203-285440 / Mo-Fr 9.30-18,
Sa 10-13 Uhr / www.duisburg-marketing.de
Stadtinfo Moers / Neuer Wall 10 / Tel.: 02841-201199 / Mo-Mi 8-16, Do 8-18, Fr 8-13.30,
Sa 10-13 Uhr

Unterkünfte in Orsoy, Budberg und Moers:

- Orsoyer Hof / Hafendamm 2 / Rheinberg-Orsoy / Tel.: 02844-2838
  www.orsoyerhof.de
- Hotel Landhaus Steinhoff / Bischof-Roß-Str. 70 / Rheinberg-Budberg
  Tel.: 02843-92920 / www.landhaus-steinhoff.de
- Benigni-Nichtraucherhaus / Wielandstr. 6 / Moers-Utfort / Tel.: 02841-9313119
  mobil: 0171-9262688 / www.nichtraucherhaus-moers.de
- Privatpension Sadrosny / Orsoyer Allee 25 / Moers / Tel.: 02841-931808
  www.privatpension-sadrosny.de
- Naturfreundehaus Moers / Südstr. 30 / Moers / Tel.: 02841-30376
  www.naturfreundemoers.de

Hinweise / Öffnungszeiten zu Besonderheiten:

2 Ev. Kirche Budberg / Tel.: 02643-96507 / Küsterin: Frau Närdemann Tel.: 02643-2969
  www.kirche-moers.de
3 St. Marien Budberg (kath.) / Tel.: 02803-2238 / Küsterin: Frau Kuhlmann Tel.: 02843-2858
4 Stadtführung Orsoy / Heimatverein Rheinberg / Herr Kehrmann Tel.: 02843-8140
  St. Nikolaus (kath.) / Pfarrbüro Rheinberg Tel.: 02843-2238 / n. V. Küsterin: Frau Schneier
  Tel.: 02843-908620 / Messen: So 9, Di 19, Do u. Fr 8.15 Uhr
  Ev. Kirche / Tel.: 02843-1358 / Gottesdienst: So 10 Uhr / www.kirche-orsoy.de
6 Baerl / www.duisburg.de/leben/die stadtbezirke/homberg ruhrort baerl
7 Ev. Kirche Utfort / Tel.: 02841-8895211 / Gottesdienst So 10 Uhr / www.kirche-utfort.de
9 Stadtführungen Moers / Tel.: 02841-201-194, -351
  Grafschafter Museum im Schloss Moers / Tel.: 02841-28094 / Di-Fr 9-18, Sa/So 11-18 Uhr
  Ev. Stadtkirche / Klosterstr. / Tel.: 02841-889980 / 9-16 Uhr / Gottesdienst: So 10 Uhr
  www.kirche-moers.de
  St. Josef (kath.) / Kastell 13 / Tel.: 02841-22262 / Messen: Sa 18:30, So 10, 11.30 Uhr
  www.sankt-josef-moers.de
  Stichwort: Teerstegen: Geburtshaus von Gerhard Teerstegen / Altmarkt 1 / Moers

Informationen und Unterkünfte

Etappe 7: Moers → Linn

Touristeninformation:
Tourist-Information Krefeld / Hochstr. 114 / Tel.: 02151-861501/2 / Mo-Fr 9.30-19, Sa 16 Uhr
www.krefeld.de

Unterkünfte in Krefeld-Linn:
- Burghotel Restaurant Kaisler / Rheinbabenstr. 122-130 / Krefeld–Linn
  Tel.: 02151-573051

Hinweise / Öffnungszeiten zu Besonderheiten:
5 Dorfkirche St. Josef Friemersheim (kath.) / Duisburg-Rheinhausen / Tel.: 02065-94680
   Messen: Sa 18.30, So 9.30, Mi 15 Uhr / www.st-joseph-friemersheim.de
   Heimat- und Schulmuseum / Freundeskreis lebendige Grafschaft e. V.
   Tel.: 02065-40580 / Sa, So 14-18 Uhr / Führungen: G. Pfeiffer Tel.: 02065-20633
   http://www.lehrerhaus-friemersheim.de
6 NSG Friemersheimer Rheinaue / www.friemersheim.eu/rheinaue.htm
8 St. Matthias Hohenbudberg Krefeld (kath.) / Tel.: 02151-470581 / Messe: So 18.45 Uhr
   www.hohenbudberg.de
9 St. Peter Krefeld-Uerdingen (kath.) / Tel.: 02151-480186 / Messen: Sa 18.30, So 11.15,
   18.30, Mi, Fr 7.30, Do 19 Uhr / www.marktplatz-uerdingen.de
10 Museum Burg Linn / Tel.: 02151-5700-36, -37 / 1. April-31. Okt. Di-So 10-18, 1. Nov.-31.
   März Di-So 11-17 Uhr / www.archaeologie-krefeld.de/leiste/museum/museum.htm
   St. Margareta Krefeld-Linn (kath.) / Tel.: 02151-570382 / Do 10-12 u. 15-17, So 15-18
   Mittagsgebet: Mo-Fr 13 Uhr, Messen: Fr 19, Sa 17.30, So 9, Vesper: 18 Uhr
   www.katholische-kirche-linn.de

Etappe 8: Linn → Neuss

Touristeninformation:
Stadt Meerbusch / www.meerbusch.de
Tourist Information Neuss / Rathausarkaden / Büchel 6 / Tel.: 02131-4037795
Mo-Fr 9-14, 14.30-18, Sa 9-14 Uhr

Unterkünfte in Meerbusch und Neuss:
- Camping zur Freizeit GmbH / Zur Rheinfähre 21 / Meerbusch / Tel.: 02150-911817
  www.rheincamping.com
- Kolpinghaus / Burggraben 1 / Neuss / Tel.: 02131-2250 / www.kolpinghaus-neuss.de
- NOAH GmbH / Tel.: 02131-1247300 / Berghäuschensweg 28a / Neuss
  www.diakonie-rkn.de
- Jugendherberge Neuss-Uedesheim / Macherscheider Str. 109 / Tel.: 02131-718750
  http://www.neuss.jugendherberge.de

Hinweise / Öffnungszeiten zu Besonderheiten:
3 St. Pankratius-Kapelle in Meerbusch-Ossum (kath.) / Tel.: 02159-6009
   Messen: Sa 17, So 10.45 Uhr
8 Haus Meer Meerbusch / Dr. Herbert Jakobs Tel.: 02132-73327
   www.rettet-haus-Meer.de
   Förderverein Haus Meer / http://hausmeer.meerbuscher-kulturkreis.de

10 St. Mauritius Meerbusch-Büderich (kath.) / Tel: 02132-2083 / Messen: Sa 17, So 11.15, 18.30, Mo 8.15, Do 18.30, Fr 8.15 Uhr / www.st-mauritius.com
Euroga-Kunstweg / www.meerbusch.de unter Tourismus, Euroga-Kunstweg
11 Gnadenkapelle Maria in der Not / Niederdonker Str. 99 / Meerbusch-Büderich
Tel: 02132-2083 / Messe: Mi 8 Uhr
Gut Dyckhof Restaurant und Hotel / Am Dyckhof 3 / Tel.: 02132-9775
www.gutdyckhof.de
12 Nordkanal / www.nordkanal.net
13 St. Quirinus Neuss (kath.) / Pfarrbüro Freithof 7 / Tel.: 02131-222327
Mo-Do 8-16, Fr 8-15.30 Uhr / Messen: Sa 18, So 10, 18, Di 18, Mi 8.45, Do 18, Fr 18
www.st-quirinus-neuss.de
Clemens-Sels-Museum / Am Obertor / Tel.: 02131-904141 / Di-Sa 11-17, So, Fei 11-18 Uhr / www.clemens-sels-museum-neuss.de

Etappe 9: Neuss → Zons

Touristeninformation:
Stadtmarketing- und Verkehrsgesellschaft Dormagen GmbH (SVGD) / Schloßstr. 2-4
Dormagen (Zons) / Tel.: 02133-2762815 / 1. Mai-30. Sept. 10-17, Sa/So 10-14, 1. Okt-30. Apr. 10-16, Sa/So 10-14 Uhr / www.svgd.de

Unterkünfte in Uedesheim, Stürzelberg und Zons:
- Jugendherberge Neuss-Uedesheim / s. Etappe 8
- Christa Müller / Unterstr. 31 / Dormagen-Stürzelberg / Tel.: 02133-72586
  mobil: 0174-6216582
- Camping Strandterrasse / Strandterrasse Grind 1 / Dormagen-Stürzelberg
  Tel.: 02133-71717 / www.strand-terrasse.de
- Gästehaus Matzke / Kurfürstenstr. 9 / Dormagen-Zons / Tel.: 02133-45334
- Günter Kimmel / Auf der Hardt 60a / Dormagen-Nievenheim / Tel.: 02133-90402
  mobil: 0179-5022309
- Akademie Pension Augenblick / Kloster Knechtsteden / Tel.: 02133-262261
  www.pension-knechtsteden.de
- Knechtstedener Heuhotel (nur ab 10 Pers. u. Mai-Sept.) / Tel.: 02133-869120
  (Mo-Fr 13-15 Uhr) / E-Mail: liebermannhaus@spiritaner.de (Pater Merkel, Frau Jansen)

Hinweise / Öffnungszeiten zu Besonderheiten:
1 Novaesium / Führung jeden 1. Mi d. M. 19 Uhr im Bildungszentrum der Deutschen Telecom, Humboldtstr. o. n. V. Tel.: 02181-71422 o. Tel.: 02182-823940
www.castrum-novaesium.de
2 St. Martinus Neuss-Uedesheim / Pfarrbüro Rheinfährstr. 200
Tel.: 02131-39034 / Mo 9-11.30, Di 9-11, Do 15-17.30 Uhr
www.st-martinus.info / www.st-martinus-neuss.de
3 St. Aloysius Dormagen-Stürzelberg (kath.) / Tel.: 02133-227211 / Messen: Sa 17.30, Mi 9 u. 18 Uhr / www.kath-dormagen.de
4 St. Martinus Dormagen-Zons (kath.) / Pfarrbüro Mo, Di, Do, Fr 9.30-11.30 Uhr
Tel.: 02133-42180 / Messe: So 17.30 Uhr / www.kath-dormagen.de

Informationen und Unterkünfte

5 St. Pankratius Dormagen-Nievenheim / Tel.: 02133-90062 / Messen: So 9.30, Di, Do 19, Di 9 Uhr / www.st-pankratius-nievenheim.de
6 Kloster Knechtsteden / Tel.: 02133-8690 / Messen: So 8, 10.30, 18, Mo-Mi, Fr, Sa 7.30, Do 18 Uhr / Wallfahrt jeden 1. Sa d. M. vom Kölner Norden zur 11-Uhr-Messe, danach Eintopf im Kloster / www.knechtsteden.de

Etappe 10: Zons → Köln

Touristeninformation:
KölnTourismus / Unter Fettenhennen 19 (Nähe Hbf.) / Tel.: 0221-22130400
www.koelntourismus.de

Unterkünfte in Köln:
- Pension „Zur Kölle Pooz" / Alte Neusser Landstr. 219 / Köln-Worringen
  Tel.: 0221-784320 / mobil: 0178-4934722
- Gasthaus Krone / St.-Tönnis-Str. 11 / Köln-Worringen / Tel.: 0221-9783000
  www.hotel-gasthaus-krone.de
- Pfarrheim Blumenberg / Frau Dröge Tel.: 0221-795272 / Gruppen mit Pilgerausweis:
- Pfarrheim Merkenich / Herr Tatzel Tel.: 0221-705630 o. Tel.: 0221-5343584
  mit Pilgerausweis
- Kolpinghaus International (Pilgerherberge) / Sankt-Apern-Str. 32 / Köln
  Tel.: 0221-2093100 / www.kolpinghaus-international.de
- Jugendherberge Deutz / Siegesstr. 5a / Köln / Tel.: 0221-814711
  www.jugendherberge.de/jh/koeln-deutz
- Station Hostel for Backpackers / Marzellenstr. 40-56 / Köln / Tel.: 0221-9125301
  www.hostel-cologne.de
- Hostel „Am Rheinauhafen" / Rheingasse 34-36 / Köln / Tel.: 0221-230247
  www.am-rheinauhafen.de
- Tagungs- und Gästehaus Sankt Georg / Rolandstr. 61 / Köln / Tel.: 0221-9370200
  www.gaestehaus-st-georg.de

Hinweise / Öffnungszeiten zu Besonderheiten:
2 St. Michael Dormagen / Tel.: 02133-42190 / Mo, Di, Do, Fr 9.30-11.30, Mo, Mi 15-17 Uhr
   Messe: So 11 Uhr / www.kath-dormagen.de
3 St. Pankratius Köln-Worringen (kath.) / 9-17 Uhr / Pfarrbüro St. Tönnis-Str. 33
   Mo, Di, Do, Fr 10-12, Mo 15-17, Do 15-18 Uhr / Tel.: 0221-782322
   Messen: Sa 17, So 11, Mi 18 Uhr
4 Cohnenhofkapelle Langel / n. V. Frau Löbenbrück Tel.: 0221-704427 / Messe: Do 8 Uhr
5 St. Amandus Köln-Rheinkassel (kath.) / tagsüber bis Glastür / Führung: Frau Frede
   Tel.: 0221-703820 / Pfarrbüro s. Pkt. 3 / Messen: Sa u. Fr 18.30 Uhr
6 St. Brictius Köln-Merkenich (kath.) / tagsüber Kapelle offen / Pfarrbüro Mo-Do 10-12,
   Di, Do 15-17 / Tel.: 0221-705630
7 Alt St. Katharina Köln-Niehl (Niehler Dömchen) / Pfarrbüro: Sebastianstr. 115
   Messen: Mi 8.15 (Schulmesse), Fr 18 Uhr / www.kirche-koeln-niehl.de
8 St. Agatha-Krankenhaus / Tel.: 0221-71750 / Messe: So 9 Uhr / Cafeteria Mo-Fr 10-17,
   Sa/So 13-19 Uhr / www.st-agatha-krankenhaus.de

Informationen und Unterkünfte

10 St. Agnes Köln-Niehl / 8-20 Uhr / Pfarrbüro Neusser Platz 18 / Mo, Mi, Fr 10-12, Di, Do 11-12, Di 15-18, Do 16.30-19 / Messen: Sa 18, So 11.15, Mo, Fr 19, Di 17, Mi, Do 8.15 / 1. So d. M. 18 Uhr Taizé-Gebet in der Krypta / www.st-agnes.de

11 Kölner Kirchen: www.katholische-kirche-koeln.de / www.romanische-kirchen.de
Sankt Ursula / Ursulaplatz / Mo, Di, Do-Sa 10-12 u. 15-17 Uhr, So 15-16.30, Mi 10-12, 15-16.30 Uhr / Besichtigung der Goldenen Kammer auf Anfrage, Führungen n. V. Tel.: 0221-1392838 (Hammacher) / Messen: Sa 18.30, So 10, 17 (franz.), Mo, Di, Do, Fr 9, Mi 17, Do 19 Uhr
http://gemeinden.erzbistum-koeln.de/st ursula koeln / www.heilige-ursula.de
Sankt Mariä Himmelfahrt / Marzellenstr. / 8-18 Uhr, außer Di 8-16 Uhr / Führungen n. V. Tel.: 0221-92584720 / www.erzbistum-koeln.de/seelsorge/smh/index.html

12 Kölner Dom / 6-19.30 Uhr / Führungen (mit Zutritt in den Binnenchor u. zum Dreikönigenschrein): Mo-Sa 11, 12.30, 14, 15.30, So 14 u. 15.30 Uhr
Pilgerstempel im Dompfarramt: Mo-Fr 9-12 u. 14-17 Uhr (außer Mi Nachmittag)
www.koelner-dom.de / www.domforum.de
Stichwort: Die Schlacht von Worringen: Kölnisches Stadtmuseum / Zeughausstr. 1-3 Tel.: 0221-22125789 / Mi-So 10-17, Di 10-20 Uhr
www.museenkoeln.de/koelnisches-stadtmuseum
Stichwort: Taizé in Köln: s. Pkt. 10 / http://taize-koeln.de

Allerheiligenaltar (1635), J. Toussyn und J. Hulsman, St. Gereon, Köln

Bildnachweis

Bayer, Gerhard; Goch: 80 o.
Bayerische Staatsbibliothek München: 95
Erzbischöfliche Dom- und Diözesanbibliothek Köln: 223
Flinspach, Karlheinz; Ratingen: 16, 18, 22, 26, 30, 34, 37, 42, 44 u., 49 o., 51, 54, 55, 62 u., 66, 69 o., 71, 75, 76-79, 80 u., 81, 83, 84, 97, 101, 102 u., 105 u., 107, 116 u., 117, 118 o., 118 u., 122 u., 123, 129, 132 li., 134, 137 o., 142, 144, 150, 156, 185, 188, 192 li., 196, 197
Gemeinde Kranenburg: 38
Gemeinde Sonsbeck: 73, 138
Hamburger Kunsthalle: 13
Hantsche, Irmgard, Atlas zur Geschichte des Niederrheins (5. überarbeitete Auflage Bottrop/Essen 2004): 10 u.
Kath. Pfarrgemeinde St. Josef und St. Norbert, Köln-Dellbrück: 106 u.
Kath. Pfarrgemeinde Emmerich: 65
Kuck, Klaus W.; Köln: 207
Kühn, Christoph; Köln: 39 o., 40, 52 li., 67, 56, 96, 106 o., 108, 128 u., 130, 132 re., 133, 135, 186 li., 222, 223 o.
Kühn, Johannes; Bergisch Gladbach: 105 o.
Kreisarchiv Wesel: 120 o.
Landesbildstelle Niederrhein Düsseldorf (E. Maritzen): 128 o.
LVR: 176 o.; LVR-Amt für Denkmalpflege, **Thuns**, Michael: 163; **LVR-LandesMuseum Bonn**: 10 o., 29; LVR-Fachbereich Umwelt, **Heusch-Altenstein**, Annette: 6, 9, 14, 15, 21, 24, 25, 28, 33, 35, 36, 39 u., 40, 41, 43, 46-48, 49 u., 50, 52 re., 57 u., 60, 61, 62 o., 63, 64, 68, 69 u., 74, 82, 85-87, 90, 92, 94, 98, 100, 102 o., 104, 112-116 o., 118 Mi., 118 u., 119, 120 u., 122 o., 124-126, 137 u., 140, 143, 145-149, 152, 154, 158-162, 164-174, 176 u.-184, 186 re., 187, 189, 190-191, 192 re.-195, 200, 201, 204 u., 206 u., 208, 209, 211-221; **Schüllner**, Simone: 17, 224, 225
Mörsen, Anita; Kalkar: 91
Museum Burg Linn Krefeld: 155
Museum Het Valkhof Nijmegen: 12
Pfarrverband am Worringer Bruch: 206
Rheinisches Bildarchiv, Köln: 11, 202, 204 o., 238
Rheinische Friedrich-Wilhelms-Universität Bonn, Pressestelle: 8
Stadt Emmerich: 44 o., 57 o.
Stadt Kalkar: 88, 93
Stadtarchiv Wesel: 136
Stadtmuseum Köln: 210
Stiftsbibliothek Xanten: 109, 110

Jakobswege

Wege der Jakobspilger – eine interaktive Reise

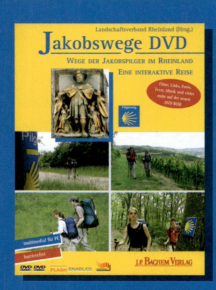

„*multimedial für PC*"

„*barrierefrei*"

„*Filme, Links, Fotos, Texte, Musik und vieles mehr*"

Jakobswege DVD
Wege der Jakobspilger
im Rheinland
Eine interaktive Reise
ISBN 978-3-7616-1976-6